MBA ENGLISH
VOCABULARY

성공을 준비하는 사람들의 선택

MBA ENGLISH VOCABULARY

MBA · 비즈니스 · 미국 생활에 꼭 필요한 영단어 3615

이시이 료마 지음 | 김민경 옮김

이지북
ez-book

책머리에

양서(良書)라 불리는 영어책은 이미 세상에 많이 출간되어 있습니다. 따라서 영어를 무기로 커리어를 발전시키려는 학생과 사회인은 도대체 어떤 책이 자신의 목표와 부합하는지 판단하기가 어려운 상황입니다.

이 책에서는 필자가 미국의 톱 스쿨인 MBA에서 유학할 때 실제로 접했던 '반드시 알아두어야 할' 영단어를 중심으로 언급하고 있습니다. 필자는 미국의 일상생활에서, 그리고 세계 각국에서 모인 수많은 MBA 학생과 교류하면서 체험한 '반드시 배워야 할' 영단어를 목록으로 만들었습니다. 다소 어렵지만 풍부한 어휘를 접함으로써 독자 여러분이 미국에서 실제로 MBA를 유학하는 느낌이 드는 가상 체험을 목표로 하고 있습니다. 미국의 대학원 캠퍼스나 일상생활 혹은 사회생활에서 반드시 알아두어야 할 영단어를 마치 그곳에서 실제로 사용하는 것처럼 상황별로 정리해 즐기면서 익힐 수 있게 구성했습니다.

이 책에 수록된 단어에는 영어 시험이나 대학 수험을 위한 영어 등은 전혀 반영하지 않았습니다. 그러나 미국 유학을 위해 치러야 하는 TOEFL/GMAT/GRE 수험에서 필요로 하는 단어를 기본으로 하여 다른 책에서는 볼 수 없는 높은 수준의 영단어를 망라하고 있습니다. 전문적이고 난해하다고 생각되는 단어나 문장 구사에 주로 사용되는 단어도 다수 포함되어 있습니다. 이 단어들이야말로 현대의 미국을 움직이는 지식인들이 '알고 있는' 영어입니다. 이 책의 특징은 이 단어들을 목록화한 것뿐만 아니라 모든 단어에 실제로 사용되는 예문을 함께 수록했습니다. 필자가 실제로 MBA에서 유학을 할 때, 일반적으로 일본에서는 접할 수 없었던 영단어들을 이미 알고 있었던 것이 유학 생활을 잘할 수 있었던 중요한 포인트가 되었습니다. 풍부한 어휘력은 세계 최고 수준의 교육을 자신의 재산으로 삼을 때에도 대단히 유익한 도구가 될 것입니다.

대학 졸업 후, 12년간 상사에서 근무한 경험과 약 2년에 걸친 미국 유학은 필자에게 더할 나위 없는 경험이 되었습니다. 경제의 세계화가 진행되던 그 기간 동안 다양성 있는 사회에서 살아남고 타문화를 받아들여 조화를 이루며 새로운 산업을 수립하는 데 힘으로 활용되는 영어의 중요성을 절실히 느꼈습니다. 어지러울 정도로 빠르게 변화하는 세상에서 연령이나 커리어, 업종에 관계없이 영어를 무기로 삼아 당사자로 존재하는 것이 얼마나 중요한지도 통감했습니다. 또한 언뜻 보기에 이 순간에는 아무런 맥락도 없는 지식과 학문, 그리고 단순한 친구 네트워크라고 생각할지라도 이들이 어떠한 계기로 갑자기 의미를 가지고 가치를 창출하여 사회를 변화시키는 원동력이 되는 사례도 많이 경험했습니다. 흐름 속에 매몰되는 것이 아니라 자신이 그 흐름을 올바른 방향으로 바꾸기 위해서는 비즈니스뿐만 아니라 세계 문화와 시대 추이에 대한 '이해력(literacy)'은 필수입니다.

이 책을 선택한 모든 분에게 '영어를 배움으로써 누구든지 스타트라인에 설 수 있는' 용기를 얻고 동기부여가 된다면 필자로서 더할 나위 없이 행복할 것입니다.

또한 이 책의 편집과 출판을 하면서 다방면에서 전문적인 조언을 받았습니다. 베레 출판사의 신타니 씨와 교육학 박사인 나가세 메구미 씨에게는 여러모로 많은 도움을 받았습니다. 이분들에게 마음 깊이 감사의 말을 전합니다.

이시이 료마(石井龍馬)

CONTENTS

이 책의 ★에 대해서

★ → 자주 사용되는 단어

문어와 구어에 관계없이 일상생활에서 비교적 자주 사용되는 단어를 일컫습니다. 이 단어들은 미국의 대학 학부, 대학원 수준이며 외국인 유학생이 '반드시 알아두어야 할' 수준의 단어를 다룹니다.

★★ → 알아두면 좋을 단어

문어, 구어에 관계없이 미국의 대학원 이상의 연구 생활, 혹은 많은 지식을 가진 사람들과의 교류에서 '알아두면 좋을' 수준의 단어를 다룹니다.

*첨부된 CD를 세 개로 나누어 disc1, 2, 3로 구분하였습니다.

1

캠퍼스

미국에는 규모가 큰 대학이 많은데, 그런 대학에 다니는 학생들은 캠퍼스에서 대부분의 시간을 보냅니다. 게다가 학교 내의 기숙사에서 생활하고 있다면 온종일 캠퍼스 안에서만 지내게 됩니다. 그렇지만 캠퍼스에서는 지루할 겨를이 없을 정도로 다양한 행사가 있습니다. 이 장에서는 캠퍼스 생활과 관련된 단어들을 살펴봅시다.

□ **emendation**	교정	⊙ disc 1_01
[í:məndèiʃən]	The **emendation** of the manuscript is forthcoming. 곧 원고 교정을 할 것이다.	

□ **emeritus**	명예교수의
[ìméritəs] ★★	He is an **emeritus** professor. 그는 명예교수이다.

□ **encomiast**	찬사를 보내는 사람
[enkóumiæst]	At the funeral, the first speaker acted as an **encomiast**. 장례식에서 제일 처음 말하는 사람이 조사 낭독자의 역할을 했다.

□ **encomium**	대찬사
[enkóumiəm]	Her first novel received **encomiums** from literary critics. 그녀의 첫 소설은 문학 비평가들로부터 찬사를 받았다.

□ **factotum**	잡역부
[fæktóutəm]	My father was employed as a **factotum** in a small company. 내 아버지는 소규모 기업에서 잡역부로 근무했다.

□ **hortation**	장려, 권고

[hɔ:rtéiʃən]	We gladly will follow your hortation. 우리는 기꺼이 당신의 권고에 따를 것이다.

☐ **hortatory**	장려의, 권고의
[hɔ́:rtətɔ̀:ri]	The hortatory comments he made were welcomed. 그의 권고는 환영받았다.

☐ **overdue**	기한이 지난
[óuvərdú:] ★	The rent was four months overdue. 임대료가 4개월분 밀렸다.

☐ **parable**	우화
[pérəbl]	He relates a parable. 그는 우화를 이야기한다.

☐ **paragon**	모범, 전형
[pérəgàn]	He is a paragon among reviewers. 그는 평론가 중에서 모범적인 인물이다.

☐ **synopsis**	개요, 요약
[sənápsəs] ★★	He prepares a synopsis. 그는 개요를 준비한다.

☐ **tardiness**	지각
[tárdinəs] ★	My wife's constant tardiness is bothering me. 아내의 한결같은 지각은 나를 성가시게 한다.

☐ **unabridged**	생략되지 않은, 원문 그대로인
[ʌ̀nəbrídʒd] ★	The unabridged version of this report can be found on the internet. 그 리포트의 전문은 인터넷에서 볼 수 있다.

☐ **underachiever**	평점 이하의 학생
[ʌ́ndərətʃì:vər]	She is an underachiever. 그녀는 평균점 이하다.

☐ **yearbook**	연감, 졸업 앨범
[jírbùk]	His high school yearbook pictures later became a bit of an embarrassment to him. 그의 고등학교 졸업 앨범 사진은 후에 그를 곤혹스럽게 했다.

커뮤니케이션

비즈니스에서 교섭하거나 인간관계를 맺을 때 대화 능력은 매우 중요합니다. 상대방의 눈 응시하기, 표정에 주의하기, 적당한 몸짓과 손짓하기 등 커뮤니케이션 (Communication)에는 알아두어야 할 몇 가지 요령이 있습니다.

□ **aberration**   일탈   ⊙ disc 1_02

[æbəréiʃən]
★★
Such ideas are dangerous aberrations.
그러한 생각은 위험한 일탈이다.

□ **abominate**   증오하다

[əbáminèit]
★★
We abominate crime.
우리는 범죄를 증오한다.

□ **accede**   응하다, 왕위에 오르다

[æksí:d]
★★
I acceded to her suggestion.
나는 그녀의 제안에 동의했다.

□ **acclimatize**   익숙해지다, 적응하다

[æklaimətáiz]
★★
They have acclimatized very well.
그들은 매우 살 직응히고 있다.

□ **accord**   일치하다

[əkɔ́:rd]
★
The costs accorded closely with their estimates.
비용은 그들의 견적과 완전히 일치했다.

□ **accost**   말을 걸다, 다가가다

[əkɔ́:st]
He is accosting someone for money.
그는 돈을 뜯어내기 위해서 누군가에게 말을 걸고 있다.

☐ **acquiesce**	묵인하다
[æ̀kwiés]	She grudgingly **acquiesced** in their plans. 그녀는 마지못해 그들의 계획을 따랐다.

☐ **acquiescence**	묵인, 묵종, 감수
[æ̀kwiésəns]	Expecting **acquiescence** by the board of directors, the chairman prepared a takeover bid. 회장은 이사회에 의해 묵인될 것을 예상하여 주식 공매 매입을 준비했다.

☐ **acquiescent**	잠자코 동의하는
[æ̀kwiésnt]	Gary took advantage of his **acquiescent** nature. 게리는 그의 순종적인 성격을 이용했다.

☐ **acumen**	감각, 통찰력
[ə́kju:mən]	She had great business **acumen**. 그녀의 비즈니스 감각은 훌륭했다.

☐ **admonish**	충고하다, 책망하다
[ædmániʃ] ★	My father strongly **admonished** me to give up smoking. 아버지는 내게 담배를 끊으라고 강력히 충고했다.

☐ **adverse**	반대의
[ædvə́:rs] ★	It was **adverse** to his own interests. 그것은 그 자신의 이익과 반대되는 것이다.

☐ **advert**	주의를 돌리다
[ædvə́:rt]	She **adverted** me of the situation. 그녀는 내가 시국에 주의를 돌리도록 했다.

☐ **affirmable**	단언할 수 있는, 긍정할 수 있는, 확인할 수 있는
[əfə́:rməbl] ★	His argument is **affirmable**. 그의 주장은 단언할 수 있다.

☐ **affirmation**	단언, 주장
[æ̀fərméiʃən] ★	She doubted his **affirmation** that he had checked the sources. 그녀는 출처를 조사해봤다는 그의 주장을 의심했다.

☐ **affirmative**	긍정의, 긍정하는, 동의, 단정, 찬성의 ⊙ disc 1_03
[əfə́:rmətiv]	His answer was a strong **affirmative**.

| ★ | 그의 대답은 강력한 긍정이었다. |

☐ **afflatus**	영감, 계시
[əfléitəs]	That painter had **afflatus**. 그 화가에게는 영감이 있었다.

☐ **allegory**	우화
[ǽləgɔ̀ːri]	We can view this as an **allegory** for a healthy relationship between man and nature. 이것을 인간과 자연의 건전한 관계의 우화라고 볼 수도 있다.

☐ **anonymity**	익명(의 사람)
[æ̀nəníməti] ★★	The group preserved the **anonymity** of its members. 그 그룹은 전원이 익명을 유지했다.

☐ **anonymous**	익명인, 익명으로 된, 특색 없는
[ənɑ́nəməs] ★★	He was accused in an **anonymous** letter sent to a newspaper. 그는 신문사에서 보낸 익명의 편지로 고발당했다.

☐ **arcane**	난해한
[ɑ̀rkéin]	The professor likes to use **arcane** problems in his exams. 교수는 시험 문제를 난해하게 출제하는 것을 좋아한다.

☐ **articulate**	명료하게 발음하다
[ɑrtíkjələ̀it] ★	The teacher **articulates** each word clearly and distinctly. 선생님은 각 단어를 분명하고 명료하게 발음한다.

☐ **asinine**	터무니없는
[ǽsənàin]	This was truly **asinine** remark. 이것은 완전히 터무니없는 발언이었다.

☐ **askance**	의심의 눈으로, 곁눈으로
[əskǽns]	He looks **askance** at her. 그는 그녀를 곁눈질한다.

☐ **askew**	삐딱하게, 경멸하듯, 업신여겨, 비스듬한
[əskjú:]	He looks **askew** at her. 그는 그녀를 삐딱하게 본다.

☐ **associate**	연상하다, 동료로 참가시키다, 교제하다, 동료, 한패, 준회원, 준교우
[əsóusiət]	Nobody trusts her. She is too closely associated with the old regime.
★	누구도 그녀를 신용하지 않는다. 그녀는 구체제와 너무도 밀접하게 관련되어 있기 때문이다.

☐ **banter**	희롱, 놀림, 희롱하다, 놀리다
[bǽntər]	He engages in good-natured banter with her.
	그는 그녀와 악의 없는 농담을 주고받았다.

☐ **bantering**	농담의, 희롱하는
[bǽntəriŋ]	The couple loved to engage in playful bantering.
	그 커플은 농담으로 놀리는 것을 좋아했다.

☐ **belabor**	(~을 토론 등에서) 매도하다, 상세히 논하다
[bəléibər]	Let's not belabor our problems.
	우리의 문제로 매도하는 것은 그만하자.

☐ **chaffing**	농담을 하는
[tʃǽfiŋ]	Stop chaffing me.
	농담은 그만두시오.

☐ **cognomen**	이름, 명칭
[kɑgnóumən]	A cognomen is the same as a family name.
	cognomen은 성과 같은 의미이다.

☐ **connive**	묵인하다, 공모하다
[kənáiv]	He connived in a plan to hoodwink her.
	그는 그녀를 속일 계획을 공모했다.

☐ **decry**	비난하다, 가치를 떨어뜨리다
[dikrái]	He loudly decried her.
	그는 큰 소리로 그녀를 비난했다.

☐ **defamation**	중상, 명예 훼손
[dèfəméiʃən]	She sued him for defamation.
	그녀는 그를 명예 훼손으로 고소했다.

☐ **deference**	복종, 경의
[défərəns]	I show great deference to him.
	나는 그에게 깊은 존경을 표했다.

□ **defiant** 반항적인 ⊙ disc 1_04

[dəfáiənt]
He was defiant in the face of criticism.
그는 비판이 거슬렸지만 무시했다.

□ **deign** (윗사람이) 황송하게도 ~해주다, (보통 사람이) 시치미 떼고 ~하다

[déin]
He hardly deigned to acknowledge her existence.
그는 그녀의 존재조차 인정하지 않았다.

□ **delude** ~을 혼란시키다, 속이다

[dilú:d]
I deluded myself into believing that she would comeback.
★★
나는 그녀가 돌아올 것이라고 내 자신을 속이며 믿고 있었다.

□ **deprecate** 비난하다

[déprəkèit]
I deprecated that remark.
★★
나는 그 발언을 비난했다.

□ **detraction** (부당한) 비난, 비방

[ditrǽkʃən]
The Prime Minister endured the detraction from the opposition party.
수상은 야당 측의 부당한 비난을 견뎠다.

□ **discerning** 통찰력이 있는

[disə́:rnìŋ]
She has a discerning palate.
그녀의 미각은 뛰어나다.

□ **disgruntle** 언짢게 하다

[disgrʌ́ntəl]
Don't try to disgruntle me.
나를 언짢게 하지 마라.

□ **disgruntled** 불만을 품은, 뚱한, 시무룩한

[disgrʌ́ntəld]
We were disgruntled at the treatment we received from our hosts.
우리는 주최자에게 받은 대접에 대해 불만을 품었다.

□ **disport** 즐기다, 장난치다

[díspɔːrt]
I disport myself going for a long walk.
나는 멀리 산책 가는 것을 즐긴다.

□ **distinct** 확실한

[distíŋkt]
Her pronunciation is particularly distinct.
★
그녀의 발음은 특히 분명하다.

☐ **distort**	왜곡하다
[dìstɔ́:rt]	He **distorted** the facts. 그는 사실을 왜곡했다.

☐ **distortion**	왜곡, 뒤틀림, 비틀림
[dìstɔ́:rʃən]	What she said was an obvious **distortion** of the facts. 그녀가 말한 것은 사실을 명백히 왜곡하는 것이었다.

☐ **eavesdrop**	도청하다, 엿듣다
[í:vzdráp] ★★	They **eavesdropped** on him. 그들은 그를 도청했다.

☐ **enrage**	격분하다
[enréidʒ]	I was absolutely **enraged** at her reaction. 나는 그녀의 반응에 격분했다.

☐ **enrapture**	넋을 잃게 하다, 기뻐 날뛰게 하다
[enrǽptʃər]	I was **enraptured** by the singer's beautiful voice. 나는 그 가수의 아름다운 목소리에 넋을 잃었다.

☐ **enthrall**	매료하다, 마음을 사로잡다
[inθrɔ́:l]	She **enthralls** her audiences. 그녀는 관객을 사로잡는다.

☐ **entice**	유혹하다
[entáis] ★	She tried to **entice** the dog to go back into the house. 그녀는 개를 꼬드겨 집 안으로 돌아가도록 했다.

☐ **fealty**	충성, 성실
[fí:lti]	He displayed **fealty**. 그는 충성을 맹세했다.

☐ **felicitous**	(표현이) 적절한, 알맞은
[fəlísətəs]	It is a **felicitous** phrase. 그것은 적절한 말투다.

☐ **gesticulation**	요란스런 몸짓
[dʒestíkjəleiʃən]	I made a speech with some affected **gesticulation**. 나는 잘난 체하는 몸짓을 약간 섞어가면서 연설했다.

☐ **grumble**	불평하다, 불평, 불만, 푸념	⊙ disc 1_05

[grʌ́mbl]
★

She is always grumbling about something.
그녀는 항상 무언가를 불평한다.

□ **grunt** (돼지가) 꿀꿀거리다, 투덜거리다, 중얼중얼 불평하다

[grʌ́nt]

She answers with a grunt.
그녀는 투덜거리면서 대답한다.

□ **haggle** 흥정을 하다

[hǽgl]

He haggles about prices.
그는 값을 깎는다.

□ **hamper** 방해하다

[hǽmpər]

She tried to make a picnic, but she was hampered by the rain.

★★ 그녀는 피크닉을 가려 했으나 비가 와서 갈 수가 없었다.

□ **hearsay** 소문

[hírsèi]

We know it only by hearsay.
우리는 그것을 단지 소문으로만 들었다.

□ **implore** 애원하다

[ìmplɔ́:r]

She implored me to leave her alone.
그녀는 혼자 있게 해달라며 나에게 애원했다.

□ **importune** 끈질기게 부탁하다

[ìmpɔːrtjúːn]

He importuned her with requests.
그는 여러 가지 요구 사항을 그녀에게 끈질기게 부탁했다.

□ **incontrovertible** 논쟁의 여지가 없는, 명백한

[ìŋkɑ̀ntrouvə́:rtəbl] It is an incontrovertible fact.
★★ 그것은 명백한 사실이다.

□ **incredulity** 쉽게 믿지 않음, 의심이 많음, 불신

[ìnkrədú:ləti]

He masks his incredulily.
그는 의심스러운 감정을 숨겼다.

□ **inculcate** ~를 되풀이하여 가르치다, (지식, 미덕 등을) 심어주다

[íŋkəlkèit]

He inculcates an idea into her mind.
그는 그녀에게 어떤 관념을 심어준다.

□ **indict** 비난하다, 기소하다

[ìndáit]

I indicted him as a murderer.

| ★ | 나는 그를 살인자로 기소했다. |

□ **indifferent**	무관심한
[ìndífərənt]	You seem **indifferent** to the way you dress. 당신은 옷차림에 무관심한 듯하다.

□ **loath**	싫어하는, 꺼림칙한
[lóuθ]	I was **loath** to leave Japan. 나는 일본을 떠나기가 싫었다.

□ **loathe**	몹시 싫어하다
[lóuð]	I absolutely **loathe** TV. 나는 텔레비전을 몹시 싫어한다.

□ **placate**	달래다, 진정시키다
[pléikeit]	He **placates** the angry customers. 그는 화가 난 손님을 진정시킨다.

□ **summarize**	요약하다
[sʌ́məráiz] ★	His comments **summarized** the situation quite well. 그의 설명은 상황을 참 잘 요약해줬다.

□ **transmit**	보내다, 전염시키다, 알리다, 방송하다
[trænsmít] ★	He **transmitted** a message accurately. 그는 전언을 정확히 전했다.

□ **tremor**	떨림, 전율, 진동, 미동
[trémər] ★★	She developed a **tremor** in her hands. 그녀의 손이 떨렸다.

문화적 소양

다민족 국가인 미국에서는 다양한 문화적 요소가 혼합되어 하나의 독특한 공유 문화가 형성되었습니다. 겉모습의 차이보다도 그 문화적 소양의 차이를 인정하고 상호간 이해하는 것이야말로 타종교와 타문화, 생활습관, 경제적 격차를 좁히는 열쇠가 될 것입니다.

☐ **aboriginal** 원생의, 토착의　　　　　　　　　　　⊙ disc 1_06

[æbərídʒənəl]
★★
They performed **aboriginal** rites.
그들은 원주민의 의식을 행했다.

☐ **accessory** 부속품, 부가적인

[æksésəri]
★
I bought a new computer with all the **accessories**.
나는 부속물이 완비된 새 컴퓨터를 구입했다.

☐ **adept** 숙련된

[ədépt]
She is unusually **adept** in mental arithmetic.
그녀는 암산을 대단히 잘한다.

☐ **adornment** 장식, 장식품

[ədɔ́:rnmənt]
Branding is used as an **adornment** in various traditional cultures.
★★
다양한 전통 문화에서 낙인은 장식으로 사용된다.

☐ **aloof** 무관심한, 냉담한

[əlú:f]
She is a little **aloof**, and difficult to approach.
그녀는 약간 냉담하여 다가서기가 어렵다.

☐ **anthropomorphic** 신인동형론의, 인간을 닮은

[æ̀nθrəpəmɔ́:rfik]
Science fiction movies usually depict aliens as **anthropomorphic** creatures.

SF영화에서 우주인은 일반적으로 인간의 형태를 닮은 생물로
묘사된다.

□ **apostate**	배교자, 배교적인

[əpǽsteit]

He is an apostate from christianity to buddhism.
그는 기독교에서 불교로 전교한 자이다.

□ **aquiline**	매부리코의

[ǽkwəlàin]

Cleopatra's nose was sometimes described as aquiline.
클레오파트라의 코는 종종 매부리코로 표현되었다.

□ **assiduous**	끊임없는, 헌신적인

[əsídwəs]

She was very assiduous to the old lady.
그녀는 노부인에게 매우 헌신적이었다.

□ **avant-garde**	전위예술가

[əvὰntgárd]

The painting style of the impressionists was considered
avant-garde in its time.

★

인상파의 화법은 당시에 전위적이라고 생각되었다.

□ **avatar**	(힌두교) 화신, 아바타

[ǽvətàːr]

What's your opinion of this new avatar?
이 새로운 아바타에 대해 어떻게 생각하니?

□ **avid**	열광적인

[ǽvəd]

★

He is a bit too avid in his desire to please the boss.
그는 상사를 기쁘게 해주는 것에 다소 너무 열광적이다.

□ **awe**	두려움, 경외

[ɔ́ː]

★★

He got over his awe.
그는 두려움을 극복했다.

□ **bacchanalian**	흥청망청 대는, 진탕 마셔대는

[bæ̀kənéiliən]

The French aristocracy of the 18th century was known
for its bacchanalian feasts.
18세기 프랑스 귀족사회는 바커스 축제로 유명했다.

□ **baroque**	바로크

[bəróuk]

He was a composer of the baroque.
그는 바로크 음악의 작곡가이다.

□ **breviary**	(가톨릭) 성무 일과서	⊙ disc 1_07

[bríːvièri]

Priests read the breviary.

신부들은 성무 일과서를 읽는다.

| □ **brooch** | 브로치 |

[bróutʃ] She pinned a **brooch** to her dress.
그녀는 정장에 브로치를 달았다.

| □ **carousal** | 큰 술잔치를 즐기기, 흥청거림 |

[kəráuzl] He likes to **carousal** with his friends.
그는 친구들과 술잔치 즐기는 것을 좋아한다.

| □ **caste** | 카스트, 계급 |

[kǽst] He is of a high **caste**.
그는 높은 계급에 속한다.

| □ **catechism** | (기독교) 교리 문답서 |

[kǽtəkìzm] They learned the **catechism**.
그들은 교리 문답을 배웠다.

| □ **chalice** | 성배 |

[tʃǽlis] A **chalice** was placed on the altar.
성배는 제단 위에 놓였다.

| □ **chivalry** | 기사도 |

[ʃívəlri] He should practice a little more **chivalry**.
그는 기사도 정신을 조금 더 실천해야 한다.

| □ **cockade** | (영국 왕실 종복용) 꽃 모양의 모표 |

[kɑkéid] I found a **cockade** near the palace.
나는 궁전 가까이에서 꽃 모양의 모표를 발견했다.

| □ **codicil** | 유언 보충서 |

[kádəsəl] He drew up a **codicil**.
그는 유언 보충서를 작성했다.

| □ **conjugal** | 결혼의, 부부의 |

[kándʒəgəl] After they got married, they enjoyed their **conjugal** life.
결혼 후, 그들은 결혼 생활을 즐겼다.

| □ **consort** | (일반적으로 국왕, 여왕의) 배우자 |

[kənsɔ́:rt] He is the royal **consort**.
그는 여왕의 배우자이다.

☐ **cornucopia**	(그리스 신화) 풍요의 뿔, 원뿔형의 그릇, 풍부, 풍작
[kɔ̀:rnəkóupiə]	I have a **cornucopia** of wonderful things to eat. 나는 훌륭한 음식을 넘쳐날 정도로 가지고 있다.

☐ **county**	군
[káunti]	The new **county** office building will be open next month. 다음 달에는 새 군청 건물에서 업무를 시작한다.

☐ **crypt**	지하 성당
[krípt]	The bones of the saint lie buried in this **crypt**. 지하 성당에 성인의 뼈가 매장되어 있다.

☐ **cubicle**	작은 침실, 작은 방
[kjú:bikl]	The office was set up as rows of **cubicles**. 그 사무실에는 작은 방이 나란히 늘어서 있다.

☐ **cuisine**	(독특한) 요리(법)
[kwìzí:n] ★	That restaurant serves an excellent Italian **cuisine**. 그 레스토랑은 훌륭한 이탈리아 요리를 제공한다.

☐ **culinary**	요리(용)의, 부엌의
[kjú:lənéri]	She performs her **culinary** magic. 그녀는 훌륭한 요리 솜씨를 선보였다.

☐ **dais**	높은 자리, 연단
[déiis]	He erected a **dais**. 그는 연단을 설치했다.

☐ **debutante**	첫 출연한 여배우
[débjətɑ̀nt]	Her father took her to a **debutante** gala. 그녀의 아버지는 첫 출연한 여배우의 데뷔 축하연에 그녀를 데려갔다.

☐ **deity**	신처럼 숭앙받는 사람
[dí:əti]	He is considered **deity** by her. 그녀는 그를 신적인 존재로 생각했다.

☐ **delegation**	사절
[dèləgéiʃən] ★	We choose a **delegation**. 우리는 대표단을 선발한다.

| ☐ **diadem** | 왕관, 화관 | ⊙ disc 1_08 |

[dáiədèm]　She wore a **diadem**.
그녀는 화관을 썼다.

☐ **diva**　프리마돈나

[díːvə]　Greta Garbo was considered a **diva**.
★　그레타 가르보는 존경받는 프리마돈나였다.

☐ **divination**　점, 전조, 예언

[dìvənéiʃən]　Her **divination** proved true.
그녀의 예언은 적중했다.

☐ **ecclesiastic**　성직자, 목사

[iklìːziǽstik]　The **ecclesiastics** gathered in the monastery.
수도원에 목사들이 모였다.

☐ **enclave**　소수 민족, 소수 민족 거주지

[énklèiv]　This area is an **enclave** of immigrants.
이 지역은 이주민들의 거주지이다.

☐ **endemic**　지방 특유의

[endémik]　It is problem **endemic** to communist bloc countries.
★　그것은 공산권 나라들의 문제이다.

☐ **equestrian**　승마의, 기수

[ikwéstriən]　The **equestrian** competition lasted for two days.
승마 경기는 2일간 계속되었다.

☐ **escutcheon**　문장이 그려진 방패

[iskʌ́tʃən]　The knight raised his **escutcheon**.
기사는 그의 문장이 그려진 방패를 높이 들었다.

☐ **ethnocentrism**　자기 민족 중심주의, 자기 집단 중심주의

[èθnouséntrìzm]　It is policies of **ethnocentrism**.
그것은 자기 민족 중심주의 정책이다.

☐ **fetish**　맹목적 숭배의 대상, 병적 집착

[fétiʃ]　She makes a **fetish** of shoes.
★★　그녀는 구두에 집착한다.

☐ **fresco**　프레스코 화법, 프레스코 벽화

[fréskou]　He painted these **frescos**.

그가 이 프레스코 벽화들을 그렸다.

☐ **frieze**	프리즈 (벽 따위의 띠 모양 장식)
[fríːz]	This church is famous for its frieze. 이 교회는 띠 모양으로 장식된 벽으로 유명하다.
☐ **gambit**	(체스의) 초판의 수, (교섭 등에서) 시작, 실마리
[gǽmbìt]	I play a gambit. 나는 초판의 수를 둔다.
☐ **gamut**	(목소리, 악기의) 전 음역, (감정, 사물의) 전 영역
[gǽmət]	I feel the whole gamut of emotions. 나는 온갖 감정을 느꼈다.
☐ **gargoyle**	괴물 석상, 기묘한 형태의 조각
[gárgòil]	This castle is famous for gargoyles on the roof. 이 성은 지붕에 있는 괴물 석상이 유명하다.
☐ **gastronomy**	미식, 요리학
[gæstránəmi]	Paris is famous for its gastronomy. 파리는 요리로 유명하다.
☐ **gentile**	(유대인의 입장에서) 이방인(의), 이교도(의), 기독교도(의)
[dʒéntàil]	They are gentiles. 그들은 기독교도다.
☐ **grazing land**	목초지
[gréiziŋ lǽnd] ★★	I bought a large piece of grazing land near my parents' house. 나는 부모님 집 근처에 있는 넓은 목초지를 구입했다.
☐ **hacienda**	농원
[hæsiéndə]	We are invited to our friend's hacienda. 우리는 친구의 농원에 초대받았다.
☐ **hermitage**	은신처, 수도원, 은둔생활
[hə́ːrmətədʒ]	He lives in a hermitage. 그는 은둔생활을 하고 있다.
☐ **homespun**	가정에서 손으로 짠, 평범한, 소박한, 홈스펀
[hóumspʌ̀n]	This is a case of homespun politics. 이것은 평범한 정치 문제다.

☐ **idolatry**	우상 숭배, (맹목적) 숭배	
[aidɑ́lətri]	Idolatry is forbidden in the mainstream religions. 광신적 충성은 주류 종교에서는 금지되어 있다.	

☐ **impious**	믿음이 없는, 불경스러운	⊙ disc 1_09
[ímpiəs]	She didn't approve of her son's impious lifestyle. 그녀는 아들의 불경스러운 생활태도를 찬성하지 않았다.	

☐ **incarnate**	구체화하다
[ìnkɑ́rnèit] ★	Her ideals were incarnated in her poems. 그녀의 이상은 그녀의 시에서 구체화되었다.

☐ **incarnation**	육체화한 것, (신이) 사람 모습으로 나타남, 전생
[ìnkɑrnéiʃən] ★	He is an incarnation of a wise soul. 그는 어떤 현자(賢者)의 화신이다.

☐ **iota**	이오타(그리스 문자), 미량
[aióutə]	I will not give them one iota more than they need. 나는 그들에게 조금이라도 필요 이상으로 주지 않겠다.

☐ **jack-in-the-box**	깜짝 장난감 상자
[dʒǽk ən ðə bɑ́ks]	He pounced at her like a jack-in-the-box. 그는 그녀에게 깜짝 상자의 뚜껑을 열었을 때처럼 달려들었다.

☐ **jamboree**	잼버리, 대축제, 큰 잔치
[dʒæ̀mbərí:]	I attend a jamboree. 나는 대축제에 참가한다.

☐ **judaism**	유대교
[dʒuːdéiìzm]	Judaism evolved in the ancient near east. 유대교는 고대 근동에서 발전되었다.

☐ **junket**	응유제품, 연회, 피크닉, 관비 여행, 유람 여행
[dʒʌ́ŋkət]	He goes off sightseeing junket. 그는 유람 여행을 떠난다.

☐ **kaleidoscope**	만화경
[kəláidəskòup]	She looks into a kaleidoscope. 그녀는 만화경을 들여다본다.

☐ **keno**	키노(빙고와 비슷한 도박)
[kíːnou]	She likes to play keno and bingo.

그녀는 키노와 빙고를 좋아한다.

<table>
<tr><td>☐ lapidary</td><td>보석 세공의, 간결하고 정중한, 보석 세공인</td></tr>
</table>

☐ **lapidary**   보석 세공의, 간결하고 정중한, 보석 세공인

[lǽpədèri] The lapidary cut the diamond.
보석 세공인은 다이아몬드를 절단했다.

☐ **lectern**   (교회의) 성서대

[léktərn] The priest was standing near the lectern.
목사는 성서대 가까이에 섰다.

☐ **lunar**   달의, 태음의

[lú:nər] Chinese New Year is celebrated according to the lunar calendar.
★ 중국의 신년(춘절)은 태음력에 따라 축하한다.

☐ **mezzanine**   중이층

[mézənì:n] The opera seats in the mezzanine tend to have the best acoustics.
극장의 중이층에 있는 오페라 좌석은 대체적으로 최고의 음향 효과가 있다.

☐ **migration**   이주

[maigréiʃən] We encouraged the migration of workers.
★ 우리는 노동자들의 이주를 장려했다.

☐ **mystique**   신비로움, (직업상·활동상의) 특수 기술, 비법

[mìstí:k] She gives off a special mystique.
★ 그녀는 독특한 신비로움을 발한다.

☐ **nirvana**   열반, 해탈

[nirvÁnə] He enters into nirvana.
★ 그는 해탈의 경지에 이르렀다.

☐ **nuclear family**   핵가족

[nú:kliər fǽməli] The nuclear family remains the bedrock of society.
★ 핵가족은 사회의 기반에 남아 있다.

☐ **philanthropic**   박애주의

[fìlənθrápik] He discovered philanthropic tendencies late in his life.
그는 만년에 박애주의 성향임을 알게 되었다.

☐ **pious**   신앙심이 깊은, 경건한

[páiəs]　She is a very **pious** woman.
그녀는 매우 신앙심이 깊은 여성이다.

□ **piracy**　해적 행위

[páirəsi]　They practiced **piracy**.
★　그들은 해적 행위를 했다.

□ **resurrection**　그리스도의 부활, 재생, 부활　⊙ disc 1_10

[rèzərékʃən]　We are about to witness the **resurrection** of an ancient ritual.
우리는 고대의 종교 의식의 부활을 막 목격하려고 한다.

□ **revival**　부활, 재공연

[riváivəl]　He staged a **revival**.
★　그는 재공연을 올렸다.

□ **rustic**　시골의

[rʌ́stik]　He leads a **rustic** life.
그는 전원 생활을 한다.

□ **sacralize**　신성화하다

[sǽkrəlaiz]　They want to **sacralize** their assembly hall.
★★　그들은 자신들의 집회장을 신성화하길 원한다.

□ **sacrament**　(가톨릭의) 성사, (개신교의) 성례전

[sǽkrəmənt]　She received the **sacrament**.
그녀는 성사를 받았다.

□ **sacrosanct**　지극히 신성한

[sǽkrousæ̀ŋkt]　This spring is considered **sacrosanct** among believers.
신도들은 이 샘이 지극히 신성하다고 믿고 있다.

□ **tendentious**　(연설, 책 등이) 특정한, (정치적 혹은 종교적) 의견을 가진, 편향된

[tèndénʃəs]　His **tendentious** remark provoked strong opposition.
그의 편향된 발언은 강한 반론을 야기했다.

□ **tenet**　신조

[ténət]　Charity is a basic **tenet** of Islam.
자선은 이슬람교의 기본적인 신조다.

□ **threshold**　문지방, 한계점

[θréʃòuld]　He crosses a **threshold**.

그는 문지방을 넘는다.

☐ **tribe**	종족, 부족, 집단, 동아리

[tráib]
★

He joined a tribe.
그는 어느 동아리에 참가했다.

☐ **turnaround**	방향 전환, (사상 등의) 전향, 변절

[tə́:rnəràund]

The sudden turnaround was a product of the announcement.
갑작스런 방향 전환을 한 배경에는 그 발표가 있었다.

☐ **witch**	마녀

[wítʃ]
★

She put on a witch costume for the Halloween party.
할로윈 파티를 위해 그녀는 마녀 의상을 입었다.

☐ **yeast**	이스트, 빵 효모, 영향력, (자극이 되는) 요소

[jíːst]
★

The yeast hadn't begun to work.
이스트균은 아직 발효가 시작되지 않았다.

☐ **yuletide**	크리스마스의 계절

[júːltàid]

Yuletide is a time for baking cookies and buying presents.
크리스마스의 계절은 쿠키를 굽고 선물을 사는 시기다.

☐ **Zen**	선, 선종

[zén]

I visited a few Zen temples when I was in Kyoto.
나는 교토에서 선사를 몇 번 방문했다.

☐ **zenith**	정점, 최고점, 전성기

[zíːnəθ]

Those buildings mark the zenith of Renaissance architecture.
★★
그 건물들은 르네상스 건축의 정점을 나타낸다.

☐ **Zionism**	시오니즘

[záiənìzəm]

Zionism is a political movement which supports the existence of Israel.
시오니즘이란 이스라엘의 존재를 지지하는 정치 운동이다.

☐ **zip code**	우편 번호

[zíp kóud]
★

Don't forget to write the zip code.
우편 번호를 적는 것을 잊지 마시오.

교육

어떤 사람의 기본적인 기량에 대해 이야기할 때 '교육'의 정도를 자주 기준으로 삼습니다. 그 사람이 어떤 분야의 학위를 어느 대학원, 대학, 전문학교 혹은 고등학교에서 취득했는지는 편차적인 평가의 연장선상에 있는 것이 아닙니다. 그것은 커리어의 전문성과 신뢰성을 나타냅니다.

☐ **abridge**　　　단축하다　　　⊙ disc 1_11

[əbrídʒ]　　　I will have to **abridge** the lecture by twenty minutes or so.

★　　　나는 강연 시간을 20분 정도 단축해야 한다.

☐ **absenteeism**　　　장기 결석

[æ̀bsəntíːìzm]　　　I am hoping that **absenteeism** will decline.

나는 장기 결근이 줄어들기를 기대하고 있다.

☐ **abstinence**　　　자제, 금욕

[ǽbstənəns]　　　Historically, no government has ever successfully enforced **abstinence** from alcohol.

역사적으로 지금까지 어느 정부도 금주를 강제로 해서 성공한 적이 없다.

☐ **acoustics**　　　음향학

[əkúːstiks]　　　The science of **acoustics** has progressed dramatically.

음향학은 극적으로 발달했다.

☐ **adolescence**　　　청춘기, (언어, 문화 등의) 발전기

[æ̀dəlésəns]　　　She is having a difficult **adolescence**.

★　　　그녀는 힘든 청소년기를 보내고 있다.

☐ **alma mater**　　　모교

| [ǽlmə mátər] | I visited my **alma mater**.
나는 모교를 방문했다. |

| ☐ **anthology** | 선집, 문집 |
| [ænθálədʒi] | This **anthology** contains nothing of great interest.
이 문집에는 큰 흥미를 일으킬 만한 것은 아무것도 들어 있지 않다. |

| ☐ **anthropologist** | 문화인류학자 |
| [æ̀nθrəpálədʒəst]
★★ | She studied a decade to become an **anthropologist**.
그녀는 문화인류학자가 되는 것을 목표로 10년을 공부했다. |

| ☐ **apologue** | 우화 |
| [ǽpəlɔ̀ːg] | My grandmother often told me the same **apologue**.
나의 할머니는 같은 우화를 자주 들려주셨다. |

| ☐ **appendix** | (책 등의) 부록, 추가물, 돌기, 충수 |
| [əpéndiks]
★ | The book had an **appendix** on irregular verb.
그 책에는 불규칙 동사에 대한 부록이 들어 있다. |

| ☐ **archaeology** | 고고학 |
| [ɑ̀rkiálədʒi] | He is a specialist in industrial **archaeology**.
그는 산업고고학(산업혁명 초기의 공장, 기계, 제품 등을 연구하는 학문)의 전문가이다. |

| ☐ **archives** | 공문서, 기록 보관서 |
| [árkàivz]
★ | For years the **archives** have been sealed.
그 공문서는 몇 년 동안 봉인되어 있었다. |

| ☐ **bowdlerize** | (책 등의) 불온한 부분을 삭제하다 |
| [bóudləràiz] | This is the **bowdlerized** edition.
이것은 삭제판이다. |

| ☐ **breach** | (법률, 약속, 협정 등의) 위반 |
| [bríːtʃ] | It is a grave **breach** of discipline.
그것은 중대한 법률 위반이다. |

| ☐ **calligraphy** | 서도(書道) |
| [kəlígrəfi]
★★ | She practiced **calligraphy**.
그녀는 습자를 연습했다. |

| ☐ **cant** | 위선적인 말, (신문기자, 변호사의) 전문 용어   ⊙ disc 1_12 |

[kænt]
The religious men had a special **cant** used only for high services.
신앙심이 깊은 남성들은 고상한 미사에서만 사용하는 특별한 용어를 가지고 있다.

□ cartographer 지도 제작자

[kɑːrtágrəfər]
My great grandfather was a **cartographer**.
나의 증조할아버지는 지도 제작자였다.

□ cartography 지도 작성법

[kɑːrtágrəfi]
You will learn different ways to draw maps and charts in a **cartography** class.
당신은 지도 작성법 수업 시간에 지도와 차트를 그리는 여러 가지 방법을 배울 것이다.

□ caucus 집행부, 간부회, 집행위원회를 열다

[kákəs]
We hold a **caucus**.
우리는 간부회의를 연다.

□ certificate 증명서, 면허장, 수료서

[sərtífikət]
★
He gained a **certificate**.
그는 면허장을 취득했다.

□ cite 인용하다, 예증하다

[sáit]
★★
She repeatedly **cited** figures given in that document.
그녀는 그 문서에 나와 있는 숫자를 반복해서 인용했다.

□ collate 대조하다, 페이지를 순서대로 맞추다

[kəléit]
They **collated** the findings for publication.
그들은 발표에 대비해 연구 결과를 대조했다.

□ compute 계산하다, 산정하다

[kəmpjúːt]
★
We **computed** the loss at 10,000 dollars.
우리는 손실을 1만 달러로 계산했다.

□ connoisseur 감정가, 감식가, 품평인

[kɑ̀nəsə́ːr]
He is a fine-arts **connoisseur**.
그는 미술 감정가이다.

□ contiguous 접촉하는, 연속된

[kəntígjuːəs]
★★
The house is **contiguous** to a cemetery.
그 집은 공동 묘지에 인접해 있다.

□ **cursive**	초서체의, 기록체의
[kə́:rsiv]	She writes Chinese characters in semi-cursive style. 그녀는 한자를 행서체로 적는다.

□ **dialectic**	변증법의, 논증의, 변증법, 논증, 논법
[dàiəléktik]	The dialectic philosopher revealed new path to the truth. 변증법의 철학자들은 진리에 대한 새로운 길을 밝혔다.

□ **dilettante**	예술 애호가 학문 애호가, 호사가
[dílità:nt]	Tom's wife is such a dilettante. 톰의 아내는 대단한 예술 애호가이다.

□ **dissertation**	박사 논문
[dìsərtéiʃən]	He completed his dissertation. 그는 박사 논문을 완성했다.

□ **dynamic**	동력의, 역학적인, 에너지를 발생하는, 정력적인, 다이내믹한
[dainǽmik] ★	They are a dynamic couple. 그들은 활동적인 커플이다.

□ **dynamics**	역학, 운동력, 에너지
[dainǽmiks] ★	The dynamics of this partnership does not cease to amaze me. 나는 이번 제휴의 원동력이 된 것에 흥미가 생겨서 어쩔 수가 없다.

□ **elixir**	연금술, 만능 약
[əlíksər]	The witch brewed an elixir. 마녀는 만능 약을 만들었다.

□ **entomology**	곤충학
[èntəmάlədʒi]	He is a Doctor of entomology. 그는 곤충학 박사이다.

□ **entrant**	참가자, 신입생
[éntrənt]	There are twelve entrants to the beauty contest. 미인 콘테스트에 열두 명이 참가한다.

□ **entree**	(특별) 입장 허가, 주요 요리(앙트레)
[άntrèi]	She makes her entree into society. 그녀는 사교계에 데뷔한다.

□ **epigram**	경구, 짧은 풍자	⊙ disc 1_13
[épəgræm]	They made an epigram. 그들은 경구를 만들었다.	

□ **erudite**	학식이 있는
[érədàit]	He is an erudite person. 그는 학식 있는 사람이다.

□ **erudition**	학식
[èrədíʃən]	He employed his erudition. 그는 학식을 활용했다.

□ **ethics**	윤리, 도덕학
[éθiks] ★	They improved the political ethics of the country. 그들은 국가의 정치 윤리를 개선시켰다.

□ **ethnic**	민족의, 인종적인, 민족 특유의
[éθnik]	In Canada people are encouraged to maintain their ethnic heritage. 캐나다에서는 민족의 전통을 지키는 것을 장려하고 있다.

□ **ethnology**	민족학
[eθnálədʒi]	That professor is famous in ethnology. 그 학자는 민족학 분야에서 유명하다.

□ **etymology**	어원학, 어원
[ètəmálədʒi]	I study the etymology of a word. 나는 어떤 단어의 어원을 조사한다.

□ **explicate**	(원리, 이론) 전개, 분석하다, 해명하다
[éksplikèit]	He explicated all of the nuances of the language. 그는 언어의 모든 뉘앙스에 대해 분석했다.

□ **explore**	탐험하다, 조사하다, 진찰하다
[iksplɔ́:r] ★	The doctor explored the affected part carefully. 의사는 환부를 주의 깊게 관찰했다.

□ **explorer**	탐험가, 조사자
[ikspló:rər] ★	They sent explorers into the interior. 그들은 오지에 탐험대를 보냈다.

□ **extant**	(고문서, 기록 등이) 아직 현존하고 있는

[ə́kstənt]　The earliest manuscript of this verse is still extant.
이 시의 최초 원고는 아직도 현존한다.

□ **extol**　(사람, 행위를) 격찬하다

[ikstóul]　I extolled her loudly.
나는 큰 소리로 그녀를 격찬했다.

□ **extrapolate**　추론하다, 추정하다

[ikstrǽpəlèit]　He extrapolated doom from a small incident.
그는 조그만 사건으로부터 운명을 예상했다.

□ **fancier**　(동식물 등의) 애호가

[fǽnsiər]　He has bird fancier's disease.
그는 병적으로 새를 좋아한다.

□ **fauna**　동물상

[fɔ́:nə]　This area has a fascinating littoral fauna.
이 지역은 연안 동물상이 매우 흥미롭다.

□ **folklore**　민속학, 민간 전승

[fóuklɔ̀:r]　They are the heroes of American folklore.
★　그들은 미국의 민간 전승의 영웅들이다.

□ **functionary**　직원, 공무원, 기능

[fʌ́ŋkʃənèri]　He is a court functionary.
그는 법정 공무원이다.

□ **gnome**　금언, 격언

[nóum]　My father's speech was full of gnomes.
내 아버지의 이야기는 격언으로 가득했다.

□ **greet**　인사하다, (사람, 제안 등에) 반응을 보이다, (광경, 소리가) 들어오다

[grí:t]　She greets us brusquely.
그녀는 우리에게 퉁명스럽게 인사한다.

□ **historiographer** 역사가

[histɔ̀:riágrəfər]　There is no difference between a historiographer and
a historian.
역사가와 역사학자는 아무런 차이가 없다.

□ **horticultural**　원예의

[hɔ̀:rtəkʌ́ltʃərəl]　Horticultural books are selling well this year.

올해, 원예에 관한 책이 대단히 잘 팔리고 있다.

□ horticulture	원예, 원예학
[hɔ̀:rtəkʌ́ltʃər] ★★	I like horticulture. 나는 원예를 좋아한다.

□ imprimatur	(가톨릭교회에 의한) 서적물의 출판 허가, 허가　⦿ disc 1_14
[ìmprìmátər]	The biography was published without his imprimatur. 그 전기는 무허가로 출판되었다.

□ inertia	타성, 비활동, 무기력
[inə́:rʃə] ★★	He tries to overcome inertia. 그는 무기력을 극복하려고 한다.

□ infer	추론하다, 추정하다
[ìnfə́:r] ★	He inferred from the facts at hand what would happen next. 그는 다음에 무엇이 일어날지를 가까이에 있는 사실로부터 추측했다.

□ inference	추론, 추측, (추론에 의한) 결론
[ínfərəns] ★	He derives an inference from facts. 그는 사실로부터 결론을 끌어낸다.

□ innate	천직의, 타고난
[ìnéit]	Artistic talent seems to innate in some people. 예술의 재능은 어떤 사람들에게는 타고나는 것처럼 보인다.

□ institution	회, 단체, 시설, 제도, 습관
[ìnstətú:ʃən] ★	He established an educational institution. 그는 교육기관을 설립했다.

□ inverse	역의, 반대의, 반비례의, 역, 반대
[ìnvə́:rs]	If you push this button of the calculator, it will give you the inverse value. 만약 당신이 계산기의 이 버튼을 누르면 역수를 구할 수 있을 것이다.

□ itinerary	여정, 여행 계획
[aitínərèri] ★	She arranges her itinerary. 그녀는 여행 계획을 짰다.

□ jaywalk	교통 규칙을 무시하고 도로를 횡단하다

| [dʒéiwɔ̀:k] | I got a ticket for jaywalking. |
| | 나는 도로를 무단 횡단한 죄로 교통 위반 딱지를 끊었다. |

☐ **jurisprudence**	법학, 법리학
[dʒùrəsprú:dəns]	It is analytic jurisprudence.
	그것은 분석적 법리학이다.

☐ **latecomer**	지각하는 사람
[léitkəmər]	Any latecomer to the meeting will be disciplined later.
	회의에 지각한 사람은 나중에 징계에 처할 것이다.

☐ **lexicographer**	사전 편찬자, 사서학자
[lèksikágrəfər]	We have to hire two new lexicographers.
	우리는 새로운 사서 편찬자를 두 명 고용해야 한다.

☐ **lexicon**	사전
[léksikàn]	They compile a lexicon.
★★	그들은 사전을 편찬한다.

☐ **liberal arts**	일반교양 과목
[líbərəl árts]	He pursues a liberal arts education.
★	그는 일반교양 과목을 공부하고 싶어 한다.

☐ **limnology**	육수학(陸水學)
[lìmnálədʒi]	Steve is a professor of limnology.
	스티브는 육수학 교수이다.

☐ **martinet**	(규칙, 명령에 절대 복종을 강요하는) 엄격한 사람
[mà:rtənét]	My son's curate teacher is a martinet.
	내 아들의 목사 선생님은 엄격하다.

☐ **matriculation**	대학 입학 (허가)
[mətrìkjuléiʃən]	I took a matriculation exam.
	나는 대학 입학 시험을 쳤다.

☐ **maxim**	금언, 격언
[mǽksəm]	I took the maxim to heart.
★	나는 그 격언을 명심했다.

☐ **notation**	(특수한 문자와 부호에 의한) 표기, 악보, 메모하기
[noutéiʃən]	Please check this notation.
	이 표기를 점검하세요.

□ **numerical**	수의, 계산의, 절대치의
[nu:mérəkəl] ★	We have a numerical advantage. 우리는 수적으로 유리하다.

□ **oblong**	타원형, 장방형(의)
[άblɔːŋ]	The oblong body of the aircraft made it resemble an egg. 비행기의 타원형 동체는 달걀과 닮았다.

□ **ordinal**	서수의, 순서를 나타내는	⊙ disc 1_15
[ɔ́ːrdənl]	I used ordinal data. 나는 순서 자료를 사용했다.	

□ **paleontology**	화석학
[pèiliəntálədʒi]	My son would like to study paleontology. 내 아들은 화석학 공부를 하고 싶어 한다.

□ **patriarchal**	가부장의
[pèitriάrkəl] ★	He grew up in a very patriarchal society. 그는 매우 가부장적인 사회에서 자랐다.

□ **pedagogical**	교육학의
[pèdəgádʒikəl]	I am taking a pedagogical method class in this semester. 나는 이번 학기에 교수법 수업을 듣고 있다.

□ **peripheral**	주위의
[pərífərəl]	Social problems are peripheral to the issue of law enforcement. 법 집행의 문제에 대해서 여러 사회적인 문제는 그렇게 중요하지 않다.

□ **rendition**	연주, 연출
[rendíʃən]	He offered his own renditions of Broadway musicals. 그는 브로드웨이의 뮤지컬을 독자적으로 연출하여 상연했다.

□ **right-angled**	직각의
[ráit ǽŋəld] ★	The corner is right-angled. 그 각은 직각이다.

□ **scarify**	피부를 난자하다, 혹평하다, 깎아내리다
[skǽrəfài]	The professor scarified my research project.

그 교수는 내 연구를 혹평했다.

☐ **sturdy**	**튼튼한, 견고한**

[stə́:rdi]
Please wear **sturdy** shoes on this hike.
이 하이킹에서는 튼튼한 신발을 신으세요.

☐ **suasion**	**(특히 도의상의) 설득, 권고**

[swéiʒən]
The teacher spent many hours for delinquent students doing moral **suasion**.
선생님은 불량 학생들에게 도덕적인 설득을 하느라 많은 시간을 소비했다.

☐ **tenure**	**재직 기간, 종신 재직권**

[ténjər]
★
He acquired **tenure** at a university.
그는 대학에서 종신 재직권을 얻었다.

☐ **thrash**	**(체벌로 아이를) 세게 때리다, 철저하게 패배시키다**

[θræʃ]
He **thrashed** his son soundly.
그는 아들을 몹시 세게 때렸다.

☐ **umpire**	**심판원, 중재인**

[ʌ́mpàiər]
★
The **umpire** penalizes the player for foul play.
그 심판원은 반칙을 한 선수에게 벌칙을 적용한다.

☐ **unacademic**	**학구적이 아닌, 학문적 규범에 얽매이지 않는**

[ənækədémik]
★★
I think Mary is an **unacademic** type and shouldn't stay in the graduate program.
나는 메리가 학구적이지 않으므로 대학원에 남아서는 안 된다고 생각한다.

☐ **xylography**	**목판인쇄술**

[zailágrəfi]
I studied **xylography**.
나는 목판인쇄술을 공부했다.

감정 표현

미국에서는 침묵한 채로 가만히 있으면 아무것도 시작할 수 없습니다. 좌우간 자신의 의견을 먼저 말해야 합니다. 그런데 이때 자기중심적으로 이야기한다면 토론에서 무시당할 수도 있습니다. 따라서 상대방의 공감을 얻으면서 올바른 의견을 제시해야 합니다. 이러한 경우에 도움이 되는 단어들로 구성되어 있습니다.

☐ **acerbity**	신맛, 엄함, 신랄함	⊙ disc 1_16
[əsə́:rbəti]	I don't like her **acerbity**.	
	나는 그녀의 신랄함을 좋아하지 않는다.	

☐ **aphorism** 금언, 격언

[ǽfərìzm]
This is an important **aphorism**.
이것은 중요한 격언이다.

☐ **apothegm** 경구, 격언

[ǽpəθèm]
That was my father's favorite **apothegm**.
그것은 아버지가 좋아하는 격언이다.

☐ **assert** 단언하다, 주장하다

[əsə́:rt]
He boldly **asserted** that unemployment would not rise further.
★
그는 실업자 수가 더 이상 증가하지 않을 깃이리고 당당히 주장했다.

☐ **avouch** (죄, 과실 등을) 시인하다, 털어놓다

[əváutʃ]
She **avouched** that the rumor was true.
그녀는 그 소문이 사실임을 시인했다.

☐ **bravado** 허세, 객기

[brəvádou]	He masks his insecurity with bravado.
	그는 객기를 부리며 불안감을 숨겼다.

☐ **commiserate**	위로하다, 동정하다
[kəmísərèit]	We commiserate with her over her troubles.
	우리는 그녀가 안고 있는 분쟁에 동정을 표한다.

☐ **consternation**	놀람
[kɑ̀nstərnéiʃən]	We allay her consternation.
	우리는 놀란 그녀를 진정시켰다.

☐ **contrite**	깊이 뉘우치는, 회한에 찬
[kəntráit]	He delivers a sermon for the contrite believer.
	그는 깊이 뉘우치는 신자를 위해 설교를 한다.

☐ **denounce**	맹렬히 비난하다
[dənáuns]	We disliked the scheme but we did not want to denounce it openly.
★★	우리는 그 계획이 마음에 들지 않았으나 공개적으로 비난하고 싶지는 않았다.

☐ **depict**	묘사하다, 그리다
[dəpíkt]	He depicts a scene dramatically.
★	그는 어떤 장면을 극적으로 묘사한다.

☐ **diatribe**	통렬한 비난
[dáiətràib]	He breaks into a diatribe against her.
	그는 그녀를 혹평하기 시작한다.

☐ **dictum**	격언
[díktəm]	She never said anything original, always using dictums and cliche.
	그녀는 항상 격언과 상투 어구를 사용하며, 무엇인가를 독창적으로 말한 적이 없다.

☐ **diffidence**	자신이 없음, 기가 죽음, 수줍음
[dífədəns]	I behaved with becoming diffidence.
	나는 (그 장소에) 어울리는 수줍은 태도로 행동했다.

☐ **diligence**	부단한 노력, 근면
[dílədʒəns]	She displayed exceptional diligence in completing the project on schedule.

그녀는 그 계획을 예정대로 끝내는 뛰어난 성실함을 보였다.

□ **ejaculate** 불시에 말하다, (정액)을 사출하다 ⊙ disc 1_17

[idʒǽkjuːlèit]
He cannot **ejaculate**.
그는 갑자기 외칠 수 없다.

□ **elation** 크게 기뻐함

[əléiʃən]
She expressed **elation** with tears.
그녀는 너무 기뻐서 눈물을 흘렸다.

□ **enjoin** (침묵, 순종 등을 남에게) 명하다, ~하는 것을 금하다

[endʒɔ́in]
He **enjoined** silence on her.
그는 그녀에게 조용히 하도록 명했다.

□ **fustian** 퍼스티언, 번지르르한 말

[fʌ́stʃən]
He tends to use **fustian** to get attention.
그는 주목을 끌기 위해 번지르르한 말을 사용하는 경향이 있다.

□ **garrulity** 수다, 말이 많은

[gərúːləti]
The old men's **garrulity** is getting on our nerves.
그 노인의 수다는 우리의 신경을 거슬리게 한다.

□ **giggle** 피식 웃다, 낄낄 웃다

[gígl]
He always gives me the **giggles**.
그는 언제나 나를 웃긴다.

□ **glad-hand** 따뜻하게 맞이하다, 마구 아양 떨다

[glǽd hǽnd]
The candidates **glad-hand** everyone they meet.
후보자들은 그들이 만난 모든 사람을 따뜻하게 맞이한다.

□ **growl** 으르렁거리다, 투덜거리다, 이러쿵저러쿵 불평하다

[grául]
The dog **growls** ferociously.
그 개는 광폭하게 짖는다.

□ **hyperbole** 과장법, 수사

[haipə́rbəli]
He speaks in **hyperbole**.
그는 과장되게 말한다.

□ **idiom** 숙어, 성구, 이디엄

[ídiəm]
He handles everyday **idioms** like a native speaker.
★ 그는 일상 관용구를 원어민처럼 사용한다.

□ **illusion**　　착각, 환상, 환각

[ilúːʒən]
★
He broke an illusion.
그는 환상을 깼다.

□ **impeach**　　고발하다, 비난하다

[impíːtʃ]
★
I **impeached** him for taking a bribe.
나는 그를 뇌물 수수의 죄로 고발했다.

□ **impugn**　　(토론 등에서 남을) 공격하다, 비난하다

[impjúːn]
They **impugn** his judgment.
그들은 그의 판단에 이의를 제기한다.

□ **impute**　　(죄, 실패를 부당하게) ~의 탓으로 돌리다

[impjúːt]
She **imputed** her failure to ill health.
그녀는 자신의 실패를 병 탓으로 돌렸다.

□ **indignant**　　화가 난, 분개한

[indígnənt]
He was **indignant** at them for being so mean.
그는 그들의 비열한 행동에 화가 났다.

□ **indignity**　　수모, 치욕, 모욕

[indígnəti]
★
I faced the **indignity** of bankruptcy.
나는 도산이라는 수모에 직면했다.

□ **irony**　　빈정댐

[áirəni]
★
My voice struck a note of scathing **irony**.
나의 목소리는 신랄하게 빈정대는 어조가 되었다.

□ **iterate**　　되풀이해서 말하다

[ítərèit]
★
He **iterated** that he was innocent.
그는 자신의 결백함을 되풀이하여 말했다.

□ **jink**　　(high jinks로) 들떠서 놀기

[dʒíŋk]
She tolerates his silly high **jinks**.
그녀는 그가 들떠서 노는 것을 용인한다.

□ **languor**　　쇠약, 나른함, 권태

[læŋgər]
I feel **languor**.
나는 나른함을 느낀다.

□ **litotes**　　완서법(緩叙法), 곡언법(曲言法)

| [láitətì:z] | "I am not unhappy" is an example of a **litotes**. |
| | "나는 불행하지 않다"는 말은 곡언법의 예다. |

☐ **livid**	시퍼런, 검푸른, 몹시 화가 난
[lívəd]	I was **livid** at my daughter's bad manners.
	나는 딸의 불량한 태도에 몹시 화가 났다.

☐ **meditation**	명상, 심사숙고	⊙ disc 1_18
[mèdətéiʃən]	I practice **meditation**.
★	나는 늘 명상을 한다.

☐ **narrative**	이야기
[nǽrətiv]	He lengthened his **narrative**.
★	그는 이야기를 질질 끌었다.

☐ **nestle**	(애정을 담아 머리, 얼굴 등을 ~로) 맞대다, (아이를) 따뜻이 안다
[nésəl]	The child **nestled** up to his mother.
	그 아이는 엄마에게 포근히 안겨 있다

☐ **outburst**	폭발
[àutbə́:st]	His emotional **outburst** detracts from his argument.
★	감정이 폭발하여 그는 토론에서 빗나가 버렸다.

☐ **postdate**	(편지 등의) 날짜를 실제보다 늦추어 적다, (시간적으로) 뒤에 오다
[pòustdéit]	Don't **postdate** your check, it is illegal.
★★	수표의 날짜를 늦춰서 기입하지 마세요. 그것은 위법입니다.

☐ **promulgate**	공포하다
[proumʌ́lgeit]	Japan's constitution was **promulgated** in 1946.
	일본국 헌법은 1946년에 공포되었다.

☐ **quaver**	부들부들 떨다, 떨리는 목소리로 노래하다, 떨리는 목소리
[kwéivər]	His voice began to **quaver** slightly.
★	그의 목소리는 조금 떨리기 시작했다.

☐ **quiver**	떨리다
[kwívər]	She **quivers** uncontrollably.
★	그녀는 떨림이 멈추지 않는다.

| ☐ **rehash** | 재논의하다 |
| [rìhǽʃ] | He **rehashes** a matter. |

그는 문제를 재논의한다.

☐ **relent**	가엾게 여기다, 누그러지다
[rəlént] ★★	She **relented** at the sight of his tears. 그녀는 (처음에는 화가 나 있었지만) 그의 눈물을 보고 그를 불쌍히 여겼다.

☐ **relicense**	(사람 등에게) ~하는 것을 재확인하다
[ri:láisəns]	The chemical could not be **relicensed** because of safety concerns. 그 화학 물질은 안전상 재확인을 할 수 없었다.

☐ **renounce**	단념하다, 포기하다, 인정하지 않다
[rìnáuns] ★★	I flatly **renounced** my claim to the title. 나는 그 소유권을 요구할 권리를 단호히 거절했다.

☐ **repent**	후회하다
[rəpént]	He bitterly **repented** his foolishness. 그는 자신의 어리석음을 몹시 후회했다.

☐ **sanction**	승인, 처벌
[sǽŋkʃən] ★★	They apply **sanctions** against an aggressor. 그들은 침략국에 대한 제재를 적용한다.

☐ **signify**	의미하다
[sígnəfài]	She **signified** her consent with a nod. 그녀는 끄덕이며 승낙의 뜻을 나타냈다.

☐ **small talk**	세상 이야기
[smɔ́:l tɔ́:k]	I hate parties which are nothing but **small talk**. 나는 세상 이야기만 하는 파티는 싫어한다.

☐ **substantiate**	구체화하다
[səbstǽnʃièit] ★	He **substantiates** a theory by experiments. 그는 이론을 실험으로 실증한다.

☐ **summon**	소집하다, 소환하다
[sʌ́mən]	I was **summoned** back by fax. 나는 팩스로 소환되었다.

☐ **surmise**	추측하다
[sərmáiz]	He **surmised** that she suspected him.

그녀가 자신을 의심하고 있다고 그는 추측했다.

☐ **tabulate**	표로 만들다	

[tǽbjəlèit]
★★

Let's tabulate the data in a spreadsheet.
스프레드 시트의 데이터를 표로 만들자.

☐ **tamper**	함부로 변경하다

[tǽmpər]

He tampered with a document.
그는 문서를 함부로 변경했다.

☐ **titillate**	~을 간질이다, 기분 좋게 자극하다

[títəlèit]

The actress titillated the public with details of her love life.
그 여배우는 애정 생활을 상세하게 공개함으로써 대중을 자극했다.

☐ **unravel**	해명하다	⊙ disc 1_19

[ənrǽvəl]

It took him several days to unravel the puzzle.
그는 그 난문을 푸는 데 며칠 걸렸다.

☐ **utter**	말하다, 발언하다

[ʌ́tər]
★

Please utter your words more distinctly.
말을 조금 더 똑똑히 해주세요.

☐ **wrath**	격노

[rǽθ]

Nothing she said could allay his wrath.
그녀가 무슨 말을 해도 그의 분노는 사그라지지 않았다.

파이낸스

파이낸스(Finance)는 미국 기업 자본 정책의 근간입니다. 기업 활동뿐만 아니라 가정과 일상생활에서도 파이낸스 용어가 폭넓게 사용되고 있습니다. 따라서 파이낸스 용어는 금융의 프로가 사용하는 전문 용어가 아닌 다양한 분야에 널리 사용되는 단어입니다.

☐ **abnegation** 권리 포기, 자제 ⊙ disc 1_20

[əbnəgèiʃən]

Abnegation of worldly pleasures was part of the puritan creed.

세속적인 쾌락을 거부하는 것은 청교도의 신조다.

☐ **ABS(Asset-Backed Securities)** 자산유동화증권

ABS are a type of bond that is based on pools of assets, or collateralized by the cash flows from a specified pool of underlying assets.

자산유동화증권이란 자산의 집합체가 기초적 자산의 특정 집합체로부터 현금흐름에 의해 담보된 채권의 일종이다.

☐ **absolute** 완전한, 절대의, 무제한의, 독단적인

[ǽbsəlùːt]
★

Your new job demands **absolute** commitment.

당신의 새로운 일은 성심성의를 다한 노력이 요구된다.

☐ **absorption** 흡수, 동화, 통합, 병합

[əbsɔ́ːrpʃən]

Cellulose could block zinc **absorption**.

셀룰로오스는 아연의 흡수를 방지하기도 한다.

☐ **account** 계좌 ⊙ disc 1_21

[əkáunt]
★

Please charge my **account** for these items.

이 물품들에 대해서는 제 계좌로 청구해주십시오.

□ **accountability**	설명 책임
[əkàuntəbíləti]	Japanese authority must be accompanied by accountability.
★★	일본 권력 당국에 반드시 책임을 물어야 한다.

□ **acquisition**	취득, 획득, 입수, 매수
[æ̀kwəzíʃən]	We borrowed heavily to finance the acquisition of the firm.
★	우리는 그 기업의 매수 자금을 조달하기 위해 큰돈을 빌렸다.

□ **adage**	속담, 격언
[ǽdədʒ]	As the adage goes, "Too many cooks spoil the broth."
	속담에 있듯이 "요리사가 많으면 요리를 망친다."

□ **adjuration**	선서, 탄원
[æ̀dʒuəréiʃən]	It was the abjuration by farmers which changed the king's decision.
	왕의 결정을 바꾼 것은 농민들의 탄원이었다.

□ **administrative guidance**	행정 지도
[ədmínəstrèitiv gáidəns]	METI tried to control JIS quality standards via administrative guidance.
	일본 경제산업성은 행정 지도를 통해 JIS의 기준을 유지하려 했다.

□ **ADR(American Depositary Receipts)**	미국 주식예탁증서
	ADR represents ownership in the shares of a foreign company trading on US financial markets.
★	ADR은 미국에 있는 외국회사의 주식을 소유하고 거래를 대리한다.

□ **adumbration**	예신, 전조, 윤곽
[æ̀dʌmbréiʃən]	I can see the adumbration of an object in the distance.
	나는 멀리 떨어진 사물의 윤곽을 볼 수 있다.

□ **affiliate**	계열회사
[əfíliət]	The local television network affiliate built a new office building last year.
★★	작년, 텔레비전 네트워크의 지방 지국이 새롭게 오피스 빌딩을 세웠다.

□ **affluence**	부유, 유복, 풍요함, 풍부, 다량

[金flu:əns]	Affluence has yet to come to much of China.
	중국의 대부분은 풍요로움과는 아직 거리가 멀다.

☐ **affluent**	유복한, 풍부한, 풍요한, 유복한 사람
[金flu:ənt]	They have become affluent with the rise in the value of the currency.
★	그들은 화폐가치가 상승하면 풍요로워진다.

☐ **alchemy**	연금술
[金lkəmi]	The art of alchemy was the precursor of modern chemistry.
	연금술은 근대 화학의 선구자였다.

☐ **allocate**	할당하다
[金ləkèit]	It was allocated carefully.
★	그것은 신중하게 배분되었다.

☐ **allocation**	할당, 배분, 배급액
[金ləkéiʃən]	The allocation of rooms would take place on arriving at the hotel.
★	방 배정은 호텔에 도착하는 즉시 행해질 것이다.

☐ **amalgamate**	통합하다, 합병하다
[əm金lgəmèit]	It amalgamated with another company.
★	그것은 다른 회사와 합병했다.

☐ **amortize**	상각하다
[金mərtàiz]	The monthly payment necessary to amortize the debt is 400 dollars.
★★	그 빚을 분할 변제하는 데 필요한 월지급액은 400달러다.

☐ **amplitude**	넓이, 진폭
[金mplətjù:d]	The amplitude greatly increased.
	그 넓이는 크게 늘어났다.

☐ **annualize**	~을 연율로 환산하다, ~을 1년에 한 번 하다
[金nju:wəlàiz]	The document showed the annualized cost of the insurance policy.
	서류에는 연율로 환산된 보험료가 기입되어 있다.

☐ **annuity**	연금
[ənjú:əti]	We cannot surrender a retirement annuity.

★　우리는 퇴직 연금 보험을 해약할 수 없다.

<table>
<tr><td>□ anticlimax</td><td>뜻밖의 결말</td><td>⊙ disc 1_22</td></tr>
</table>

[æ̀ntikláimæks]　I thought the book ended in **anticlimax**.
나는 그 책이 뜻밖의 결말로 끝날 것으로 생각했다.

□ **apportion**　배분하다

[əpɔ́:rʃən]　When he died, his property was **apportioned** equally among his five sons.
그가 죽자, 재산은 다섯 명의 아들에게 공평하게 배분되었다.

□ **appraise**　(토지, 재산, 사람, 능력 등을) (전문적으로) 평가하다

[əpréiz]　Before closing on the house, it had to be professionally **appraised**.
집을 팔기 전에 전문가에게 평가를 받아야 했다.

□ **aptitude**　적성

[ǽptətjù:d]　He found in his daughter no **aptitude** for business.
그는 딸에게서 비즈니스에 대한 적성을 발견해낼 수 없었다.

□ **arbitrage**　재정 거래

[ɑ́rbətrɑ̀ʒ]　**Arbitrage** is the practice of taking advantage of a price differential between two or more markets.
★★　재정 거래란 두 개 이상의 시장에서 가격차로 수익을 얻는 방법이다.

□ **asset transfer**　영업 양도

[ǽsèt trænsfə́:r]　We have to accept **asset transfer** by that company.
우리는 그 회사에 의한 영업 양도를 받아들여야만 한다.

□ **assets**　가치가 있는 것, 자산, 정보 제공자

[ǽsèts]　The judge ordered all his **assets** to be sold off.
★　재판관은 그의 모든 재산을 매각할 것을 명령했다.

□ **audit**　회계 감사, (회계 장부 등을) 검사하다, (강의 등을) 청강하다

[ɔ́:dət]　I have an **audit** of my finances.
나는 회계 감사를 받는다.

□ **bad debt**　불량 채권

[bǽd dét]　The government pressure on banks to clean up **bad debt** has caused a severe credit crunch sending some companies scrambling for funds last year.

★

작년에 정부가 은행에 불량 채권을 처리하도록 압력을 넣은 것이 원인이 되어 심각한 신용경색에 몰린 기업들이 분주하게 자금을 모으고 있다.

☐ bank line   은행 여신 한도

[bǽŋk láin]

The bank expands a bank line of credit.

그 은행은 은행 여신 한도를 확대한다.

☐ bankruptcy remote   도산 격리

[bǽŋkrəpsi rəmóut]

Bankruptcy remote means perfection of interests against third parties.

도산 격리는 (자산 담보에 대한) 제3자 대항 요건이다.

☐ bate   줄이다

[béit]

He bates his claim.

그는 요구를 줄인다.

☐ batten   (~을 희생하여) 번영하다

[bǽtən]

He battens on the inner-city poor.

그는 빈민가 사람들의 희생으로 호사스럽게 살고 있다.

☐ bearish   태도가 거친, (증권) 하락세의, (경기 전망 등이) 어두운

[bériʃ]

Right now the market is bearish.

현재 상장은 하락세이다.

☐ bell shape   종형 곡선(정규분포)

[bél ʃéip]

Bell shape grading assigns relative grades based on a normal distribution of scores.

종형 곡선(에 의한 성적 평가)이란 (테스트) 점수의 정규분포를 토대로 한 상대 평가를 하는 것이다.

☐ beneficiary   (신탁) 수령인, (유산 등의) 수취인

[bènəfíʃièri]
★

He was the sole beneficiary of her estate.

그는 그녀의 재산의 유일한 수령인이었다.

☐ biennial   2년에 한 번씩의

[baiéniəl]

Tomorrow opens the fourth biennial art fair.

내일은 2년에 한 번씩 개최되는 제4회 미술 전람회가 열린다.

☐ blip   깜빡 신호, (주식 시장의) 일시적인 하락

[blíp]

The scandal was nothing but a blip on the radar screen.

스캔들은 레이더 화면에서 순식간에 나타났다 사라지는 데이터와 같은 것이었다.

| □ **bond** | 계약, (채무) 증서, 공채, 채권 |

[bánd]　He broke his **bond**.
그는 계약을 어겼다.

| □ **brochure** | (안내, 광고용) 책자, 브로슈어 | ⊙ disc 1_23 |

[brouʃúr]　We circulated **brochures**.
★　우리는 안내용 책자를 배포했다.

| □ **brokerage** | 중개 수수료, 중개 업무 |

[bróukəridʒ]　A new **brokerage** firm was created.
새로운 주식 중개업자가 생겼다.

| □ **brokerage house** | 증권회사 |

[bróukəridʒ háus]　The new entity will offer full spectrum of financial
services including a **brokerage house**.
합병한 회사는 증권 업무를 포함한 모든 금융 서비스를 제공
할 것이다.

| □ **bullish** | (성격, 태도가) 황소 같은, (주식 거래가) 강세의, 상승 기미가 있는 |

[búliʃ]　He makes **bullish** projections for the market.
그는 시장에 대해 낙관적인 예측을 한다.

| □ **calamity** | 불행, 불운, 고난, 재난 |

[kəlǽməti]　He suffered a **calamity**.
★　그는 재난을 겪었다.

| □ **calendar year** | 역년 |

[kǽləndər jír]　At that time, the **calendar year** ended in October, after
harvesting was finished.
★　당시의 역년은 수확을 끝낸 뒤 10월에 종료되었다.

| □ **capital** | 자본, 원금, 순자산, 자본의 |

[kǽpətəl]　The company attracts foreign **capital**.
그 회사는 외국 자본을 끌어들인다.

| □ **capital gain** | 자본 이득 |

[kǽpətəl géin]　A **capital gain** is profit that results from the
appreciation of a capital asset over its purchase price.
★★　자본 이득이란 매입 가격을 웃도는 자본의 증가로 얻을 수 있
는 이익이다.

□ **cede**	(권리, 영토 등을 타국에) 양도하다
[síːd]	He **ceded** all claims to the disputed territory to them. 그는 분쟁 지역의 모든 권리를 그들에게 양도했다.

□ **cessation**	정지
[sèséiʃən]	They called for a momentary **cessation** of the movement. 그들은 그 운동을 일시 중단할 것을 요구했다.

□ **cession**	양도, 이양, 인도
[séʃən]	The office issued a deed of **cession**. 사무소는 양도 증서를 발행했다.

□ **chattel**	동산
[tʃǽtəl]	These are his goods and **chattels**. 이것들은 그의 가재도구들이다.

□ **circumvent**	회피하다
[sə̀ːrkəmvént] ★★	He **circumvents** the difficulties. 그는 문제를 회피한다.

□ **clearing bank**	어음 교환 협정 은행
[klíriŋ bǽŋk]	The bank belongs to the Committee of London **Clearing Banks**. 그 은행은 런던의 어음 교환 협정 은행 위원회에 속한다.

□ **clubby world**	폐쇄적 사회
[klʌ́bi wɔ́ːrld]	In Japan's **clubby world** of business, the bank used cheap financing and cross-shareholding arrangements. 일본의 폐쇄적인 비즈니스 사회에서 은행은 장기간의 저금리 융자와 상호 주식 보유를 사용했다.

□ **clutter**	혼란
[klʌ́tər]	She cleared away the **clutter** on her desk and set to work. 그녀는 책상 위의 어질러진 물건을 치우고 나서 업무를 시작했다.

□ **collapse**	붕괴
[kəlǽps] ★★	Before the market **collapsed**, I sold $5 million in securities. 시장이 붕괴되기 전에 나는 500만 달러분의 주식을 팔았다.

□ **collateral**	담보	
[kəlǽtərəl] ★★	I put up **collateral** for a loan. 나는 대출을 위해 저당물을 잡았다.	

□ **commercialize**	상품화하다, 영리화하다, 상업화하다	
[kəmə́:rʃəlàiz]	The design will be selected and **commercialized**. 그 디자인 작품이 선택되어 상품화될 것이다.	

□ **commoditization**	상품화하는 것	⊙ disc 1_24
[kəmádətaizeiʃən]	The **commoditization** of public goods has gone too far. 공공재의 상품화는 도를 지나쳤다.	

□ **commodity**	상품, 산물, 일용품, 필수품	
[kəmádəti] ★	We advertised a **commodity**. 우리는 상품을 선전했다.	

□ **common stock**	보통주	
[kámən sták]	**Common stock** are securities representing equity ownership in a corporation, providing voting rights, and entitling the holder to a share of the company's success. 보통주란 회사에서의 투표권과 회사의 성공 배분을 가능케 하는 주식의 소유권을 말한다.	

□ **compact**	합의, 협정, 계약	
[kámpækt]	We made a **compact** with him. 우리는 그와 합의했다.	

□ **compensation**	보수	
[kàmpənséiʃən] ★★	She likes all aspects of her new job except the **compensation** part of it. 그녀는 이번 새로운 업무에서 보수 부분만 제외하면 모든 면에 만족해한다.	

□ **competitor**	경쟁 상대	
[kəmpétətər] ★	He defeated his **competitors**. 그는 경쟁 상대를 이겼다.	

□ **complement**	보완물	
[kámpləmənt]	The ship has full **complement** of ten. 이 배는 정원이 10명이다.	

□ **conflict of interest**	이해의 충돌	

[kánflikt əv
íntərəst]
A **conflict of interest** is a situation in which someone
in a position of trust has competing interests.

이해의 충돌이란 신임을 받는 직책에 있는 사람이 이해관계를
두고 경쟁하는 것을 말한다.

☐ consolidation 　통합, 강화

[kənsàlədéiʃən]
★

The president sought **consolidation** of his powers.

대통령은 권력의 강화를 추구했다.

☐ consortium 　컨소시엄, 협회, 조합

[kənsɔ́:rʃiəm]

He joined an international **consortium**.

그는 국제적인 공동사업체에 참가했다.

☐ consumer loans 　소비자 금융

[kənsú:mər lóunz]　They took out too many **consumer loans**.

그들은 소비자 금융에서 돈을 너무 많이 빌렸다.

☐ contingent liability 　우발 채무

[kəntíndʒənt
làiəbíləti]

Contingent liabilities are possible future liabilities that
will only become certain on the occurrence of some
future event.

우발 채무란 미래의 사건에 의해 확정되는 미발행 채무를 말
한다.

☐ converge 　집중하다

[kənvə́:rdʒ]

Two rivers **converge** here into one.

두 개의 하천은 이곳에서 합류하여 하나가 된다.

☐ convergence 　집중, 합치, 집합 상태

[kənvə́:rdʒəns]

By a lucky **convergence** of circumstances, the new
product became a hit.

좋은 상황이 거듭된 덕분에 새로운 상품은 히트를 쳤다.

☐ convertible bond 　전환 사채

[kənvə́:rtəbl bánd]　A **convertible bond** is a type of bond that can be
converted into shares of stock in the issuing company.

전환 사채란 발행회사의 주식으로 전환이 가능한 종류의 채권
★★　이다.

☐ cooperative 　협동하는, 협동조합의, 협조적인

[kouápərèitiv]
★

They set up a **cooperative**.

그들은 협동조합을 설립했다.

☐ **corporate**	법인의, 기업의, 회사의, 합체한, 지역적인
[kɔ́ːrpərət] ★	You may receive a **corporate** discount at our hotel. 당신은 이 호텔에서 법인 할인 서비스를 받을 수 있다.

☐ **cost**	원가, 지출, 경비, 코스트, 특성, 손실
[kɑ́st]	He must bring the **cost** within the required limit. 그는 비용을 정해진 한도 내에서 사용해야 한다.

☐ **cost of capital**	자본 비용 ⊙ disc 1_25
[kɑ́st əv kǽpətəl] ★★	The **cost of capital** for a firm is a weighted sum of the cost of equity and the cost of debt. 회사에서의 자본 비용이란 자기 자본 비용과 차입 비용의 가중 합계이다.

☐ **credit crunch**	신용 규제, 신용 제한
[krédit krʌ́ntʃ] ★	The government tried to ease the **credit crunch** that small and medium-sized companies are facing. 정부는 중소기업이 직면하고 있는 신용 규제를 완화하려고 했다.

☐ **credit rating**	채권 등급 사정
[krédət réitiŋ] ★★	The company maintains a good **credit rating** among customers. 그 회사는 고객 사이에서 좋은 채권 등급을 유지하고 있다.

☐ **cross default**	연쇄 채무 불이행
[krɔ́s dəfɔ́ːlt]	We note that there is a **cross default** clause in our contract. 우리는 계약에 연쇄 채무 불이행 조항이 있음을 알고 있다.

☐ **debacle**	폭락
[dəbɑ́kəl]	They got caught up in the **debacle** in the commodity markets. 그들은 상품 시장의 폭락에 휘말려들었다.

☐ **debenture**	채무증서, 사채
[dəbéntʃər]	We issued a **debenture**. 우리는 사채를 발행했다.

☐ **debt**	차입금
[dét] ★	She is in **debt** for $100,000 to her father. 그녀는 아버지에게 10만 달러의 빚이 있다.

☐ **deception**	사기
[dəsépʃən] ★	He concealed his **deception**. 그는 허위를 은폐했다.

☐ **decline**	(가격의) 하락
[dikláin] ★	Do you know why the stock market **declined** so dramatically? 너는 주식시장이 그렇게 큰 폭으로 하락한 것을 알고 있니?

☐ **default**	불이행, 변제 불능, 기권
[dəfɔ́:lt] ★	He made **default**. 그는 (법정에) 출석하지 않았다.

☐ **defer**	연기하다
[dəfə́:r] ★	The decision was **deferred** for a moment. 그 결정은 잠시 동안 연기되었다.

☐ **degradation**	악화
[dègrədéiʃən]	Environmental **degradation** is occurring on an increasingly large scale. 환경 악화의 규모가 점점 광범위해지고 있다.

☐ **demesne**	(권리를 토대로 한 토지의) 보유, 사유지, 부동산
[diméin]	Over this vast **demesne** I rule. 이 광대한 영지 전부를 내가 지배한다.

☐ **demise**	부동산 유증, 통치권 이양, 소멸, 서거
[dìmáiz]	That scandal started the politician's **demise**. 그 스캔들은 정치가의 죽음에서 시작되었다.

☐ **depreciate**	상각하다
[dəprí:ʃièit] ★★	Is it true that as soon as you buy a new car and drive off the lot, it has **depreciated** by 50%? 새 차를 구입해서 딜러의 주차장을 나서는 순간, 차의 가치는 50퍼센트 반감한다는 게 사실입니까?

☐ **differentiate**	차별화하다
[dìfərénʃièit]	The newcomers must seek ways to **differentiate** themselves. 신규 업자는 자사를 다른 회사와 차별화할 길을 찾아야 한다.

☐ **dilution**	희석화

| [dəlú:ʃən]

★★ | **Dilution** means a reduction in EPS that occurs through the issuance of additional shares.
희석화(의 문제)는 신규 발행 주식의 추가로 인해 발생하는 EPS의 저하를 의미한다. |

☐ **diminution**	감소, 축소, 삭감, 감소액
[dìmənú:ʃən]	We suffer a considerable **diminution** in income. 우리는 수입이 크게 감소하는 쓰라린 경험을 한다.

☐ **direct financing** (증자, 채권 발행에 의한) 직접 금융	⊙ disc 1_26
[dairékt fənǽnsiŋ]	IPO encourage **direct financing** from equity markets. IPO는 증권시장을 통한 직접 투자를 장려한다.

☐ **disclosure**	정보 공개
[dìsklóuʒər] ★	Any **disclosure** of private information was painful for him. 그는 어떤 사적인 정보라도 공개되는 것이 불쾌했다.

☐ **discount broker** 어음 할인 중개인
[dískaunt bróukər]	They are internet security company which acts as a **discount broker**. 그들은 수수료를 큰 폭으로 할인하는 인터넷 증권회사다.

☐ **discount rate**	할인율
[dískaunt réit] ★	The most immediate action expected is the BOJ's cutting of its key **discount rate**. 기대할 수 있는 최우선의 응급처지는 일본 은행이 금리를 인하하는 것이다.

☐ **dispute**	싸움
[dìspjú:t]	**Disputes** over water have sparked regional tensions in China. 중국에서는 물 부족을 둘러싼 분쟁으로 지역 간의 긴장이 조성되고 있다.

☐ **diversification**	분산화
[daivə̀:rsəfəkéiʃən] ★	The recent decrease in book sales is mainly due to **diversification** of people's leisure time activities. 최근 서적 매출 감소는 주로 여가 생활의 다양화에서 기인한 것이다.

☐ **divestiture**	자회사 매각, 투자 철수

[daivéstitʃər]   He began a **divestiture** process.
그는 기업 분할을 진행하기 시작했다.

□ divestment   투자 회수

[daivéstmənt]   They protest against the **divestment** of their rights.
그들은 투자 회수에 이의를 제기한다.

□ downtick   전날 시세보다 싼 거래, 경기 퇴조

[dáuntik]   We have recently witnessed a **downtick** in buy orders.
최근 우리는 전날 시세보다 싼 주문을 보게 된다.

□ due diligence   듀 딜리전스(기업 실사)

[dju: dílədʒəns]   **Due diligence** is a term used for a number of concepts involving the performance of an investigation of either a business or person.
듀 딜리전스란 사람이나 비즈니스의 조사 성과에 관한 여러 가지 개념으로 사용되는 용어다.

□ economic contraction   경제의 축소

[èkənámik kəntrǽkʃən]   Japan has experienced five consecutive years of **economic contraction**.
일본은 5년에 걸쳐 경기 후퇴를 경험했다.

□ economy of scale   규모의 경제성

[ikánəmi əv skéil]   **Economy of scale** is the reduction in cost per unit result from increased production, realized through operational efficiencies.
★   규모의 경제란 생산을 증가시킴으로써 단위 코스트가 인하되는 것을 말하며, 업무 효율이 상승하면 실감할 수 있다.

□ efficient   유능한, 효율적인

[əfíʃənt]   She is not very **efficient** at her job.
그녀는 업무 능력은 그다지 뛰어나지 않다.

□ embargo   통상 정지

[embárgou]   They impose an **embargo** on the export of gold.
그들은 금 수출을 금지한다.

□ emerging market   신흥(국) 시장

[ìmə́:rdʒiŋ márkət] The rise in the commodity market is viewed as a key to recovery in confidence in **emerging markets**.
★   상품 시장의 상승은 신흥(국) 시장에서의 경기 회복에 대한 열쇠로 간주한다.

□ **emolument**	급여, 보수	
[imáljumənt]	He received adequate **emolument**. 그는 충분한 보수를 받았다.	

□ **employee turnover rate** 종업원 이직률	
[əmplɔ́ii tə́ːrnòuvər réit]	The company had a high **employee turnover rate** this year. 올해 그 회사는 종업원 이직률이 높았다.

□ **endowment**	기부, 기본재산	⊙ disc 1_27
[endáumənt]	He receives a large **endowment** from a foundation. 그는 재단에서 많은 돈을 기부 받았다.	

□ **equities**	보통주, 보통주주권(common stock)
[ékwətiz]	They value **equities**. 그들은 주식을 평가한다.

□ **equity**	주식
[ékwəti] ★	The company's **equity** was offered publicly on the OTC market and owned by Japanese shareholders. 그 회사의 주식은 장외 공개되었으며 일본인 주주가 소유하고 있었다.

□ **evasive**	회피적인, 책임을 피하는, 얼버무리는
[ivéisiv]	He was **evasive** in his manner. 그의 태도는 회피적이었다.

□ **ex officio**	현직의, 직무상의
[éks əfísiou]	He is an **ex officio** member. 그는 직무상 회원이다.

□ **exaction**	강청, 강요, 강제 징수
[igzǽkʃən]	He went to prison for the **exaction** of money. 그는 돈을 강제 징수하여 감옥에 갔다.

□ **execute**	(거래를) 실행하다
[éksəkjùːt] ★	His cohort **executed** their long-planned attack. 그의 동료는 오랫동안 계획했던 공격을 실행했다.

□ **executive**	경영 간부, 중역
[igzékjətiv]	You are an able **executive**.

★   당신은 유능한 간부다.

□ **executive committee** 경영위원회

[igzékjətiv kəmíti] The **executive committee** is the group of members guiding the evolution of Java technology.
그 경영위원회는 자바의 기술 진화를 지원하는 회원들의 모임이다.

□ **executive director** 전무, 이사

[igzékjətiv dairéktər] He is **executive director** of the National Book Foundation, which sponsors the yearly honors.
그는 매년 상을 주최하고 있는 전미 도서협회의 사무국장이다.

□ **expenditure** 지출, 소비, 경비, 비용, 소비량

[ikspéndətʃər] He cannot afford the **expenditure** of sending his son to a university.
★★ 그는 아들을 대학에 보낼 경제적 여유가 없다.

□ **extravagance** 낭비, 사치

[ikstrǽvəgəns] I cut out my **extravagances**.
★ 나는 사치하는 것을 관두었다.

□ **fiduciary** 신용장의, 신탁의, (불환 지폐가) 신용 발행의

[fədú:ʃièri] The accounting firm neglected its **fiduciary** duties.
회계사무소는 신탁 업무를 소홀히 했다.

□ **financial reform** 금융 개혁

[fənǽnʃəl rəfɔ́:rm] They slowed the progress of **financial reform**.
그들은 금융 개혁의 진행을 늦췄다.

□ **finesse** 교묘한 처리, 수완

[fənés] She shows considerable **finesse** in her negotiations.
그녀는 교섭에서 상당한 수완을 보인다.

□ **finite** 유한의

[fáinàit] There are **finite** possibilities.
가능성은 유한하다.

□ **firm** (가격, 시장이) 안정된

[fə:rm] The dollar was **firm** against all other currencies.
★ 달러는 다른 모든 통화와 비교하여 안정되어 있다.

☐ **fiscal year**	회계 연도	
[fískəl jir]	In the fiscal year ending in January 2006, the company's sales revenues amounted to $188 billion. 2006년 1월까지의 회계 연도에서 회사의 매출 수입은 1880억 달러에 달했습니다.	

☐ **fixed income**	고정 수입, 고정 금리
[fíkst ínkʌm]	They have invested into a fixed income bond. 그들은 고정 금리 채권에 투자했다.

☐ **formulation**	공식화, 정식화, 정리
[fɔ̀:rmjəléiʃən] ★	Her formulation of the plan was brilliant. 그녀의 계획 작성은 훌륭한 것이었다.

☐ **franchise**	프랜차이즈, (사람, 회사에게) 특권을 허가하다　⦿ disc 1_28
[fræntʃàiz] ★	He establishes a thriving franchise. 그는 번성하는 프랜차이즈 점을 설립한다.

6

☐ **funds**	저축
[fʌndz] ★	There are no funds in my bank account. 내 은행 계좌에는 저금이 없다.

☐ **future value**	미래 가치
[fjú:tʃər vǽlju:] ★★	The traders are betting on whether the future value of stocks, bonds, interest rates, securities and the like would rise or fall. 그 트레이더들은 주식, 채권, 금리, 유가증권 등이 미래 가치를 상승시킬지 혹은 하락시킬지에 내기를 하고 있다.

☐ **gamester**	도박꾼
[géimstər]	Unfortunately, my husband is a gamester. 유감스럽게도 내 남편은 도박꾼이다.

☐ **going public**	상장
[góuən pʌ́blik] ★★	Going public will bring a large amount of money to the founders. 주식공개는 창업자에게 큰 이익을 가져다줄 것이다.

☐ **goodwill**	영업권
[gudwíl] ★★	Let's focus on goodwill, intangible assets. 무형 자산인 영업권에 초점을 맞춰봅시다.

☐ **guarantor**	보증인
[gèrəntɔ́:r]	I agree to serve as a **guarantor**. 나는 보증인 역할을 하는 데 동의한다.

☐ **guardian**	보호자, 관리자, 후견인
[gɑ́rdiən]	He appoints a **guardian**. 그는 후견인을 임명한다.

☐ **historical cost method**	취득 원가 방식
[hìstɔ́:rikəl kɑ́st méθəd]	The statement is made by the **historical cost method**. 그 손익계산서는 취득 원가 방식에 의해 작성되어 있다.

☐ **honorarium**	사례금
[ànərériəm]	I play an **honorarium** to a lecturer. 나는 강연자에게 사례금을 지급한다.

☐ **hypothecate**	저당에 넣다
[haipɑ́θikèit]	With a large sum of money the property was **hypothecated**. 큰 액수의 값이 나가는 재산을 저당잡혔다.

☐ **illiquid**	낮은 유동성
[ìlíkwəd]	**Illiquid** means that which cannot quickly and easily be converted into cash, such as real estate. 낮은 유동성이란 부동산 등의 환금성이 낮음을 뜻한다.

☐ **impecunious**	무일푼의
[ìmpikjú:niəs]	He was **impecunious** when he started his business. 사업을 시작했을 때 그는 무일푼이었다.

☐ **impose**	부과하다
[ìmpóuz] ★★	A fine shall be **imposed** on the offender. 벌금은 위반자에게 부과된다.

☐ **inalienable**	양도할 수 없는, 매각할 수 없는
[ìnéiljənəbl]	Free speech is considered an **inalienable** right in the USA. 미국에서 자유로운 발언은 빼앗을 수 없는 권리로 간주된다.

☐ **incentive**	자극, 보장
[ìnséntiv]	He used money as an **incentive** for the employees to work harder.

★

그는 직원들의 노동 의욕을 상승시키는 자극책으로서 돈을 이용했다.

inclusive 포함하여, 모두 포함한

[ìnklúːsiv]

The price, inclusive of transport, is $100.

운송료를 포함한 가격은 100달러입니다.

income gain 배당 수입

[ínkʌm géin]

Solid income gain isn't enough to keep consumers spending.

상당한 배당 수입이었으나 소비를 계속하기에는 불충분했다.

increment (금액, 가치 등의) 증가, 증대, 증가액

[ínkrəmənt]

I got a cost-of-living increment to my salary.

나는 생계비 상승분을 올려서 급여를 받았다.

indemnify (손해 등을) 배상하다, 보상하다   ⊙ disc 1_29

[indémnəfài]

I indemnify him against loss or harm.

나는 그에게 손해나 피해에 대해서 보상한다.

indenture 계약서, 기한부 고용 계약서, 계약서로 약정하다

[ìndéntʃər]

He broke his indentures.

그는 계약서를 파기했다.

indigent 궁핍한

[índidʒənt]

He became successful by overcoming the fact that he was from an indigent family.

그는 경제적으로 궁핍한 가정환경을 극복하고 성공했다.

indirect financing 간접 금융(은행 융자)

[ìndərékt fənǽnsiŋ]

Our company took framework of physical-collateral dependent indirect financing.

우리 회사는 물적 담보에 의존한 간접 금융 제도를 채택하고 있었다.

infrastructure (금융에서) 서포트 부문

[ìnfrəstrʌ́ktʃər]

The companies with the proper infrastructure will flourish in the global economy.

적절한 서포트 부문을 갖춘 기업이 국제 경제에서 두각을 보일 것이다.

★

insolvency 지불 불능, 파산

[ìnsálvənsi]   She has gone into insolvency.
그녀는 파산했다.

☐ **insolvent**   파산한

[ìnsálvənt]   They are losing money so fast they will be insolvent in a few weeks.

★   그들은 돈을 빠른 속도로 잃고 있으므로 몇 주 안에 파산할 것이다.

☐ **institutional investor**   기관투자가

[ìnstətú:ʃənəl invéstər]   She found it very difficult to compete with the institutional investors in the market.

그녀는 시장에서 기관투자가와 경쟁하는 것이 대단히 어려운 일임을 깨달았다.

☐ **insurance**   보험, 보험금, 보험증

[ìnʃúrəns]   He bought fire insurance.
★   그는 화재보험에 들었다.

☐ **interest**   관심, 취미, 중요성, 이해, 이익, 이자

[íntərəst]   They disclaimed any interest in outcome of the negotiations.
그들은 교섭 결과에는 아무런 관심이 없다고 했다.

☐ **interference**   간섭, 참견

[ìntərfírəns]   I will brook no interference by our neighbors.
나는 이웃의 간섭을 참을 수 없다.

☐ **invariably**   변함없이, 언제나

[ìnvériəbli]   We are almost invariably on the defensive.
우리는 거의 항상 수비 체제에 있다.

☐ **investment**   투자

[ìnvéstmənt]   He finances a costly investment.
★   그는 고액으로 투자하기 위해 자금을 융자한다.

☐ **investor**   투자가

[ìnvéstər]   He attracts foreign investors.
★   그는 외국인 투자가를 모은다.

☐ **jargon**   전문 용어

[dʒárgən]   I quickly acquired the jargon of the trade.

★★ 나는 신속하게 무역 용어를 습득했다.

□ JGB(Japanese Government Bond) 일본 국채

The outstanding amount of JGB issues is enormous in both relative and absolute terms.

현저한 발행 수량을 보유한 일본 국채 시장은 상대적으로는 물론 절대적으로도 크다.

□ job description 직무 내용

[dʒáb dəskrípʃən] Unfortunately, we do not feel that your background is an exact match to the job description.

유감스럽게도 귀하의 배경지식은 우리가 요구하는 것과는 약간 다른 부분이 있습니다.
★★

□ job grade 직급

[dʒáb gréid] This job grade policy provides a method for objectively setting rates of pay.

이 직급은 급여 수준을 객관적으로 결정하는 방법을 제공한다.

□ joint venture 합병 기업, 합병 (사업)　⊙ disc 1_30

[dʒɔ́int véntʃər] The company's recently announced joint venture with a Japanese company is part of its push to cultivate the Japanese market.

그 기업이 최근에 발표한 일본 기업과의 합병 사업은 일본 시장을 개척하기 위한 움직임의 일환이다.
★★

□ judicious 판단력이 확실한, 현명한

[dʒu:díʃəs] I make a judicious selection.

나는 현명한 선택을 한다.

□ leverage 레버리지, 인수 예정 회사를 담보로 한 차입, 차입금으로 투기하다

[lévəridʒ] We have no leverage over this government.
★★ 우리는 이 정부에 대한 영향력이 없다.

□ liabilities 부채

[làiəbílətiz] Upon resignation, all liabilities to COMPANY, including loan, if any, must be repaid.

퇴직할 때, COMPANY에 융자 등의 채무가 있는 경우는 반드시 변제해야 한다.
★

□ liability 책임, 채무, 의무, 부채

[làiəbíləti] He acknowledges his liability.
★ 그는 자신의 책임을 인정한다.

□ **LIBOR**	변동금리, 런던 은행 간 거래 금리
[líːbər]	LIBOR is the most widely used benchmark or reference rate for short term interest rates world-wide.
	LIBOR는 세계적으로 가장 폭넓게 사용되는 단기금리의 참고값 혹은 참조값이다.

□ **liquidate**	청산하다, (도산 회사 등을) 정리하다, (채권 등을) 현금으로 바꾸다
[líkwədèit]	He liquidated the debt completely.
	그는 부채를 완전히 청산했다.

□ **liquidation**	(파산자의) 청산, (회사의) 파산, (증권, 상품의) 환금
[lìkwədéiʃən]	We undergo liquidation for failure to meet a margin call.
★★	우리는 증거금 청구에 실패하여 파산을 맞았다.

□ **liquidity**	금융 상품의 유동성
[likwídəti]	Most small companies had liquidity problems in the 1990s.
★★	1990년대에는 대부분의 소기업이 자금 유동성에 관한 문제를 안고 있었다.

□ **listed equities**	상장증권
[lístəd ékwətiz]	The company provides discretionary advice on portfolios of listed equities.
	그 회사는 상장 주식 유가 증권 명세표에 의해 자유 재량에 따른 조언을 해준다.

□ **litigation**	소송
[lìtəgéiʃən]	The company announced that the matter was presently under litigation.
★★	그 회사는 그 문제에 대해서는 현재 소송이 진행 중이라고 공표했다.

□ **loan default**	채무 불이행
[lóun dəfɔ́ːlt]	The recession has triggered more loan default.
	경기 불황이 채무 불이행을 더욱더 야기했다.

□ **loss**	손실, 손해
[lɔ́ːs]	We tried to avoid further loss.
	우리는 그 이상의 손실을 피하려 애썼다.

□ **lucrative**	수익성이 좋은

[lú:krətiv] ★	He gave up his lucrative business. 그는 수익성이 좋은 사업을 포기했다.

☐ **margin** 증거금, 담보금, 한계수익금

| [márdʒən] ★ | He got a good profit margin. 그는 제법 많은 차액 이익금을 손에 넣었다. |

☐ **market** 시장, 거래의 장, 매매, 수용, 상장, 경기

| [márkət] ★ | They capture the market. 그들은 시장을 지배한다. |

☐ **market capitalization** 시가총액

| [márkət kæpətləzéiʃən] ★ | That company has the largest market capitalization in the world. 그 회사는 세계 최대의 (주가) 시가총액을 보유하고 있다. |

☐ **marketability** 금융 상품의 유동성, 시장성

| [màrkətəbíləti] | We use the latest technologies to evaluate the marketability of your products. 우리는 상품이 팔릴지를 판단하기 위해 최신 기술을 사용한다. |

☐ **marketable securities** 유가증권

| [márkətəbl sikjúrətiz] | We have proceeds from the sale of marketable securities this year. 우리는 올해 유가증권의 매각에 따른 수입을 얻는다. |

☐ **maturity** 만기   ⊙ disc 1_31

| [mətʃúrəti] ★★ | Withdrawals before maturity are not permitted for any reason whatsoever. 이유를 불문하고 만기일 전에 해약하는 것은 불가능하다. |

☐ **merchant bank** 투자은행

| [mártʃənt bæŋk] ★★ | We experienced merchant banking type functions. 우리는 투자은행 업무를 경험했다. |

☐ **middleman** 중매자, 중개업자

| [mídəlmæn] ★★ | We trade direct, and cut out the middleman. 우리는 직접 거래를 해서 중매인을 생략했다. |

☐ **momentum** 탄력, 여세, 운동량

| [mouméntəm] | He acquires momentum. 그는 탄력을 받는다. |

| ☐ **moratorium** | 지불 유예 기간 |

[mɔ̀:rətɔ́:riəm]

They lift a moratorium.
그들은 지불 연기를 해제한다.

| ☐ **mortgage** | 저당, 저당 잡히다, 주택 론, 부동산 담보권 |

[mɔ́:rgidʒ]

I will sell my condo since it's dumb to keep paying the mortgage.
이대로 대출금을 계속 지불하는 것은 바보 같기 때문에 아파트를 살 예정이다.

★

| ☐ **multinational corporation** | 다국적 기업 |

[mʌltinǽʃənəl kɔ̀:rpəréiʃən]

Some multinational corporations, such as Toyota, are stronger than governments.
도요타 등의 다국적 기업 중에는 국가보다 더 큰 힘을 가진 기업도 있다.

| ☐ **mutual fund** | 투자신탁 |

[mjúːtʃuəl fʌ́nd]

Millions of dollars are siphoned from mutual fund investors.
투자신탁 투자가로부터 수백만 달러를 끌어들였다.

★★

| ☐ **negotiable instruments** | 수표 |

[nəgóuʃəbl ínstrəmənts]

Negotiable instruments are mainly governed by state statutory law.
수표는 주로 미국 제정법에 의해 관리된다.

| ☐ **nominal** | 유명무실한, (주식 등이) 기명의, 얼마 안 되는 |

[námənəl]

The cost of the repair was nominal compared to buying a new car.
차의 수리 비용은 신차를 구입하는 것에 비하면 얼마 안 되는 돈이었다.

★

| ☐ **non-performing loan** | 불량채권 |

[nán pərfɔ́:rmiŋ lóun]

If the number of bankruptcies rises as a result of the non-performing loan disposal, we'll surely see more people on unemployment lines.
불량채권의 처리 결과로 파탄되는 기업이 많아지면 틀림없이 실업자가 증가할 것이다.

★★

| ☐ **nose-dive** | 급강하하는, (물가, 주식 등이) 폭락하는 |

[nóuz dáiv]

The new product is taking a nose-dive.
신제품의 매출이 급격히 하락했다.

☐ **obsolescent**　　진부화한, 쇠퇴해 가고 있는

[àbsəlésənt]　　Obsolescent technology is at the core of our troubles.
우리 문제의 핵심은 쇠퇴해 가고 있는 기술에 있다.

☐ **obsolete**　　한물간

[àbsəlìːt]　　It became obsolete.
★★　　그것은 쓸모가 없어졌다.

☐ **off the book**　　장부에 기재되지 않은

[ɔ́ːf ðə búk]　　They wipe it off the books.
★★　　그들은 그것을 장부에 기재하지 않았다.

☐ **optimum capital allocation**　　자본의 최적분배

[áptəməm kǽpətəl　　The bank paid attention to its optimum capital
æ̀ləkéiʃən]　　allocation to improve profitability.
그 은행은 수익성 개선을 위해 자본의 최적분배에 주력했다.

☐ **opulence**　　유복, 부유

[ápjələns]　　The opulence of the meal surprised me.
나는 호화로운 식사에 놀랐다.

☐ **outplacement agent**　　재취직 지원회사

[áutplèismənt　　That is an outplacement agent which specializes in
éidʒənt]　　assisting, retraining and finding alternative jobs.
그곳은 지원하고, 재교육 및 일자리 알선을 전문적으로 다루
는 재취직 지원회사이다.

☐ **outright forward**　　아웃라이트 선물환　　⊙ disc 1_32

[áutráit fɔ́ːrwərd]　　Outright forward means for ward market purchase or
sale without a corresponding spot market purchase.
재정을 동반하지 않는 선물거래란 현물을 매입하지 않고 선물
매매를 하는 것을 말한다.

☐ **outweigh**　　~보다 더 크다

[áutwèi]　　The losses outweigh thc gains.
★★　　그 손실은 이익을 웃돈다.

☐ **over-the-counter-equity**　　장외등록주

[óuvər ðə káuntər　　An over-the-counter-equity security generally is any
ékwəti]　　equity that is not listed or traded on NASDAQ.
장외등록주는 일반적으로 나스닥에서 상장 혹은 거래되고 있
지 않는 주식을 말한다.

☐ **over-collateralization** 초과 담보

[óuvər kəlætərləzéiʃən]
Over-collateralization is one of the ways to obtain credit enhancement.
초과 담보는 신용 보완 조치의 한 방법이다.

☐ **overtask** 과도하게 부담을 주다, 혹사하다

[òuvərtǽsk]
The landlord **overtasked** his slaves.
지주는 노예들을 혹사했다.

☐ **overtax** 중세를 부과하다

[òuvərtǽks]
I feel **overtaxed**.
나는 과중한 세금에 부담감을 느낀다.

☐ **payoff** (급여나 빚 등의) 지불, 지불일, 납입일, 뇌물, 앙갚음, 입막음 돈

[péiɔ̀:f]
★★
He accepted **payoffs** from building contractors.
그는 건축업자에게서 뇌물을 받았다.

☐ **payroll** 급료 지불 명부, 종업원 명부, 급료 지급 총액

[péiròul]
★★
They cut their **payrolls** by two hundred workers.
그들은 인원을 200명으로 감축했다.

☐ **pension fund** 연금 기금

[pénʃən fʌ́nd]
Venture capitalists usually round up the capital from **pension fund** or individuals.
벤처 투자가는 일반적으로 연금 기금이나 개인들로부터 자금을 모은다.

☐ **petty cash** (사무의 잡비에 충당하는) 소액의 현금

[péti kǽʃ]
I need some more **petty cash**.
나는 사무 경비용 현금이 약간 더 필요하다.

☐ **plummet** 폭락하다

[plʌ́mət]
Stock prices rapidly **plummeted** in late trading.
주가는 종가가 가까워지자 급격히 폭락했다.

☐ **portentous** 흉조의, 불길한, 놀라운

[pɔːrténtəs]
Scientists are concerned that there may be **portentous** changes in the climate pattern.
과학자들은 기상 패턴에 큰 변화가 있을지도 모른다며 염려하고 있다.

☐ **portfolio** 포트폴리오, 유가증권 일람표, 투자 자산 구성

| [pɔ:rtfóuliòu] | He builds up an investment **portfolio**. |
| ★★ | 그는 투자 포트폴리오를 구축한다. |

☐ **post loss**　　적자를 계상하다

| [póust lɔ́:s] | They **posted** a net **loss** of at least 10 billion yen in fiscal 2005. |
| | 그들은 2005 회계연도에 적어도 100억 엔의 순손실을 계상했다. |

☐ **preferential stock**　　우선주

| [prèfərénʃəl sták] | We have accepted the conversion of **preferential stocks** into common stocks. |
| ★★ | 우리는 우선주에서 보통주로의 변환을 용인했다. |

☐ **preferred stock**　　우선주

| [prəfə́:rd sták] | The investors received shares of the company's **preferred stock**. |
| ★★ | 그 투자가는 그 회사의 우선주를 손에 넣었다. |

☐ **premium**　　보험료, 주식 차용 수수료

| [prí:miəm] | He can't afford the **premiums**. |
| ★★ | 그는 보험료를 낼 여유가 없다. |

☐ **premonition**　　예감

| [priməníʃən] | His **premonition** has come true. |
| | 그의 예감이 적중했다. |

☐ **present value**　　현재 가치　　`⊙ disc 1_33`

| [prəzént vǽlju:] | US $250,000 is the **present value** of future cash flows. |
| | 25만 미국 달러는 미래 현금 흐름의 현재 가치이다. |

☐ **primary market**　　발행시장

| [práimèri márkət] | The **primary market** performs the crucial function of facilitating capital formation in the economy. |
| ★★ | 발행시장은 경제에서 자본 구축을 촉진하는 데 중요한 기능을 담당한다. |

☐ **primary offering**　　신주(新株) 발행

| [práimèri ɔ́:fəriŋ] | The **primary offering** is the first of issuance of stock for public sale from a private company. |
| | 신주 발행은 미공개 기업이 주식을 최초로 공모하는 것이다. |

☐ **private placement**　　사모(社募) (사모 발행)

[práivət pléismənt] A **private placement** is a direct private offering of securities to a limited number of sophisticated investors.

사모란 한정된 전문적인 투자가를 직접 모집하는 것을 말한다.

☐ proactive 적극적인 자세

[pròuǽktiv]

Japan has taken **proactive** measures in response to the series of terrorist attacks.

★

일본은 동시다발 테러에 대응하여 적극적인 자세를 취했다.

☐ profligate (재산 등을) 낭비하다, 돈을 마구 쓰다

[prɔ́:fligèit]

She forgoes the **profligate** lifestyle.

그녀는 방탕한 생활을 그만둔다.

☐ promissory note 약속어음

[práməsɔ̀:ri nóut] A **promissory note** is a written promise to pay a specified sum of money at a stated time or on demand.

약속어음이란 일람 출급 혹은 지정 기일에 기입된 금액을 지급한다는 계약 서류를 말한다.

☐ proponent 제안자, 지지자

[prəpóunənt]

Our proposals will gain **proponents** in good time.

★

머지않아 우리의 제안을 지지하는 사람들을 얻게 될 것이다.

☐ provision 충당금을 모으다

[prəvíʒən]

The newspaper said that **provisioning** for bad debt looked modest.

신문 보도에 의하면 불량채권의 충당이 적절하게 행해지고 있다.

☐ proviso 조건

[prəváizou]

He imposed only one **proviso**.

★★

그는 오직 한 조건만을 강요했다.

☐ proxy fight 위임장 쟁탈전

[prάksi fáit]

A **proxy fight** is the case where a group of shareholders are persuaded to join forces and gather enough shareholder proxies to win a corporate vote.

위임장 쟁탈전이란 주주총회에서 투표에 이기기 위해 위임장을 충분히 모으거나 세력에 가담하도록 권유하는 그룹이 존재하는 상황을 일컫는다.

☐ public funds 공적 자금

[pΛblik fΛndz]

He was charged with human rights abuses and public

funds embezzlement in April 2000.

★

그는 2000년 4월에 인권 침해와 공급 횡령으로 기소되었다.

□ quarter
4분의 1, 사분기

[kwɔ́:rtər]

★

He ran the quarter mile.

그는 4분의 1마일을 달렸다.

□ RARORAC
리스크캐피털 이익률

RARORAC stands for Risk-Adjusted Return on Risk-Adjusted Capital.

★★

RARORAC란 (VAR로 측정한) 리스크 조정 후의 이익을 리스크 조정 후의 유동성 자본으로 나눈 것이다.

□ reactive
반작용을 나타내는, 반응의

[riǽktiv]

Combining those elements produced a highly reactive chemical.

이 요소들을 결합하자 반응을 매우 잘 일으키는 화학 약품이 제조되었다.

□ recapitalization
자본의 재구성

[rì:kǽpətələzéiʃən]

Recapitalization is a change in a company's capital structure, such as an exchange of bonds for stock.

자본의 재구성이란 채무 투자를 주식 투자로 변경하는 것과 같이, 기업의 자본 구성 내에서의 변경을 말한다.

□ recourse
변제의 직접 청구

[rí:kɔ:rs]

A recourse loan is a loan for which an under signer is liable for payment if the borrower defaults.

리코스 론이란 차용자에게 문제가 있을 때 그 보증인이 책임을 지는 론을 말한다.

□ recuperate
회복하다   ⊙ disc 1_34

[rikú:pərèit]

He recuperated at home.

그는 자택에서 건강을 회복했다.

□ redeem
(사람이) 물건을 ~로부터 되사다, (채무 등을) 상환하다, 회복하다

[rədí:m]

He tried to redeem himself for his earlier lack of success.

그는 성공이 결여되었던 옛 시절을 회복하기 위해 성공하려고 했다

□ redemption
상환

[rədémpʃən]

He is due for redemption.

상환 기한이 만기되었다.

□ **redress**	(잘못된 것을) 바로잡다, (손해 등을) 배상하다, (부정 등의) 교정

[rədrés]

He expects full and speedy **redress**.

그는 충분하고 신속한 보상을 기대한다.

□ **redundant**	여분의, 남아도는, 불필요한

[rədΛndənt]
★

I think this passage of the text is **redundant**.

나는 교과서의 이 부분이 불필요하다고 생각한다.

□ **refinance**	리파이낸스

[rìːfáinæns]

Refinance is to provide new financing or new financing for, as by discharging a mortgage with the proceeds from a new mortgage obtained at lower interest rate.

리파이낸스란 보다 낮은 금리를 가진 부동산 담보권에 의한 자금으로 (원래) 부동산 담보권을 해제하고 신규로 돈을 빌려 주는 것을 말한다.

□ **regulation**	규제

[règjəléiʃən]
★

She was thrown out of school for breaking too many **regulations**.

그녀는 너무나 많은 규칙을 어겨서 퇴학 처분을 받았다.

□ **regulatory authorities**	감독관청

[régjələtɔ̀ːri əθɔ́ːrətiz]

We must keep direction or guidance of any governmental or **regulatory authorities**.

우리는 정부 혹은 감독관청의 행정지도를 엄수해야 한다.

□ **reimburse**	(경비 등을) 변제하다, 변상하다, (빚 등을) 변제하다

[rìːəmbə́ːrs]
★

He **reimbursed** me fully.

그는 나에게 충분히 변상했다.

□ **reorganization**	조직의 재편성

[rìːɔ̀ːrgənəzéiʃən]

We push through a major **reorganization** aimed at boosting the company's bottom line.

우리는 회사의 최종 이익을 개선할 작정으로 대규모 조직 변경을 실행한다.

□ **report line**	지시 명령 계통

[rəpɔ́ːrt láin]

The employee **report line** is an essential risk management tool that offers a simple, efficient, and secure method for your employees.

종업원의 지시 명령 계통은 단순, 효율적이며 안전한 본질적인 위기관리이다.

☐ **reserve**	**충당금을 모으다**

[rəzə́:rv]
★★

The country has a **reserve** deposit requirement system.
그 나라에는 예금 준비 제도가 있다.

☐ **restructuring**	**사업의 재구축**

[ri:strʌ́ktʃəriŋ]

This **restructuring** in our company has more advantages than disadvantages.
우리 회사의 이 개혁은 단점도 있으나 장점이 더 많다.

☐ **retail investor**	**개인투자가**

[rí:tèil ìnvéstər]

That security company is supported by many **retail investors**.
그 증권회사는 많은 개인투자가에 의해 경영이 유지되고 있다.

☐ **revenue**	**세입, 소득**

[révənù:]

They collected tax **revenues**.
그들은 세를 징수했다.

☐ **revolving credit facility**	**회전신용편의**

[rivʌ́lviŋ krédət fəsíləti]

Revolving credit facility enables a firm to borrow up to a pre-specified amount usually over 1~5 years.
회전신용편의는 기업에 사전에 결정된 액수의 상한, 일반적으로 1~5년 이상의 차입을 가능하게 한다.

☐ **risk**	**보험, 보험금, 피보험자, 위험분자**

[rísk]

He assumed the **risk** voluntarily.
그는 자발적으로 위험한 업무를 인수했다.

☐ **risk capital**	**유동성 자본**

(⊙ disc 1_35)

[rísk kǽpətəl]

A **risk capital** is funds made available for startup firms with exceptional growth potential.
유동성 자본이란 큰 성장성을 가진 신규 기업을 위해 투자된 자금을 일컫는다.

☐ **ROE(return on equity)**	**자기자본 이익률**

Their company is famous for its great **return on equity** of more than 25%.

★★

그들의 회사는 ROE가 25퍼센트를 웃도는 것으로 유명하다.

☐ **salary**	**급료, 봉급**

[sǽləri]

I advanced her a week's **salary**.

나는 그녀에게 일주일분의 봉급을 가불해주었다.

| □ **scale merit** | 규모의 경제 |

[skéil mérət]

In proper English, **scale merit** is known as advantage of scale or economies of scale.

★★

표준 영어에서 scale merit는 '규모의 경제'로 표현된다.

| □ **secondary offering** | 보유주의 매각 |

[sékəndèri ɔ́:fəriŋ]

A **secondary offering** is an issuance of new stock for public sale from a company that has already made its IPO.

보유주의 매각이란 이미 공개된 기업에서 일반을 대상으로 신주를 발행하는 것을 말한다.

| □ **securitization** | 증권화 |

[sikjùrətəzéiʃən]

The purpose of this paper is to consider whether the **securitization** scheme can make a contribution to the development of venture finance.

이 논문의 목적은 증권화의 구조가 벤처 파이낸스의 발전에 기여할지의 여부를 고찰하는 데 있다.

| □ **senior** | 우선의 |

[sí:njər]

They have so much of **senior** unsecured long term debt.

그들은 우선 무담보 장기 부채를 꽤 많이 가지고 있다.

| □ **severance package** | 퇴직금 |

[sévərəns pǽkidʒ]

I guess it depends on the **severance package**. If they pay me for a whole year, I would take it.

(내가 퇴직할지의 여부는) 퇴직금에 달려 있다. 1년분이 지급된다면 나는 퇴직해도 상관없다.

| □ **shareholder** | 주주 |

[ʃérhòuldər]

He is one of the principal **shareholders**.

그는 주요 주주 중에 한 사람이다.

| □ **shortfall** | 부족(액), 결손 |

[ʃɔ́:rtfɔ́:l]

We made up a **shortfall**.

우리는 부족분을 보충했다.

| □ **sign off** | 승인하다 |

[sáin ɔ́:f]

The term 'sign off' means an agreement, as evidenced by the customer's signature.

'sign off'라는 단어는 고객의 사인으로 증거를 남김으로써 합의를 의미한다.

<table>
<tr><td>☐ sleeping beauty</td><td>아직 인수되지 않은 우량 기업</td></tr>
</table>

[slíːpiŋ bjúːti]

The term 'sleeping beauty' means a company that is prime for takeover but has not been approached by an acquiring company.

'잠자는 미녀'란 인수 대상이 되는 기업이지만 아직 매수 기업에 의해 타진되지 않은 기업을 말한다.

<table>
<tr><td>☐ slump</td><td>(가격, 시장 등이) 급락하다, (체력, 사업, 인기 등이) 급감하다</td></tr>
</table>

[slʌmp]
★★

Profits slumped noticeably.

이익이 눈에 띄게 급감했다.

<table>
<tr><td>☐ smash</td><td>충돌, 추락, 파산, 파멸</td></tr>
</table>

[smæʃ]
★

I'm afraid that there will be a smash in the market soon.

곧 시장이 폭락할 것이다.

<table>
<tr><td>☐ solvent</td><td>지불 능력이 있는</td></tr>
</table>

[sálvənt]

He was sent to make this company solvent again.

그는 이 회사의 경영을 재건하기 위해 파견되었다.

<table>
<tr><td>☐ speculation</td><td>투기</td></tr>
</table>

[spèkjəléiʃən]
★★

Earnings from speculation on this stock market are immense.

이 주식시장에서 투기로 인한 수익은 막대하다.

<table>
<tr><td>☐ spree</td><td>적극적인 매수 활동</td></tr>
</table>

[spríː]

The latest news has set off a buying spree of stocks linked to company.

최근 뉴스로 그 회사 관련주에 대한 매입이 쇄도했다.

<table>
<tr><td>☐ stakeholder</td><td>투자자, (회사, 주주, 경영자, 종업원) 이해관계자</td><td>⊙ disc 1_36</td></tr>
</table>

[stéikhòuldər]
★

All stakeholders need to be listened to.

모든 주주의 이견에 귀를 기울여야 한다.

<table>
<tr><td>☐ standard deviation</td><td>표준편차(=volatility)</td></tr>
</table>

[stǽndərd dìːviéiʃən]
★★

The standard deviation of a probability distribution of values is a measure of the spread of its values.

수치 확률 분포의 표준편차란 수치 분포의 정도를 나타내는 것이다.

| ☐ **stock option** | 스톡옵션, 자사주 구입권 |

[sták ápʃən]

Stock options were a powerful financial incentive during the 1990s in our company.

★★

1990년대 우리 회사에서의 자사주 구입권(스톡옵션)은 강력한 재정적 보상이 되었다.

| ☐ **strategic alliance** | 전략적 제휴 |

[strətí:dʒik əláiəns]

We have to form **strategic alliances** with both customers and suppliers.

우리는 고객과 벤더, 이들과 전략적 제휴 관계를 맺을 필요가 있다.

| ☐ **structural problem** | 구조적 문제 |

[strʌ́ktʃərəl prɑ́bləm]

The tale behind the Japanese downfall reveals a set of **structural problems**.

일본 몰락의 뒤에는 일련의 구조적 문제가 있다.

| ☐ **structural recession** | 구조적 불황 |

[strʌ́ktʃərəl riséʃən]

Japan faced a **structural recession** in 1997.

1997년, 일본은 구조적 불황에 직면했다.

| ☐ **structured financial product** | 금융파생상품 |

[strʌ́ktʃərd fənǽnʃəl prɑ́dəks]

Many customers were interested in **structured financial products**.

많은 고객이 금융파생상품에 관심을 보였다.

| ☐ **structured note** | 구조화 채권 |

[strʌ́ktʃərd nóut]

A **structured note** is a debt obligation that also contains an embedded derivative component with characteristics that adjust the security's risk / return profile.

구조화 채권이란 주식의 손익 배분을 포함시키는 기능을 가지며, 금융파생상품의 기능도 포함된 차입을 말한다.

| ☐ **subordinated convertible bond** | 후순위전환사채 |

[səbɔ́:rdənèitəd kənvə́:rtəbl bánd]

Upon the conversion of the **subordinated convertible bonds** of 16 July 2001, a total of 166,247 shares may be issued.

2001년 7월 16일, 후순위전환사채의 전환으로 인해 합계 166,247의 보통주가 발행되었을지도 모른다.

| ☐ **subsidiary** | 자회사 |

[səbsídièri]

★

The parent company consolidated its two **subsidiaries** two years ago.

2년 전, 모회사는 자회사 두 개를 통합했다.

□ **sumptuous** 고가인, 호화로운

[sʌ́mptʃuːəs]

The room was full of **sumptuous** furniture.

그 방은 호화로운 가구로 가득했다.

□ **superfluous** 여분의

[suːpə́rfluəs]

She spends too much money on **superfluous** beauty products.

그녀는 필요 이상으로 미용 화장품에 너무 많은 돈을 들인다.

□ **surcharge** 추가 요금, 추징금, 추가 요금을 청구하다, ~에 짐을 과적하다

[sə́rtʃɑrdʒ]

He paid a **surcharge**.

그는 추가 요금을 냈다.

□ **surefire** 절대 확실한, 성공할 것이 틀림없는

[ʃúəfàiər]

I know a **surefire** way to find out how the money was stolen.

나는 왜 돈을 훔쳤는지를 밝혀낼 방법을 알고 있다.

□ **surety** 보증(인), (손실과 불이행 등에 대한) 보증, 보증금, 담보금, 저당

[ʃúrəti]

You must find **surety**.

당신은 보증인을 찾아야 한다.

□ **suretyship** 보증 계약, 보증인의 책임과 지위

[ʃúərətiʃíp]

I asked my best friend to sign the contract of **suretyship**.

나는 친구에게 보증 계약서에 서명해달라고 부탁했다.

□ **surplus** 과잉, 흑자, 잉여금, 과잉의, 잉여의

[sə́ːrpləs]

He accumulated a **surplus**.

그는 여분을 축적했다.

□ **surplus value** 잉여가치 (⊙ disc 1_37)

[sə́ːrpləs vǽlju]

The boss says there is no **surplus value** in this product.

상사는 이 제품에 잉여가치가 없다고 했다.

□ **TOB(takeover bid)** 공개 매수

The agreement ends a hostile **takeover bid** by A when it offered 60 dollars a share for B last Monday.

| ★ | 월요일에 A사가 한 주당 60달러에 B사를 매입하겠다는 제의
가 합의됨에 따라 대립 중이던 공개 매수에 종지부를 찍었다. |

□ **turnover**	총매상고, 매출량, 회전, 이동
[tə́:rnòuvər] ★	They have many loyal workers and don't have a high turnover rate. 그 회사에는 충성스런 인재가 많으므로 이직률이 높지 않다.

□ **ultra vires**	월권, 권한을 벗어남
[ʌ́ltrə váiriz]	Ultra vires is latin for 'beyond powers.' 'ultra vires'란 라틴어로 '월권'을 말한다.

□ **underlying debt**	원채무
[ʌ́ndərlàiiŋ dét]	The swap volume was quite large relative to underlying debt. 스왑 볼륨은 원채무와 비교해서 꽤 컸다.

□ **unsecured**	무담보의
[ʌ̀nsikjúrd]	Unsecured debt is dismissed in bankruptcy in our country. 우리나라에서 무담보 부채는 파산 시에 면책된다.

□ **uranium**	우라늄
[jəréiniəm]	The price of uranium will soon increase dramatically. 우라늄 가격은 곧 극적으로 상승할 것이다.

□ **valuate**	~를 평가하다, 견적하다
[vǽljuèit]	The company was valuated at $500,000. 그 회사의 가치는 50만 달러로 평가되었다.

□ **value**	가치, 유용성, 가격, 중요성, 평가
[vǽljuː]	She acquired the these values from her parents. 그녀는 이러한 가치관을 부모님에게서 배웠다.

□ **value market method**	시가주의
[vǽljuː márkət méθəd]	They released the balance sheet based on value market method. 그들은 시가주의를 토대로 한 대차대조표를 공표했다.

□ **variance**	분산
[vériəns]	Calculating the variance is an important part of any statistical applications and analyses.

| ★★ | 분산의 계산은 많은 통계 수법과 분석의 중요한 부분이다. |

□ **venality** 매수되기 쉬움, 지위의 부정 이용, 금전의 부정 행위

[vənǽləti]
★★

The **venality** of the judge was readily apparent.
판사에게 뇌물을 먹인 것이 명백했다.

□ **volatility** 변동률

[vὰlətíləti]

Due to the **volatility** of the marketplace, Singapore real estate changes almost hourly.
부동산 시장의 변동성으로 인해 싱가포르의 부동산은 매시간 변화한다.

□ **WACC** 가중 평균 자본 비용

WACC stands for weighted average cost of capital.
WACC(주주자본 비용과 차입자본 비용에서 세율을 공제한 것)란 가중 평균 자본 비용을 말한다.
★★

□ **wage** 임금, 낭비, (주로 육체노동에 대한) 급료

[wéiʤ]
★

Inflation affected **wages** unfavorably.
인플레이션은 임금에 좋지 않는 영향을 미쳤다.

□ **wage scale** 임금표

[wéiʤ skéil]
★★

His salary was way off the **wage scale**.
그의 임금은 임금 체계와는 완전히 달랐다.

□ **well-heeled** 부유한

[wél híːld]

Rolls-Royce sells car for **well-heeled** customers.
롤스로이스사는 부자를 대상으로 차를 팔고 있다.

□ **white knight** 백기사

[hwáit náit]

The term 'white knight' is a company that makes a friendly takeover offer to a target company that is being faced with a hostile takeover from a separate party.
백기사란 적대적 매수의 표적이 되고 있는 회사에 우호적 매수를 제의하는 회사를 말한다.
★★

□ **wholesale client** 거액의 고객 ⊙ disc 1_38

[hóulsèil kláiənt]

He is a very important **wholesale client**.
그는 대단히 중요한 거액의 고객이다.

□ **window-dressing** 속임수, 분식 결산

[wíndou drésiŋ]

The anti-corruption measures the company implemented were nothing but **window-dressing**.

| ★★ | 회사가 실시한 반부패 대책은 속임수에 지나지 않는다. |

□ **withhold**	보류하다
[wiθhóuld]	Did he deliberately **withhold** the fact? 그는 그 사실을 고의로 알리지 않고 있었던 겁니까?

□ **write off**	상각하다
[ráit ɔ́:f] ★★	They **write off** for depreciation. 그들은 불량 채권을 상각한다.

□ **write up**	장부가가 상승하다
[ráit ʌ́p]	We allocate the purchase price to the assets by **writing** them **up** to fair market value and depreciating overtime. 우리는 자산을 공정한 시장 가격으로 재평가하여 상각을 함으로써 자산 가격을 세분화한다.

□ **yield**	산출하다, (사업, 투자 등이 이익 등을) 내다
[jí:ld]	It **yielded** several million tons annually. 그것은 1년에 수백만 톤을 생산했다.

□ **yield curve**	채권의 최종 이율 잔존 기간의 관계를 나타낸 곡선
[jí:ld kə́:rv] ★★	The **yield curve** means the spread between the interest rates on the ten-year treasury note and the three-month treasury bill. 수익률 곡선이란 미국 10년채와 3개월채의 금리 차이를 나타낸 것이다.

□ **zero-rated**	부가가치세를 면제받은
[zírou réitəd]	The company sold $1,000,000 worth of **zero-rated** bonds. 그 회사는 100만 달러분의 세율 제로 채권을 매각했다.

건강

일생 동안 만성병을 어떻게 잘 헤쳐나갈지를 생각하는 미국인이 증가하고 있습니다.
미국 사회에서는 특히 비만을 만병의 근원이라고 여기므로 일상생활을 개선해서 어떻게 건강을 유지할지에 관심이 집중되고 있습니다.

☐ **alimentary**   영양의, 부양의   (⊙ disc 1_39)

[æ̀ləméntəri]
He had problems with his **alimentary** canal.
그는 소화기관에 문제가 있었다.

☐ **animated**   활기찬, 생명이 있는

[ǽnəmèitəd]
★
She told the story with **animated** gestures.
그녀는 활기찬 몸짓을 하면서 그 이야기를 했다.

☐ **antiseptic**   살균의, 대단히 청결한, 인간미가 없는, 소독제

[æ̀ntəséptik]
★
She immediately put some **antiseptic** on his cut.
그녀는 그의 베인 상처에 즉시 소독약을 발라주었다.

☐ **beefy**   근육이 우람한, 뚱뚱한

[bíːfi]
The inspector was a **beefy** man with a mustache.
그 검열관은 수염을 기른 근육이 우람한 남자였다.

☐ **bleary**   눈이 침침한, 지친

[blíri]
I have **bleary** eyes.
나는 눈이 침침하다.

☐ **brawny**   근육이 발달한   (⊙ disc 1_40)

[brɔ́ːni]
He is a **brawny** fellow.
그는 건장한 사내이다.

☐ **bristling**	(수염, 눈썹이) 강모의, 거센
[brístəliŋ]	He has a bristling mustache. 그는 뻣뻣한 수염을 기르고 있다.

☐ **canker**	(입 안, 입술 등의) 궤양
[kǽŋkər]	I have three canker sores in my mouth. 나는 입 안 세 군데에 염증이 생겼다.

☐ **chafe**	(손, 발을 비벼) 따뜻하게 하다, (손, 발을) 쓸리게 하다
[tʃéif]	The caged lion chafed against the bars. 우리 안의 사자가 빗장에 몸을 비볐다.

☐ **choleric**	담즙의, 화를 잘 내는
[kálərik]	A choleric man is likely to give in to his temper. 화를 잘 내는 사람은 자신의 성격에 굴복할 것 같다.

☐ **chronic**	만성의
[kránik] ★★	She has chronic abdominal pain. 그녀는 만성 복통이 있다.

☐ **clinic**	진료소, 전문 상담소
[klínik] ★	She builds a clinic. 그녀는 진료소를 짓는다.

☐ **comely**	(여성이) 어여쁜
[kʌ́mli]	She was a very comely woman in her youth. 그녀는 젊은 시절에 대단히 어여쁜 여성이었다.

☐ **comestibles**	식료품
[kəméstəblz]	Lots of information on ancient comestibles is included in this book. 이 책에는 고대 식료품에 관한 자료가 많이 들어 있다.

☐ **dearth**	부족, 결핍
[dəːrθ] ★★	There is a dearth of good young doctors in this hospital. 이 병원에는 우수한 젊은 의사가 부족하다.

☐ **decay**	쇠퇴하다, 부패하다
[dəkéi] ★★	He decayed socially. 그는 사회적으로 부패했다.

□ **dermatologist**	피부과 전문의
[də̀:rmətálədʒəst] ★★	He saw a **dermatologist** about the rash on his leg. 그는 다리에 난 발진을 치료하러 피부과에 갔다.

□ **disability**	육체적 결함, 치명상, 장애
[dìsəbíləti] ★	Severe **disabilities** plagued him for the rest of his life. 그는 만년에 심한 장애로 고통을 받았다.

□ **doddering**	비틀거리는, 흔들리는
[dádəriŋ] ★★	He is a **doddering** fool. 그는 비틀거리며 걷는 얼간이다.

□ **dysfunctional**	기능 장애의, 고장난
[dìsfʌ́ŋkʃənəl] ★	He became **dysfunctional**. 그는 기능 장애를 일으켰다.

□ **dyslexia**	독서 장애
[dìsléksiə]	I suspect that my son has **dyslexia**. 나는 아들이 독서 장애가 있는 것이 아닌가 하고 생각한다.

□ **emaciate**	~을 쇠약하게 하다
[əméiʃièit]	Hunger **emaciates** the body. 공복은 몸을 쇠약하게 한다.

□ **emaciated**	쇠약한
[əméiʃièitəd]	He is **emaciated** and unable to stand up on his own. 그는 쇠약해져 스스로 일어날 수 없을 정도다.

□ **energize**	정력을 주다, 활기 있게 하다
[énərdʒàiz]	They **energize** an organization. 그들은 조직을 활성화한다.

□ **enervate**	기력을 떨어뜨리다, 힘을 약하게 하다
[énəvèit]	The cold here visibly **enervates** people who are not used to it. 이곳의 추위에 익숙하지 않은 사람은 눈에 띄게 기력을 빼앗긴다.

□ **exocrine gland**	외분비선
[éksəkrin glǽnd]	A sweat gland is an **exocrine gland**. 땀샘은 외분비선이다.

☐ **fatigue**	피로	
[fətíːg] ★	I avoid extreme **fatigue**. 나는 지나친 노역은 하지 않는다.	

☐ **febrile**	열의, 열병의	⊙ disc 1_41
[fíːbrəl]	Her **febrile** attack worried her mother greatly. 그녀의 발열 발작은 어머니를 대단히 걱정시켰다.	

☐ **gaunt**	몹시 여윈, 말라빠진, (토지나 건물이) 황량한, <u>으스스한</u>	
[gɔ́ːnt]	He is a **gaunt** old man. 그는 수척한 노인이다.	

☐ **ghastly**	핏기 없는, (안색 등이) 죽은 사람 같은	
[gǽstli]	He commits **ghastly** acts. 그는 무시무시한 행동을 저지른다.	

☐ **giddy**	현기증 나는, 어지러운, 경솔한, 변덕스러운	
[gídi]	I feel slightly **giddy**. 나는 조금 현기증이 난다.	

☐ **glossy**	광택이 있는, 겉치레만의	
[glɔ́ːsi] ★★	She paints a **glossy** coat on her nails. 그녀는 손톱에 광택제를 바른다.	

☐ **gnarled**	울퉁불퉁한, (얼굴이) 햇볕에 타서 쭈글쭈글해진	
[nárld]	I still remember my grandfather's **gnarled** hands. 나는 할아버지의 울퉁불퉁한 손을 지금도 기억하고 있다.	

☐ **gorge**	협곡, 위, 위 주머니, 요새의 뒤쪽 입구, 집적물, 불쾌감	
[gɔ́ːrdʒ]	The river ran through a **gorge**. 강은 협곡을 통해 흘렀다.	

☐ **hale**	건강한, 노익장의	
[héil]	He is a **hale** and hearty old man. 그는 원기 왕성한 노인이다.	

☐ **hemophilia**	혈우병	
[hìːməfíːliə]	Some in my family suffer from **hemophilia**. 나의 가족 중에 몇 명은 혈우병을 앓고 있다.	

☐ **hirsute**	털이 많은	

| [hɔ́:rsu:t] | He has a **hirsute** chest and back. |
| | 그는 가슴과 등에 털이 많다. |

☐ imbecility   정신박약자, 바보, 바보짓

| [ìmbəsíləti] | His father was upset with him because of his **imbecility**. |
| | 그의 아버지는 아들의 어리석은 짓에 당황해했다. |

☐ immune   면역성이 있는, 영향을 받지 않은

| [ìmjú:n] ★ | My child seems to be naturally **immune** to measles. |
| | 내 아이는 선천적으로 홍역에 면역성이 있는 것 같다. |

☐ immunity   면역, (의무·세금·벌 등의) 면제

| [ìmjú:nəti] ★ | He enjoyed **immunity** from taxation. |
| | 그는 면세를 받았다. |

☐ immure   감금하다

| [imjúər] | Legend says that people were **immured** alive in this prison. |
| | 전설에 의하면 사람들은 이 형무소에서 종신형으로 복역했다고 한다. |

☐ indefatigable   지칠 줄 모르는, 끈기 있는

| [ìndəfǽtigəbl] | He is a person of **indefatigable** industry. |
| | 그는 끈기 있는 경영자이다. |

☐ lassitude   무기력, 노곤함

| [lǽsətjù:d] | I feel **lassitude**. |
| | 나는 노곤함을 느낀다. |

☐ latency   잠재, 잠복, (컴퓨터의) 대기 시간, 호출 시간

| [léitənsi] ★★ | With some **latency** the pain followed the blow. |
| | 약간의 대기 시간 동안에도 통증이 밀려왔다. |

☐ lethargic   기면성의, 무기력한

| [ləθárdʒik] ★★ | I feel **lethargic** from lack of sleep. |
| | 나는 수면 부족으로 무기력하다. |

☐ libertine   난봉꾼, 방탕한

| [líbərtì:n] | She considers herself a **libertine**. |
| | 그녀는 자신을 방탕한 사람이라고 인정한다. |

☐ **lustrate**	(의식 등에 의해) 깨끗이 하다
[lʌ́streit]	The high priest **lustrated** the offerings.
	그 고승은 공물을 청정하게 했다.

☐ **luxuriant**	풍성한, 무성한
[ləgʒə́:riənt]	The dog has **luxuriant** fur.
	그 개는 털이 풍성하다.

☐ **maiden**	미혼의, 처녀의
[méidən]	They allowed the use of **maiden** names in the workplace.
★★	그들은 직장에서 결혼 전의 성을 사용하도록 허가했다.

☐ **malingerer**	꾀병자	⊙ disc 1_42
[məlíŋgər]	His boss thinks he is a **malingerer**.	
	그의 상사는 그가 꾀병을 부린다고 생각한다.	

☐ **metabolic**	신진대사의
[mètəbɑ́lik]	I don't gain weight because I have a high **metabolic** rate.
★	나는 신진대사율이 높기 때문에 체중이 늘지 않는다.

☐ **morbid**	병적인
[mɔ́:rbəd]	He sinks into **morbid** reflection.
	그는 음울한 생각에 기분이 가라앉는다.

☐ **narcotic**	마약
[nɑrkɑ́tik]	Have you had any **narcotics**?
★★	마약을 사용한 적이 있습니까?

☐ **nasty**	불쾌한, 끔찍한, 험악한, 추잡한
[nǽsti]	He said some fairly **nasty** things.
★★	그는 대단히 끔찍한 것을 몇 가지 말했다.

☐ **nausea**	메스꺼움, 구역질, 뱃멀미
[nɔ́:ziə]	She gets **nausea**.
★★	그녀는 구역질이 난다.

☐ **neuralgia**	신경통
[njuərǽldʒə]	Your diagnosis is **neuralgia**.
	당신의 진단은 신경통이다.

☐ **neurosis**	신경증, 노이로제
[nuróusəs] ★	He suffers from anxiety **neurosis**. 그는 불안 신경증에 걸려 있다.

☐ **nutrient**	영양이 되는, 영양분, 영양소, 영양제
[nú:triənt] ★	Potato chips lack essential **nutrients**. 포테이토칩은 중요한 영양분이 부족하다.

☐ **nutrition**	영양
[nu:tríʃən] ★	I get enough **nutrition**. 나는 충분한 영양을 섭취하고 있다.

☐ **obese**	비만의
[oubí:s] ★	She became **obese**. 그녀는 살쪘다.

☐ **ointment**	연고, 화장 크림
[ɔ́intmənt] ★	I rub an **ointment** on. 나는 연고를 바른다.

☐ **olfactory**	후각의
[oulfǽktəri]	My **olfactory** nerve is damaged. 내 후각 신경이 손상을 입었다.

☐ **pneumonia**	폐렴
[njumóunjə]	He caught **pneumonia**. 그는 폐렴에 걸렸다.

☐ **potassium**	칼륨
[pətǽsiəm]	I need a diet low in **potassium**. 나는 칼륨을 적게 섭취할 필요가 있다.

☐ **prosthetic**	인공의
[prɑsθétik]	The soldier needs a **prosthetic** hand. 그 병사는 의수가 필요하다.

☐ **puberty**	사춘기
[pjú:bərti]	They are children at **puberty**. 그들은 사춘기 아이들이다.

☐ **quick-fix**	일시적 해결책

| [kwík fíks] | Don't look for a **quick-fix**.
일시적인 해결책을 찾지 마라. |

| ☐ **quiescent** | 정지하고 있는, 진정기의 |
| [kwaiésənt] | The **quiescent** waters showed no sign of the storm to come.
고요한 수면은 태풍이 오기 전의 징조를 드러내지 않았다. |

| ☐ **rawboned** | 빼빼 마른 |
| [rɔ́:bòund] | I don't find this actress cute, she is **rawboned** in my opinion.
나는 이 여배우가 귀엽다고 생각하지 않는다. 내 사견으로는 그녀는 너무 말랐다. |

| ☐ **regurgitate** | 역류시키다 |
| [rigɔ́:rdʒitèit] | He **regurgitated** large volumes of food eaten hours before.
그는 몇 시간 전에 먹은 것을 대량으로 토했다. |

| ☐ **schizophrenic** | 정신분열의, 모순된 태도를 가진 |
| [ʃizəfrénik] | That patient is **schizophrenic**.
그 환자는 정신분열이다. |

| ☐ **shaggy** | 털이 텁수룩한 | ⊙ disc 1_43 |
| [ʃǽgi] | The pony's fur is **shaggy**.
그 포니의 털은 텁수룩하다. |

| ☐ **sheepish** | 내성적인 |
| [ʃí:pìʃ] | He is a **sheepish** boy.
그는 내성적인 소년이다. |

| ☐ **side effect** | 부작용, 뜻하지 않은 결과 |
| [sáid əfékt]
★ | He avoids a **side effect**.
그는 부작용을 피한다. |

| ☐ **sober** | 술에 취하지 않은, 절도 있는, 냉정한 |
| [sóubər] | He was cold **sober**.
그는 맨 정신이었다. |

| ☐ **somatic** | 신체의 |
| [soumǽtik] | You can cure this **somatic** disease.
당신의 신체적인 병은 고칠 수 있다. |

☐ **spew**	토하다
[spjúː]	She **spewed** out all that she had eaten. 그녀는 먹은 것을 전부 토했다.

☐ **spooky**	섬뜩한
[spúːki] ★★	At the campfire, my father told **spooky** stories. 캠프파이어에서 아버지는 섬뜩한 이야기를 하셨다.

☐ **stamina**	스태미나, 지구력
[stǽmənə] ★	Running a marathon requires **stamina**. 마라톤은 지구력을 필요로 한다.

☐ **surfeit**	과도, 과식, 과음
[sə́ːrfət]	He is **surfeited** with food. 그는 음식을 과식하고 있다.

☐ **surgeon dentist**	치과 의사, 구강 외과 의사
[sə́ːrdʒən déntist]	My brother wants to become a **surgeon dentist**. 내 남동생은 구강 외과 의사가 되고 싶어 한다.

☐ **tantrum**	울화, 발끈 화내기, (아이가) 발끈 성질을 부림
[tǽntrəm]	She was embarrassed when her child had a violent **tantrum**. 그녀는 아이가 심하게 성질을 부리자 당황해했다.

☐ **tetanus**	파상풍
[tétənəs]	Fortunately **tetanus** is rare nowadays thanks to routine immunization. 다행히도 파상풍은 일정한 예방 접종을 하므로, 최근에는 드물다.

☐ **torturedly**	괴롭힘을 당하여, 고문을 당하여
[tɔ́ːrtʃərdli]	She **torturedly** asked for help. 그녀는 괴롭힘을 당하여 도움을 구했다.

☐ **ventilale**	환기하다
[véntəlèit]	The room is badly **ventilated**. 그 방은 통풍이 좋지 않다.

☐ **vision**	통찰력, 시야, 비전
[víʒən] ★	The cataract blurred my **vision**. 백내장으로 인해 나의 시야는 흐릿하다.

□ **wedlock**	결혼 상태, 혼인
[wédlàk]	She had a child out of **wedlock**. 그녀에게는 혼외정사로 낳은 아이가 있다.

□ **wobble**	흔들흔들하다, 떨리다
[wábl]	The car **wobbled** unsteadily along. 그 차는 흔들리면서 가고 있었다.

□ **young adult**	청소년, 젊은 성인
[jʌ́ŋ ədʌ́lt] ★	Almost 85% of **young adults** use cell phones. 청소년의 85퍼센트가 휴대 전화를 사용하고 있다.

□ **youngish**	좀 젊은
[jʌ́ŋiʃ]	He had that **youngish** look of a popular movie star. 그는 인기 영화배우 같은 좀 젊은 외모를 하고 있다.

역사적 용어

미국은 한국보다 역사가 짧지만 근대사에 관련된 자료가 매우 풍부하게 축적되어 있습니다. 미국에서는 대화를 할 때 역사와 직접 관계가 없는 상황에서도 역사적 용어가 다수 사용됩니다. 단순한 지식으로서가 아닌 회화의 위트를 살리기 위해서 활용되어야 할 단어들입니다.

☐ **archaic**	고풍의, 고대의	⊙ disc 1_44
[ɑrkéiik]	They had great difficulties fixing the archaic propulsion system. 그들은 고대의 추진력 체계를 정리하는 것이 대단히 어려웠다.	
☐ **citadel**	성, 요새	
[sítədèl]	They attacked the strongest citadel. 그들은 최강의 요새를 공격했다.	
☐ **corsair**	약탈선, 해적선	
[kɔ́:rsər]	The red corsair was a famous pirate. 그 빨간 약탈선은 유명한 해적선이었다.	
☐ **epoch**	신시대, 획기적인 사건	
[épək] ★	They opened a new epoch. 그들은 신시대를 열었다.	
☐ **freebooter**	해적, 약탈자	
[frí:bù:tər]	Many freebooter appeared after the civil war. 내전 후, 약탈자가 많이 나타났다.	
☐ **historiography**	수사, 역사 편찬, 역사 문헌	
[hìstɔ̀:riɑ́grəfi]	I want to study historiography.	

| ★★ | 나는 수사론을 공부하고 싶다. |

□ **iconoclastic**	우상 파괴적인, 인습 타파주의적인
[àikənəklǽstik]	The artist is admired for his **iconoclastic** style. 그 예술가는 인습 타파주의(예술 작품을 파괴하거나 박해하는 것)로 인해 높이 평가받고 있다.

□ **Paleozoic**	고생대의
[pèiliəzóuik]	These fossils are from the **Paleozoic** era. 이 화석들은 고생대의 것이다.

□ **Pleistocene**	홍적세(洪積世)의
[pláistəsìːn]	The mammoth lived in the **Pleistocene**. 매머드는 홍적세에 살았다.

□ **relic**	(과거 시대의) 유물, 유품, (과거 습관 등의) 흔적, 기념물, 유품
[rélik] ★★	The archeologist has found **relics** of a temple. 고고학자는 사원의 잔해를 발견했다.

□ **reminiscence**	회상, 추억, 기억
[rèmənísəns] ★	He called forth his **reminiscences**. 그는 기억을 일깨웠다.

□ **vestige**	(과거 문명, 사람 등의) 흔적, (과거 습관의) 잔존물
[véstidʒ]	The house displays a few **vestiges** of the wealth of its former owners. 그 집은 전의 소유자가 가지고 있던 부의 흔적을 다소 보여주고 있다.

존엄과 관련된 단어

기독교를 중심으로 성립된 미국의 가족주의적인 개념은 아버지의 위엄이 그 근간을 이루고 있습니다. 가족과 함께하면서 거짓말은 물론 나약한 소리도 하지 않아야 하는 것이 아버지의 위엄으로 간주됩니다. 한편 여성의 권리를 존중하여 생활 속에서 주어진 의무를 평등하게 부담해야 한다는 개념도 있습니다. 이 장에서는 인간적 입장을 나타내는 단어들에 대해서 살펴보겠습니다.

☐ **benediction** — (목사의) 축복, 감사 기도   ⊙ disc 1_45

[bènedíkʃən]

The pastor gives the **benediction**.
목사가 감사 기도를 올린다.

☐ **benignancy** — 온정, 자애로움, 온화, 양성

[binígnənsi]

The doctor confirmed the **benignancy** of the tumor.
의사는 종양이 양성임을 확인했다.

☐ **benignity** — 온정, 자애로움, 온화, 양성

[binígnəti]

I believe in the **benignity** of the ulcer in my stomach.
나는 위궤양이 양성이라고 믿고 있다.

☐ **benison** — 축복(의 기도)

[bénəzn]

Benison is a blessing.
'benison'이란 축복이라는 의미이다.

☐ **bliss** — 더없는 행복

[blís]
★★

After eating the cake, she was in **bliss**.
그녀는 케이크를 먹고 나서 더없는 행복을 느꼈다.

☐ **contumely** — 방만, 무례

[kántuməli]

I cannot forgive him for his **contumely**.
나는 그의 무례함을 용서할 수 없다.

☐ **demeanor**　　태도, 처신, 행실

[dìmíːnər]

He assumes an arrogant demeanor.
그는 거만한 태도를 취한다.

☐ **demolition**　　파괴, 폭파, 해체

[dèməlíʃən]
★

We protect the area from demolition.
우리는 이 지역을 파괴로부터 지킨다.

☐ **eclat**　　화려한 성공, 명성

[eiklɑ́ː]

She displayed great eclat.
그녀는 빛나는 성공을 보여주었다.

☐ **effigy**　　조상, 조각

[éfidʒi]

It is an effigy in marble.
그것은 대리석으로 만들어진 조각이다.

☐ **haughtiness**　　오만, 건방짐

[hɔ́ːtinəs]

His haughtiness is unbearable.
그의 오만함은 견딜 수 없다.

☐ **hauteur**　　오만, 거만

[houtə́ːr]

He assumes an air of hauteur with me.
그는 나에게 오만한 태도를 취한다.

☐ **intuitive**　　직감의

[ìntúətiv]
★

She is particularly intuitive.
그녀에게는 뛰어난 직감력이 있다.

☐ **inviolability**　　신성, 불가침

[inváiələbliti]

They questioned the inviolability of this rule.
그들은 그 규칙의 불가침성에 의문을 던졌다.

☐ **irrefragable**　　논박할 수 없는, 확실한

[iréfrəgəbl]

We presented irrefragable arguments.
우리는 논박할 수 없는 논거를 제시했다.

☐ **kudos**　　명성, 명예

[kúːdous]

He got kudos.
그는 명성을 얻었다.

☐ **luster**　　광택, 윤, 명예　　⊙ disc 1_46

[lʌ́stər]

★

I added luster to the gems.

나는 그 보석류에 광택을 더했다.

□ **notorious**　악명 높은

[noutɔ́:riəs]

He is increasingly notorious.

그는 점점 더 악명이 높아지고 있다.

□ **steadfast**　변함없는

[stédfæst]

He remains steadfast in his principles.

그는 자신의 주장을 굽히지 않는다.

□ **unabashed**　태연한, 뻔뻔스러운, 부끄러운 줄 모르는

[ʌ̀nəbǽʃt]

He is an unabashed self-promoter.

그는 부끄러운 줄도 모르고 자신을 홍보한다.

□ **unerring**　틀림없는

[ʌ̀nə́:riŋ]

She is unerring in her judgment.

그녀의 판단은 틀림없다.

□ **upstart**　건방진 놈(의), 성금(의), 벼락 출세한

[ʌ́pstὰrt]

Last year the upstart company already made some profit.

작년에 갑자기 나타난 회사가 이미 몇 가지 이익을 올렸다.

9

임플리케이션

임플리케이션(Implication)이란 무엇인가를 넌지시 비추어 상대방에게 전하는 방법을 말합니다. '넌지시 비춘다(암시하다)'는 것은 상대방이 깊이 생각하도록 만드는 방법으로 간접적으로 무엇인가를 강하게 전달할 때 효율적입니다. 동시에 지적 수준이 비슷한 성인들 간의 대화에서는 대화의 정수로서 단어의 함축을 즐길 수 있습니다.

☐ **abase** 낮추다, 격하하다 ⊙ disc 1_47

[əbéis]
She willingly **abases** herself before the boss.
그녀는 상사 앞에서 기꺼이 자신을 낮춘다.

☐ **abrogate** 폐지하다, 방해하다

[ǽbrəgèit]
He has the power to **abrogate** a law.
그는 법률을 폐지할 힘을 가지고 있다.

☐ **absolve** 면제하다, 해소하다

[æbzálv]
The result of the inquiry **absolves** him from all responsibility for the accident.
그 조사 결과로 그는 사고의 모든 책임이 면제된다.

☐ **abstruse** 난해한, 심오한

[əbstrúːs]
It is an **abstruse** situation.
그것은 난해한 문제다.

☐ **abut** 접경하다, 인접하다

[əbʌ́t]
Our building **abuts** the road.
우리 건물은 도로에 접해 있다.

☐ **accrue** 발생하다, (이자가) 붙다 ⊙ disc 1_48

[əkrúː]
She swiftly **accrued** considerable capital.

| ★ | 그녀는 재빠르게 꽤 많은 자본을 챙겼다. |

| □ **actuate** | 쫓겨 ～하다, 움직이게 하다 |
| [ǽktʃəwèit] | A great statesman was **actuated** by love for his country, not by love of power.
위대한 정치가는 권력을 사랑해서가 아니라 조국을 위한 사랑으로 행동했다. |

| □ **adduce** | 증거로 제출하다 |
| [ədjúːs] | Those facts were **adduced** as evidence that he was innocent.
그 사실들은 그의 무죄를 증명할 증거로 제시되었다. |

| □ **alienate** | 멀리하다 |
| [éiljənèit] | Poor people are **alienated** from the political system.
가난한 사람은 정치 체제로부터 소외되어 있다. |

| □ **allay** | 완화하다, 경감하다 |
| [əléi] | The doctor **allays** a patient's anxiety.
그 의사는 환자의 불안을 완화시킨다. |

| □ **allude** | 넌지시 비추다 |
| [əlúːd]
★ | She **alluded** to the recent bribery case.
그녀는 최근의 뇌물수수 사건에 관해 언급했다. |

| □ **allusion** | 암시, 빗대어 말하기 |
| [əlúːʒən]
★ | She made no **allusion** to your role in the project.
그녀는 그 계획에서 당신의 역할에 대해 아무 말도 하지 않았다. |

| □ **amass** | 모으다, 축적하다 |
| [əmǽs]
★ | They slowly **amassed** the capital necessary to buy out the company.
그들은 그 회사의 주식을 매수하기 위해 필요한 자금을 천천히 모았다. |

| □ **amble** | 천천히 걷다 |
| [ǽmbl]
★★ | She **ambled** along intent on her thoughts.
그녀는 생각에 잠겨서 천천히 걷고 있었다. |

| □ **annotate** | 주석을 달다 |
| [ǽnətèit]
★ | The book was usefully **annotated**.
그 책에는 유익한 주석이 달려 있다. |

□ **apprise**	~에게 알리다, 통지하다
[əpráiz]	She was apprised of the situation. 그녀는 이미 그 상황을 알고 있었다.

□ **assimilate**	완전히 이해하다, 소화하다, 동화되다, 융합하다
[əsíməlèit] ★★	He partly assimilates the culture of a foreign country. 그는 외국 문화에 부분적으로 동화된다.

□ **attune**	(악기를) 조율하다
[ətúːn]	She manages to stay delicately attuned to the developing personality of her son. 그녀는 그럭저럭 아들의 인성 발달에 민감하게 대응한다.

□ **augment**	(권력, 인구, 수입 등을) 늘리다, 개량하다
[ɔːgmént]	I took a second job to augment my income. 나는 수입을 늘리기 위해 부업을 시작했다.

□ **augur**	점쟁이, 역술인, 점치다, 예언하다
[ɔ́ːgər]	I augur from these that all will be well. 이것들로부터 점쳐보건대 모든 일이 잘될 것이라고 생각한다.

□ **avow**	(결점, 죄 등을) 솔직히 인정하다
[əváu]	She frankly avowed herself to have been quite ignorant of the problem. 그녀는 그 문제에 완전히 무지했음을 솔직하게 인정했다.

□ **babble**	(어린애 등이) 서투른 말로 지껄이다, (비밀을) 누설하다
[bǽbl] ★★	He babbled on. 그는 함부로 지껄였다.

□ **backdate**	(계약 등의) 날짜를 소급해서 적다
[bǽkdèit] ★	He backdated a check ten days. 그는 수표의 날짜를 10일간 소급해서 적었다.

□ **balk**	갑자기 멈추어 안 가려고 하다, 방해하다, 좌절시키다
[bɔ́ːk]	He does rather balk at the idea of having to start this work again. 그는 이 일을 다시 시작해야 한다는 생각에 좌절하고 만다.

□ **behold**	보다, 지켜보다, 주시하다
[bəhóuld] ★★	Behold - what is that? 보아라. 저것이 무엇이냐?

| □ **behoove** | ～에게 있어 ～하는 것은 당연한 일이다 | ⊙ disc 1_49 |

□ **behoove** ～에게 있어 ～하는 것은 당연한 일이다 ⊙ disc 1_49

[bəhúːv]
It behooves her to get help.
그녀에게는 도움이 필요하다.

□ **belittle** 과소평가하다

[bəlítl]
★★
He belittles himself.
그는 자신을 과소평가한다.

□ **bequeath** 후세에 남기다

[bikwíːθ]
He bequeathed it to me in his will.
그는 유언으로 나에게 그것을 남겼다.

□ **betroth** ～을 ～와 약혼시키다

[bitróuð]
I became betrothed to the woman.
나는 그 여성과 약혼했다.

□ **blight** 해충, 파멸의 원인, 황폐, 말라죽게 하다, (물건을) 망쳐놓다, 파괴하다

[bláit]
This corn has blight.
이 옥수수는 마름병에 걸렸다.

□ **boot** (사람을 ～에서) 쫓아내다, 해고하다

[búːt]
I booted him off her property.
나는 그녀의 땅에서 그 남자를 쫓아냈다.

□ **broach** (통)에 구멍을 내다, (하기 힘든 이야기를) 꺼내다

[bróutʃ]
We didn't know how to broach the subject to her.
우리는 그녀에게 이 일에 대해서 어떻게 말을 꺼내야 할지 몰랐다.

□ **burnish** 닦다, 갈다, 광내다

[bə́ːrniʃ]
He burnished copper.
그는 동(銅)을 닦았다.

□ **careen** (배를 수리 등을 위해) 기울이다, (바람 등이) 배를 기울이다

[kəríːn]
They careened the ship.
그들은 배를 기울였다.

□ **chide** 꾸짖다

[tʃáid]
She chided her daughter in tones of mild disbelief.
그녀는 딸을 부드러우면서도 불신 어린 어조로 꾸짖었다.

□ **circumlocution** 에둘러 말하기, 우회적으로 말하기

[sə:rkəmloukjú:ʃən] He uses **circumlocution** to avoid answering the
question.

★★ 　 그는 질문에 답하는 것을 피하기 위해 우회적으로 말했다.

☐ **coddle**	뭉근한 불로 끓이다, 응석받이로 기르다

[kádl] She **coddles** him too much, which is why he won't
grow up.

그가 성장하지 않는 이유는 그녀가 그를 너무 애지중지해서다.

☐ **cogitate**	숙고하다

[kádʒətèit] I **cogitate** on the problems of life.

나는 인생의 여러 문제에 대해서 숙고한다.

☐ **connotation**	언외의 뜻

[kànətéiʃən] The word has a good **connotation**.

★★ 　 그 단어는 좋은 의미를 포함하고 있다.

☐ **distill**	증류하다

[dìstíl] He doubly **distilled**.

★ 　 그는 두 번 증류했다.

☐ **ensue**	(일이) 잇따라 일어나다

[ensú:] I thought of the consequences that would **ensue** from
such an act.

나는 그러한 행동에서 발생할 결과들을 생각했다.

☐ **evoke**	일으키다, 되살려내다

[ivóuk] I was unaware of the emotions I **evoked** in him.

나는 그의 마음에 되살아난 감정을 알아채지 못했다.

☐ **expeditiously**	신속하게

[èkspədíʃəsli] He **expeditiously** advances debt relief.

그는 채무 경감을 신속하게 추진한다.

☐ **expiate**	속죄하다

[ékspièit] He **expiated** his guilt by doing social work.

그는 사회복지 업무를 함으로써 속죄했다.

☐ **extract**	끌어내다

[ikstrǽkt] He **extracted** a concession.

★ 　 그는 양보를 얻어냈다.

☐ **feign**	~인 체하다	
[féin]	He **feigned** astonishment. 그는 놀란 체했다.	

☐ **feint**	페인트 공격, 속임수 동작, ~처럼 굴다	
[féint]	He made a **feint** of not having noticed me. 그는 나에게 눈치채지 못한 것처럼 굴었다.	

☐ **flick**	가볍게 때리다, 튕겨 날리다	(⊙ disc 1_50)
[flík]	He carefully **flicked** specks of dust from his suit. 그는 슈트에 붙은 먼지를 조심스럽게 튕겨 날려버렸다.	

☐ **fracture**	부러지다, 부수다	
[fræktʃər]	It **fractured** into fragments. 그것은 조각으로 부서졌다.	

☐ **gape**	입을 크게 벌리기, 입을 크게 벌리고 바라보다, 크게 갈라지다	
[géip]	She **gaped** up at the skyscrapers. 그녀는 입을 크게 벌리고 초고층 빌딩을 바라봤다.	

☐ **garnish**	장식하다, 꾸미다, (요리에) 고명을 곁들이다	
[gárniʃ]	She **garnishes** a dish with vegetables. 그녀는 요리에 야채를 고명으로 곁들였다.	

☐ **genuflect**	(예배를 위해) 한쪽 무릎을 꿇다, 공손히 무릎을 꿇다	
[dʒénjuflèkt]	He **genuflected** in front of the Pope. 그는 교황 앞에서 공손히 무릎을 꿇었다.	

☐ **grimace**	찡그린 얼굴, 얼굴을 찡그리다	
[gríməs]	She makes a little **grimace** of pain. 그녀는 고통으로 얼굴을 약간 찡그린다.	

☐ **hoax**	짓궂은 장난, 날조, 골탕 먹이다	
[hóuks]	It won't do to try to play such a **hoax** on him. 그에게 그런 짓궂은 장난을 하려 해서는 안 된다.	

☐ **hypnotize**	최면을 걸다	
[hípnətàiz] ★★	He **hypnotized** away shyness. 그는 최면에 걸려 수줍음을 떨쳐버렸다.	

☐ **implication**	영향, 결과, 함축, 암시	

[ìmpləkéiʃən]　She was silent while she considered the implications of my offer.

★　그녀는 조용히 내 제안의 의미를 생각했다.

☐ **imply**　함축하다, 암시하다

[implái]　He strongly implied that she was at fault.

★　그는 그녀가 잘못했음을 강하게 암시했다.

☐ **imponderable**　저울질할 수 없는, 평가 불가능한 사람 · 물건

[impándərəbl]　She is an imponderable.

그녀는 평가 불가능한 인물이다.

☐ **incantation**　주문, 마술

[ìnkəntéiʃən]　He chanted an incantation.

그는 주문을 외쳤다.

☐ **incorporate**　포함하다, 통합하다

[ìnkɔ́:rpəréit]　Their firm incorporated with yours.

★　그들의 회사는 당신 회사와 합병했다.

☐ **inkling**　암시, 어렴풋이 눈치챔

[íŋkliŋ]　He had an inkling of what she intended to do.

그는 그녀가 무엇을 할 작정인지를 어렴풋이 눈치채고 있었다.

☐ **innuendo**　암시, 넌지시 비추기, 풍자

[ìnjuːéndou]　He uses innuendo.

그는 추상적인 어구와 표현을 사용한다.

☐ **insinuate**　넌지시 돌려 말하다, (생각 등을 마음에) 서서히 주입하다

[ìnsínjuːeit]　He insinuates his reluctance.

그는 마음이 내키지 않음을 넌지시 돌려 말한다.

☐ **languish**　시들다, 활력을 잃다

[lǽŋgwiʃ]　They languish from hunger.

★　그들은 굶주림으로 기운이 없다.

☐ **lave**　[시적인 표현] 씻다

[léiv]　Water of the creek gently laves the bank.

시냇물이 부드럽게 기슭을 씻어내린다.

☐ **lull**　어르다

[lʌl]　She lulled a child to sleep.

그녀는 아이를 달래서 재웠다.

□ **lust**	(권세 따위에 대한) 강한 욕망, (부, 권력 등을) 갈망하다
[lʌst]	He feels lust. 그는 강한 욕망을 느낀다.

□ **navigate**	조종하다, 항해하다, 통과시키다, [비유] 인도하다
[nǽvəgèit]	He navigated around the world solo. 그는 단독으로 세계 일주 항해를 했다.

□ **nostril**	콧구멍
[nɑ́strəl]	He flares his nostrils. 그는 콧구멍을 (분노 등으로) 벌름거린다.

□ **nudge**	팔꿈치로 쿡쿡 찌르다, 설득하다 ⊙ disc 1_51
[nʌ́dʒ]	She nudged him playfully. 그녀는 농담으로 그를 팔꿈치로 찔렀다.

□ **precede**	앞서다
[prəsíːd]	She talked of the time immediately preceding the tragedy.
★★	그녀는 그 비극보다 앞선 시간에 일어난 일을 이야기했다.

□ **prolong**	연장하다
[prəlɔ́ːŋ]	She prolonged it as long as she could. 그녀는 그것을 가능한 한 오래 연장했다.

□ **prowl**	배회하다
[prául]	He prowls the room impatiently, waiting for the phone to ring. 그는 전화가 울리기를 기다리면서 초조하게 방을 배회한다.

□ **pry**	엿보다, 탐색하다, 엿보기
[prái]	They pry about a house. 그들은 집 안을 엿본다.

□ **pulsate**	진동시키다
[pʌ́lseit]	The alien pulsated lights. 외계인은 빛을 진동시켰다.

□ **pulverize**	분쇄하다
[pʌ́lvəràiz]	The detonation pulverizes the rock.

폭발은 돌을 가루로 만든다.

☐ **ransack**	샅샅이 뒤지다	

[rǽnsæk]

She **ransacked** her room for the key.
그녀는 그 열쇠를 발견하기 위해 방을 샅샅이 뒤졌다.

☐ **ration**	배급하다

[rǽʃən]

We carefully **rationed** our resources.
우리는 물질을 소중히 분배했다.

☐ **recoup**	회수하다

[rikúːp]

I **recouped** my losses.
나는 손실분을 회수했다.

☐ **rectify**	바로잡다

[réktəfài]
★★

Such mistakes cannot be **rectified**.
이런 실수는 바로잡기가 쉽지 않다.

☐ **roam**	방랑하다

[róum]

He **roams** the streets aimlessly.
그는 거리를 목적 없이 배회한다.

☐ **roughen**	거칠어지다, 거칠게 만들다

[rʌ́fən]

He intentionally **roughened** the table surface.
그는 테이블의 표면을 일부러 거칠게 만들었다.

☐ **rove**	유랑하다

[róuv]

He **roves** freely round the countryside.
그는 시골의 이곳저곳을 자유롭게 방랑했다.

☐ **ruffle**	성나게 하다

[rʌ́fl]

He is not easily **ruffled**.
그는 쉽게 화를 내는 사람이 아니다.

☐ **saunter**	한가로이 걷다

[sɔ́ːntər]

She **saunters** about.
그녀는 한가로이 산책한다.

☐ **scour**	문질러 닦다

[skáuər]

She **scours** the floor with a brush.
그녀는 마루를 솔로 문질러 닦는다.

□ **scribble**	휘갈겨 쓰기, 휘갈겨 쓰다	
[skríbl] ★★	I can't decipher her **scribble**. 나는 그녀의 휘갈겨 쓴 글씨를 해독할 수가 없다.	
□ **shore**	지주, 버팀목, 지주로 버티다, 버팀목을 대다	
[ʃɔ́ːr]	Investment is urgently needed to **shore** up the economy. 경제를 지지하기 위해서는 신속히 투자를 해야 한다.	
□ **significantly**	의미가 있게, 중요하게, 상당히	
[signífikəntli] ★	We are **significantly** better off this year. 올해 우리는 상당히 좋은 상태이다.	
□ **stagger**	비틀거리다	
[stǽgər]	He **staggered** back. 그는 뒤쪽으로 비틀거리며 물러났다.	
□ **substantially**	실질적으로, 대체로, 사실상, 충분히	
[səbstǽnʃəli] ★	I bought this car at a **substantially** reduced price. 나는 큰 폭으로 하락한 가격으로 이 차를 구입했다.	
□ **tally**	계산서, 장부, 일치시키다, 기록하다	⊙ disc 1_52
[tǽli]	He kept a correct **tally**. 그는 올바른 숫자를 기록했다.	
□ **thud**	털썩, 쿵하고 치다, 쿵하고 울리다	
[θʌ́d]	I was awakened suddenly by a loud **thud**. 나는 쿵 하고 울리는 큰 소리에 갑자기 눈을 떴다.	
□ **transfer**	이동시키다, 전임시키다, 전학시키다, (재산, 권리 등을) 양도하다	
[trænsfə́ːr] ★	They **transferred** him back to the head office. 그들은 그를 본사로 이동시켰다.	
□ **undulate**	물결치다	
[ʌ́ndʒəlèit] ★★	Fish **undulate** their bodies to move. 물고기는 몸을 물결치듯 움직인다.	
□ **vicarious**	(타인의 경험을) 상상하여 느끼고 맛보는	
[vaikέriəs]	There is kind of a **vicarious** thrill from watching people fail on DVD. DVD에서 사람이 실패하는 것을 보면 자신의 일처럼 느껴지는 스릴 같은 것이 있다.	

□ **weld**	용접하다, 결합시키다
[wéld]	We are **welded** together in friendship.
	우리는 우정으로 강하게 맺어져 있다.

□ **whiff**	(바람, 연기의) 한 번 불기, (담배의) 한 모금, 가볍게 불다
[hwíf]	Please take a **whiff** of this wine's bouquet.
	이 와인의 향을 맡아보세요.

□ **woefully**	슬픔에 가득 차서, 비참하게
[wóufəli]	The safety system was **woefully** inadequate.
	그 안전 시스템은 비참할 정도로 부적당했다.

사건, 사고

미국은 국토가 넓고 인구도 많아서 다양한 사건과 사고가 일어납니다. 이런 사건들을 정확히 보도하여 사람들에게 깨달음을 주는 것이 저널리즘이 하는 일입니다.

☐ **extradition** — 외국 범인의 인도   ⊙ disc 1_53

[èkstrədíʃən]
He escapes extradition.
그는 본국 송환을 모면한다.

☐ **fanfare** — 팡파르, 대대적인 축하

[fǽnfèr]
He arrived with great fanfare from Japan.
그는 대대적인 축하를 받으며 일본에서 도착했다.

☐ **fugitive** — 도망자

[fjú:dʒətiv]
She sheltered a fugitive.
그녀는 도망자를 몰래 숨겨주었다.

☐ **gory** — 피투성이의, 살인적인

[gɔ́:ri]
★★
Please spare us the gory details.
피투성이가 된 사연을 우리에게 들려주세요.

☐ **incidence** — (병 등의) 발생, (세 등이) 부담 (범위)

[ínsədəns]
★
The incidence of tuberculosis decreased.
결핵 발생률이 감소했다.

☐ **incubus** — 큰 걱정거리, 악령, 부담이 되는 것   ⊙ disc 1_54

[ínkjəbəs]
The horrible memory haunted her sleep like an incubus.
그 끔찍한 기억은 악령처럼 그녀의 잠까지 괴롭혔다.

☐ **inebriety**	취함, 음주벽
[ìnəbráiəti]	Inebriety in public can get you in jail. 공공장소에서는 음주벽으로 인해 구치소에 갈 수도 있다.

☐ **larceny**	절도
[lɑ́rsəni]	He committed larceny. 그는 절도를 저질렀다.

☐ **malediction**	저주, 비방
[mæ̀lədíkʃən]	They utter maledictions. 그들은 저주를 퍼부었다.

☐ **malefaction**	나쁜 짓, 범죄
[mæ̀ləfǽkʃən]	There seems to be nothing but malefaction in this part of town. 마을의 이 지역에는 범죄 이외에 아무것도 없는 듯이 보인다.

☐ **malefactor**	악인, 범인 (여성형은 –tress)
[mǽləfæ̀ktər]	He was a malefactor. 그는 범죄자였다.

☐ **manumit**	해방하다
[mæ̀njumít]	After the Civil War, all slaves were finally manumitted. 남북전쟁 후에 모든 노예들은 마침내 해방을 맞았다.

☐ **mar**	손상하다
[mɑ́ːr] ★★	His face was hideously marred. 그의 얼굴은 심하게 손상되었다.

☐ **maraud**	약탈하다
[mərɔ́ːd]	A band of marauding rebels destroyed the village. 약탈을 일삼는 반란군 일당들이 그 마을을 파괴했다.

☐ **marauder**	약탈자
[mərɔ́ːdər]	Marauders attacked. 약탈자들이 습격했다.

☐ **martyrdom**	순교
[mɑ́rtərdəm]	She suffered martyrdom on account of her faith. 그녀는 신앙 때문에 순교자가 되었다.

☐ **massacre**	대량 학살
[mǽsəkər] ★★	They organize a **massacre**. 그들은 학살을 계획한다.

☐ **mass-destruction**	대량 파괴
[mǽs dəstrʌ́kʃən]	Weapons of **mass-destruction** have not been found in Iraq. 대량 파괴 병기는 이라크에서 아직 발견되지 않았다.

☐ **masticates**	씹다, 저작하다, (고무 등을) 곤죽으로 만들다
[mǽstəkèit]	He **masticates** his food. 그는 음식을 씹는다.

☐ **matricide**	모친 살해
[mǽtrəsàid]	She stood trial for **matricide** and was put in prison for life. 그녀는 모친 살해죄로 재판을 받고 종신형을 살게 되었다.

☐ **mayhem**	신체 상해(죄)
[méihèm]	He created **mayhem**. 그는 상해죄를 저질렀다.

☐ **misdemeanor**	경범죄
[mìsdəmíːnər]	He commits a **misdemeanor**. 그는 경범죄를 범한다.

☐ **mishap**	불운
[míshæp] ★★	He had a **mishap**. 그는 불운을 만났다.

☐ **penitentiary**	형무소
[pènəténʃəri]	They released him from a **penitentiary**. 그들은 그를 형무소에서 석방했다.

☐ **perjury**	위증
[pə́ːrdʒəri] ★★	He committed **perjury**. 그는 위증죄를 범했다.

☐ **perpetrator**	가해자
[pə́ːrpətrèitər]	They caught the **perpetrator**. 그들은 범인을 잡았다.

지성

자기소개를 할 때 직접적인 표현으로 자신을 어필하는 것보다 대화 속에서 자연스럽게 상대방에게 자신의 지성을 느끼도록 하는 편이 나라는 사람의 수준을 이해시키는 데 더 효과적입니다.

☐ **abdicate**　포기하다　⊙ disc 1_55

[ǽbdəkèit]
★
He **abdicated** voluntarily.
그는 스스로 사직했다.

☐ **abrade**　닳게 하다, 스쳐서 벗겨지다

[əbréid]
★★
He **abraded** his skin.
그의 피부가 벗겨졌다.

☐ **abrasion**　마멸, 벗겨짐

[əbréiʒən]

Those are coated with a resin to protect them from **abrasion**.
★★
그것들은 마멸 방지를 위해 수지로 코팅되어 있다.

☐ **academia**　학구적 세계

[æ̀kədí:miə]
He went into **academia**.
그는 학자의 길을 선택했다.

☐ **academic**　학교의, 학문의, 전문적인, 비현실적인

[æ̀kədémik]
★
This question is purely **academic**.
이 문제는 순수하게 학문과 관련되어 있다.

☐ **acculturation**　문화 수용, 문화 변용, 사회화

[əkʌ̀ltʃəréiʃən]
Successful **acculturation** to their host culture is an important issue for immigrants.

이주지의 성공적인 문화 수용은 이민자에게 중대한 과제이다.

□ **advent**	도래, 출현
[ǽdvènt]	The new car design marks the advent of a new era in automotive engineering.
★★	신차의 디자인은 자동차 공학에서 새 시대의 도래를 나타낸다.

□ **aggregate**	모으다, 모이다, 집합한, 합계의, 집합체, 총계
[ǽgrəgèit]	In the aggregate, the 500 largest companies employ nearly 20% of the entire labor force.
★	합계를 하면, 대기업 500사에서 총 노동력의 거의 20퍼센트를 고용하고 있다.

□ **amphibian**	양서동물
[æmfíbiən]	Frogs are amphibians.
	개구리는 양서동물이다.

□ **androgynous**	남녀 양성의
[ændrɔ́:dʒənəs]	It was his androgynous looks that appealed to me.
	나는 그의 중성적인 용모에 이끌렸다.

□ **anecdote**	일화
[ǽnəkdòut]	My father would relate to us anecdotes about his childhood.
★★	나의 아버지는 어린 시절의 일화를 우리에게 자주 들려주셨다.

□ **annihilate**	전멸시키다
[ənáiəlèit]	Several species of birds are almost annihilated by the insecticides.
★★	몇 종의 새는 살충제에 의해 거의 전멸되고 있다.

□ **antediluvian**	노아의 홍수 이전의, 고풍의, 태고의, 원시 시대의
[æ̀ntidilú:viən]	In the fog, the machine looked like a giant antediluvian animal.
	그 기계는 안개 속에서 (마치 무엇인가의 표정을 가진) 노아의 홍수 이전에 있던 동물처럼 보였다.

□ **applicable**	응용할 수 있는
[ǽpləkəbl]	This explanation appears particularly applicable in this case.
	이 설명은 이 경우에 특히 응용할 수 있다.

| □ **artisan** | 장인, 숙련공 | (⦿ disc 1_56) |

[ártəzən]

The **artisan** crafted a beautiful leather purse.
그 장인은 아름다운 가죽 지갑을 정성들여 만들었다.

☐ **aspiration**　　대망, 포부, 동경의 대상

[æspəréiʃən]
★★

He has long cherished the **aspiration** to be a doctor.
그는 의사가 되고 싶다는 포부를 오랜 기간 품고 있었다.

☐ **attribute**　　A가 B에서 기인한다고 생각하다

[ætríbjùːt]
★★

The condition is **attributed** to overwork.
그 병은 과로가 원인이다.

☐ **authenticate**　　진품임을 증명하다

[ɔːθéntəkèit]
★★

I had the photograph properly **authenticated**.
나는 그 사진이 진품임을 정확히 증명했다.

☐ **aversion**　　혐오

[əvə́ːrʒən]
★★

He displays a great **aversion** to his boss.
그는 상사를 아주 싫어한다.

☐ **benefactor**　　은인, 후원자

[bénəfæ̀ktər]
★★

I seek a **benefactor**.
나는 기부해준 사람을 찾고 있다.

☐ **bulletin**　　(학회의) 회보, 속보

[búlətən]
★

We heard a news **bulletin**.
우리는 뉴스 속보를 들었다.

☐ **carillon**　　편종

[kérəlàn]

There is a **carillon** bell at the church.
교회에 편종이 있다.

☐ **centennial**　　100주년

[senténiəl]

Our company celebrated its **centennial** last year.
우리 회사는 작년에 100주년을 기념했다.

☐ **chronology**　　연대기

[krənálədʒi]
★★

He constructed a detailed **chronology**.
그는 상세한 연표를 작성했다.

☐ **cohesion**　　결합, 점착, 결속, 단결

[kouhíːʒən]
★★

We created **cohesion**.
우리는 단결했다.

□ **concur**	동의하다
[kənkə́:r] ★★	We entirely **concur** with your views. 우리는 당신의 의견에 전면적으로 찬성한다.

□ **condiment**	향신료, 조미료
[kándəmənt]	The **condiments** are on that shelf over there. 향신료는 저쪽 그 선반에 있다.

□ **conjecture**	추측, 억측, 추측하다
[kəndʒéktʃər]	He confirmed his **conjecture**. 그는 추측을 뒷받침했다.

□ **contaminate**	오염되다
[kəntǽmənéit] ★	The water is badly **contaminated**. 그 물은 심하게 오염되어 있다.

□ **contemplate**	숙고하다
[kántəmplèit] ★	I calmly **contemplated** my alternatives. 나는 취해야 할 길을 조용히 생각했다.

□ **decipher**	해독하다
[dəsáifər] ★★	He **deciphered** a code. 그는 암호를 해독했다.

□ **deduce**	결론에 달하다, 연역하다, 논리적으로 추리하다
[dədú:s] ★★	We were unable to **deduce** where the problem lay. 우리는 어디에 문제가 있는지를 추측할 수 없었다.

□ **deducible**	추론 가능한, 연역할 수 있는
[didjú:sibl] ★★	The effect must have been **deducible**. 그 영향을 추측할 수 있었을 것이다.

□ **demote**	강등시키다
[dìmóut]	I was **demoted** for disobeying orders. 나는 명령 불복종을 이유로 강등되었다.

□ **diffuse**	(액체 등을) 발산하다, 방산하다, 보급시키다
[dəfjú:s] ★	The smoke **diffused** into the air. 연기가 공기 중으로 확산되었다.

□ **diffusion**	방산, 발산
[dəfjú:ʒən]	We must check the **diffusion** of nuclear weapons.

| ★ | 우리는 핵무기의 확산을 막아야만 한다. | |

| ☐ **digression** | 탈선, 여담 | ⊙ disc 1_57 |

[daigréʃən]
★
They made an extended digression from their subject.
그들은 주제를 많이 벗어난 여담을 했다.

| ☐ **discordant** | 일치하지 않는, 사이가 좋지 않은 |

[dìskɔ́:rdənt]
Her statement seems discordant with her previous remarks.
그녀가 말하고 있는 것은 지금까지의 발언과 일치하지 않는 것 같다.

| ☐ **dogma** | 도그마, 교의 |

[dɑ́gmə]
★
He abandoned traditional dogma.
나는 전통적인 교리를 버렸다.

| ☐ **dogmatic** | 교의상의, 교의에 관한, 독단주의의 |

[dɑgmǽtik]
★
He speaks in a dogmatic tone.
그는 독단적인 어조로 말한다.

| ☐ **edifice** | 건물 |

[édəfəs]
★★
They built a new edifice on the old foundation.
그들은 오래된 기초 위에 새로운 건물을 지었다.

| ☐ **elaborate** | 정성들여 만들다 |

[əlǽbərèit]
★
It is a highly elaborate theory.
그것은 매우 정밀하게 작성된 이론이다.

| ☐ **endurance** | 인내력 |

[éndərəns]
He developed endurance.
그는 인내력을 길렀다.

| ☐ **erosion** | 침식, 부식, (증권, 상품의) 환금 |

[iróuʒən]
★★
We controlled soil erosion.
우리는 토양의 침식을 막았다.

| ☐ **errand** | 심부름 |

[érənd]
He accepted an errand.
그는 심부름을 떠맡았다.

| ☐ **exodus** | 이주, 대이동 |

[éksədəs]
Every saturday there is a dramatic exodus of people from the city.

매주 토요일, 그 도시에서 수많은 사람이 대이동을 한다.

□ **exploit**	이용하다, 개발하다, 이용해 먹다, 착취하다
[éksplɔ̀it] ★	She **exploited** the situation cleverly and came out the winner. 그녀는 상황을 영리하게 잘 이용해 승자가 되었다.

□ **exquisite**	극상(極上)의
[ékskwəzət] ★★	The food is absolutely **exquisite**. 그 음식은 정말 맛있다.

□ **extemporaneously**	즉석으로, 즉흥적으로
[əkstèmpəréiniəsli]	He delivered a speech **extemporaneously**. 그는 즉석에서 연설을 했다.

□ **fabricate**	(이야기 등을) 지어내다, (문서 등을) 위조하다
[fǽbrəkèit] ★	She **fabricated** a story to protect her privacy. 그녀는 자신의 프라이버시를 지키기 위해 이야기를 지어냈다.

□ **fecundity**	다산, (지적) 풍부함
[fikʌ́ndəti]	Rabbits are a symbol of **fecundity**. 토끼는 다산의 상징이다.

□ **fluctuation**	(물가 등의) 변동, 불안정
[flʌ̀ktʃuːéiʃən] ★	There are business **fluctuations**. 경기 변동이 있다.

□ **fragment**	파편
[frǽgmənt] ★★	We joined **fragments** together. 우리는 함께 파편을 붙였다.

□ **furor**	열광, 열광적 흥분, 격노, 소동
[fjúrɔːr]	She caused a **furor**. 그녀는 소동을 일으켰다.

□ **galvanize**	갑자기 활기를 띠게 하다, 아연 도금을 하다
[gǽlvənàiz]	He **galvanized** his American spirit. 그는 자신의 미국인 정신을 소생시켰다.

□ **garner**	(곡물 창고 등에) 축적하다, (정보 등을) 모으다
[gárnər]	I **garner** food away. 나는 식품을 저장한다.

□ **gist** 요점, 소송의 주요 동기

[dʒíst]
I explain the **gist** of the causes.
나는 원인의 요점을 설명한다.

□ **graft** 이식하다 ⊙ disc 1_58

[grǽft]
The surgeon **grafted** the new kidney on the patient.
집도의는 환자에게 새로운 신장을 이식했다.

□ **hedonism** 쾌락주의

[híːdənìzm]
He enjoys recalling the **hedonism** of his younger days.
그는 젊은 시절, 향락으로 가득했던 나날을 즐겁게 떠올렸다.

□ **heterogeneous** 이종의, 이질의, 혼성의

[hètərədʒíːnjəs]
This is a **heterogeneous** environment.
이것은 이질적인 환경이다.

□ **hierarchy** 계급제(도)

[háiərɑ̀rki]
★★
They moved up the **hierarchy**.
그들은 계급이 상승했다.

□ **ideology** 이데올로기

[àidiɑ́lədʒi]
★
They have no political **ideology**.
그들은 정치적 이데올로기를 가지고 있지 않다.

□ **impassive** 무감동의, 냉담한

[ìmpǽsiv]
Her face remains **impassive**.
그녀는 여전히 무표정한 얼굴이다.

□ **impetus** 기세

[ímpətəs]
Their support added **impetus** for him to climb up the corporate ladder.
그들의 지지가 자극이 되어 그는 출세 계단을 올라갔다.

□ **impropriety** 부적당, 부정, 무례

[ìmprəpráiəti]
He commits an **impropriety**.
그는 부정을 저질렀다.

□ **in lieu of** ～대신에

[ən lúː əv]
Please try to ask relatives to contribute to your child's educational account **in lieu of** gifts.
★★
친척들에게 선물 대신에 아이의 교육 자금 계좌에 기부해달라고 부탁해보세요.

| □ **inclement** | 매서운, 냉혹한 |

[ìnklémənt]

In **inclement** weather, we will not use our bikes.
우리는 악천후 속에서는 자전거를 타지 않을 것이다.

| □ **incur** | (손해 등을) 자초하다 |

[ìnkə́:r]

I **incurred** a heavy loss through you
나는 당신 때문에 큰 손해를 입었다.

| □ **indict** | 사람을 비난하다 |

[indáit]
★★

He **indicted** a message.
그는 메시지를 비난했다.

| □ **indictment** | 고발, 기소 |

[indáitmənt]
★★

He issued an order to temporarily block the **indictment**.
그는 기소를 일시 중단하라는 명령을 내렸다.

| □ **indispensable** | 절대 필요한 |

[indəspénsəbl]
★

His agreement is absolutely **indispensable**.
그의 동의가 절대적으로 필요하다.

| □ **indomitable** | 불굴의, 꿋꿋한 |

[indámətəbl]

With **indomitable** spirit, she carried on.
불굴의 정신으로 그녀는 계속했다.

| □ **infiltrate** | 침투하다 |

[ìnfíltrèit]

The enemy is trying to **infiltrate** our country.
적이 우리나라에 침투하려고 한다.

| □ **inhibit** | 억제하다 |

[ìnhíbət]

They **inhibit** deterioration.
그들은 악화를 억제한다.

| □ **inimitable** | 흉내 낼 수 없는, 비길 데 없는, 독특한 |

[ìnímətəbl]

Her **inimitable** acting style became legend.
그녀의 독특한 행위는 전설이 되었다.

| □ **inordinate** | 과도한, 터무니없는 |

[inɔ́:rdənət]

He devoted an **inordinate** amount of time worrying
about media strategies.
그는 미디어 전략을 위해 많은 시간을 들여 신경을 썼다.

| □ **insolent** | 무례한 |

12

| [ínsələnt] | She is insolent in her manner. |
| | 그녀는 태도가 무례하다. |

□ insurgent 폭동을 일으킨, 반란의

[ìnsə́:rdʒənt]
★★

Insurgent fighters roam the streets at night.
밤에는 반란의 전사들이 거리를 배회한다.

□ integrity 정직, 고결, 통일성   ⊙ disc 1_59

[ìntégrəti]

She displayed integrity.
그녀는 정직함을 보여주었다.

□ intellect 지성, 지력, 사고력

[íntəlèkt]
★

She broadened her intellect.
그녀는 사고력을 넓혔다.

□ intelligentsia 지식인들, 지적인 사람

[intèlədʒéntsiə]
★★

He is a member of the intelligentsia.
그는 지식 계급의 일원이다.

□ intimate 친밀한, 친한

[íntəmət]

They have a deeply intimate relationship.
그들은 매우 친밀한 관계이다.

□ juxtapose ～을 나란히 놓다

[dʒʌ́kstəpóuz]

They are juxtaposed to each other.
그것들은 서로 근접하게 나란히 놓여 있다.

□ malign 본질적으로 유해한, 악영향을 끼치는, 헐뜯다

[məláin]

He is maligned for doing nothing.
그는 아무것도 하지 않아서 비난받고 있다.

□ matrimony 신혼생활, 혼인, 부부생활

[mǽtrəmòuni]

They entered matrimony at an early age.
그들은 젊었을 때 결혼했다.

□ maverick 독자 노선파

[mǽvərik]

His management style made him some sort of maverick among CEOs.
그의 관리 방법은 최고 경영 책임자들 사이에서는 일종의 파격이었다.

□ methodology 방법론

| [méθədάlədʒi] ★ | He developed a new **methodology**.
그는 새로운 방법론을 개발했다. |

| ☐ **milieu** | 환경 |
| [mìljú:] | She came from a blue collar **milieu**.
그녀는 육체노동자 출신이었다. |

| ☐ **mission** | 임명, 사명 |
| [míʃən] | He accomplishes a **mission**.
그는 사명을 다한다. |

| ☐ **missionary** | 선교사 |
| [míʃənèri] | He is a devoted **missionary**.
그는 헌신적인 선교사이다. |

| ☐ **multiplex** | 다중 방송, 다목적 복합 시설 |
| [mʌ́ltiplèks] | I don't like watching movies at the **multiplex**.
나는 다중 방송으로 영화를 보는 것을 싫어한다. |

| ☐ **myopia** | 근시안적 사고, 근시 |
| [maióupiə] ★ | I have slight **myopia**.
나는 약간 근시이다. |

| ☐ **myriad** | 무수한, 1만의, 가지각색의 |
| [míriəd] ★★ | I think about the **myriad** of choices in my life.
나는 인생에 있는 무수한 선택에 대해 생각한다. |

| ☐ **nebulous** | 구름과 같은, 모호한 |
| [nébjələs] | He wrote some **nebulous** arguments.
그는 다소 모호한 주장을 적었다. |

| ☐ **newbie** | 뉴비, 풋내기, 미숙련자 |
| [njú:bi:] | My friend is a **newbie** at poker.
내 친구는 포커 초심자이다. |

| ☐ **nobility** | 고결, 숭고, 장엄 |
| [noubíləti] | Her behavior showed **nobility**.
그녀의 행동은 숭고해 보였다. |

| ☐ **oblivion** | 잊힌 상태, 망각, 대사 |
| [əblíviən] ★ | He is consigned to everlasting **oblivion**.
그는 영원히 잊힐 것이다. |

☐ **obsolescence**　없어져 감, (상품의) 의도적인 진부화

[àbsəlésəns]
★
This machine has built-in **obsolescence**.
이 기계는 (새것을 사도록 유도하기 위해) 진부하게 만들어졌다.

☐ **penetrate**　관통하다

[pénətrèit]
★
He **penetrated** below the surface of things.
그는 사물의 진상을 간파했다.

☐ **pledge**　서약, 저당, 담보, 공약

[plédʒ]
★★
He canceled his **pledge**.
그는 공약을 취소했다.

☐ **progenitor**　선구자, 창시자　⊙ disc 1_60

[proudʒénitər]
We are connected by a line to our **progenitor**.
우리는 선조에 의해 혈통으로 연결되어 있다.

☐ **progeny**　자손, 결과

[prádʒəni]
The alligator tried to protect its **progeny**.
악어는 새끼를 지키려고 했다.

☐ **prospective**　장래의

[prəspéktiv]
★
The agent found a **prospective** buyer.
그 대리점은 장래 고객을 발견했다.

☐ **quarantine**　격리, 검역의

[kwɔ́:rəntì:n]
★★
They declare a **quarantine** for all travelers.
그들은 모든 여행객에게 검역을 알렸다.

☐ **ramification**　나뭇가지, 세분화, (파생적으로 일어나는) 결과, 추이

[ræməfəkéiʃən]
★
I learned English thoroughly in all its manifold **ramifications**.
나는 영어를 세분화한 모든 분야를 철저히 공부했다.

☐ **rein**　(통제) 수단, 지휘권, 통어력

[réin]
★★
He assumed the **reins** of government.
그는 정권을 장악했다.

☐ **reinforce**　보강하다

[rì:ìnfɔ́:rs]
★
He presented evidence that greatly **reinforced** his argument.
그는 자신의 논거를 확실히 보강할 증거를 제시했다.

□ **reiterate**	되풀이하여 말하다
[riítərèit]	She **reiterated** to her son the importance of working hard.
★	그녀는 아들에게 근면의 중요성을 되풀이해서 말했다.

□ **riddle**	수수께끼
[rídl]	I asked a **riddle**.
★	나는 수수께끼를 냈다.

□ **router**	루터(네트워크에서 경로의 선택, 신호 수신을 제어하는 기계)
[ráutər]	Did you choose the right **router**?
★★	너는 옳은 루터를 선택했니?

□ **rudimentary**	초보의
[rùːdəméntəri]	He struggles to speak **rudimentary** English.
★	그는 서투른 영어로 말하려고 애쓴다.

□ **smuggle**	밀수하다
[smʌ́gl]	He **smuggled** out secret documents.
★	그는 비밀 서류를 몰래 가지고 들어왔다.

□ **substitutable**	대리를 시킬 수 있는, 대용할 수 있는
[sʌ́bstətjùːtəbl]	That specific part is not **substitutable**.
★	그 특정 부분은 대용할 수 없다.

□ **surreptitious**	비밀의
[sə̀ːrəptíʃəs]	The police did a **surreptitious** search of the warehouse.
	경찰은 창고를 비밀 수색했다.

□ **surrogate**	대행, 대리인
[sə́ːrəgèit]	He must employ a **surrogate**.
	그는 대리인을 고용해야만 한다.

□ **surrogate mother**	대리모
[sə́ːrəgèit mʌ́ðər]	Their child was carried by a **surrogate mother**.
	그들의 아이는 대리모가 임신했다.

□ **tangent**	접선의
[tǽndʒənt]	He frequently goes off on a **tangent**.
	그는 언제나 (접선에서) 탈선한다.

□ **tangible**	만질 수 있는, 명백한, 현실의, (자산이) 금전 평가를 할 수 있는

[tǽndʒəbl]
★

I can't see any **tangible** results forthcoming from this.
나는 이것에서 얻을 수 있는 눈에 보이는 성과를 찾을 수 없다.

☐ **trinal**　세 부분으로 된, 3배의, 삼중의

[tráinəl]

This movie is **trinal**.
이 영화는 3부작이다.

☐ **trinity**　3인조, 삼위일체

[trínəti]

The holy **trinity** is alluded to in this painting.
이 그림에는 성부, 성자, 성신의 삼위일체가 표현되어 있다.

☐ **underage**　(법적으로) 미성년의　⊙ disc 1_61

[ʌ́ndəridʒ]

Underage drinking is a grave problem.
미성년자의 음주는 중대한 문제이다.

☐ **unilateral**　일방적인

[jùːnəlǽtərəl]

America's **unilateral** decision to stop the aid program provoked criticism.
미국의 일방적인 원조 중지 결정에 대한 비난이 일었다.

☐ **unratified**　비준되지 않은

[ənrǽtəfàid]

The weapons treaty stayed **unratified** for many years.
그 무기 조약은 오랫동안 비준되지 않은 채 방치되어 있었다.

☐ **vehemence**　격렬함, 맹렬함, 열렬함

[víːəməns]

Her **vehemence** grew as he elaborated on his complaint.

★

그가 불만을 자세히 설명하자 그녀의 어조가 더욱 격렬해졌다.

☐ **vested**　(권리, 재산 등이) 소유가 확정된, 기득의

[véstəd]

The prince had a **vested** right to succeed to the throne.
그 왕자는 이미 왕위계승권을 확보하고 있었다.

☐ **vested interest**　이해관계

[véstəd íntərəst]

Those two men have a **vested interest** in each other.
그 두 남자는 이해관계로 맺어져 있다.

☐ **wince**　움찔하고 놀라다

[wíns]

He **winced** slightly at a sound behind him.
그는 등 뒤에서 나는 소리에 조금 움찔했다.

환경

환경 문제 의식이 고조되면서 우리 모두에게 환경을 지키려는 절실하고 구체적인 행동이 요구됩니다. 풍부한 녹색의 자연에 둘러싸인 환경에서 살아가는 미국인에게도 환경 문제에 대한 의식을 고양시키기 위해 특별하고 중요한 문제가 언급되곤 합니다.

□ **aerate** 공기가 통하게 하다 ⊙ disc 1_62

[ɛ́əreit] A little pump serves to **aerate** the aquarium.
작은 펌프가 수조에 공기를 공급한다.

□ **aerial** 공기의

[ɛ́əriəl] At flight shows one can watch pilots perform **aerial** acrobatics.
항공 쇼에서 조종사들이 공중 곡예를 하는 것을 볼 수 있다.

□ **agrarian** 토지의, 농지의

[əgrérriən] **Agrarian** societies forced the nomads from their land.
농경 사회여서 유목민들이 자신들의 토지에서 쫓겨났다.

□ **agronomist** 농학자, 작물 재배에 관한 전문가

[əgránəməst] He chose to become an **agronomist**.
그는 농학자가 되기로 결심했다.

□ **alluvial** 충적의, 충적세의

[əlú:viəl] This fossil is from the **alluvial** period.
이 화석은 충적기 시대의 것이다.

□ **Amazon** 아마존 강, 아마존족의 여자, 여장부, 여걸 ⊙ disc 1_63

[ǽməzàn] The **Amazon** encompasses a vast area of South America.

| ★ | 아마존 강은 남미의 광대한 지역을 망라한다. |

☐ **apiary**	양봉장
[éipièri]	My uncle runs an **apiary**. 나의 삼촌은 양봉장을 경영한다.

☐ **arboreal**	수목의
[ɑrbɔ́ːriəl]	This bath oil contains **arboreal** extract. 이 목욕용 오일은 수목 추출액을 함유하고 있다.

☐ **asteroid**	소행성
[ǽstərɔ̀id]	Last night, an **asteroid** hit the moon. 어젯밤에 소행성이 달과 충돌했다.

☐ **axiom**	공리, 원리
[ǽksiəm]	He accepts an **axiom**. 그는 기본 원칙을 용인한다.

☐ **baneful**	파멸 혹은 재난을 초래하는, 치명적인
[béinfəl]	I am concerned about the **baneful** influence of the incident. 나는 사건의 악영향을 걱정하고 있다.

☐ **barren**	척박한
[bǽrən] ★★	The land was completely **barren**. 그 토지는 완전히 척박했다.

☐ **biosphere**	지구생물권
[báiousfìr]	If we want protect the **biosphere**, we need to change our consumption of resources. 지구생물권을 지키고 싶다면, 우리는 자원 소비량을 바꿀 필요가 있다.

☐ **biotech**	바이오테크놀로지, 생물공학
[báioutèk]	**Biotech** was the darling of the stock market until recently. 바이오테크놀로지는 최근까지 주식시장의 총아였다.

☐ **bivouac**	노숙, 야영
[bívuæ̀k]	He goes on **bivouac**. 그는 야영을 한다.

☐ **blubber**	(고래의) 지방, 엉엉 울기

[blʌ́bər]　Whales were hunted mainly for their blubber.
고래는 주로 고래의 지방을 얻기 위해 포획되었다.

□ **brackish**　(물이) 소금기가 있는, 불쾌한

[brǽkiʃ]　It is not good to use brackish water for laundry.
소금기가 있는 물을 세탁에 사용하는 것은 좋지 않다.

□ **bucolic**　시골의

[bju:kɑ́lik]　This is bucolic poetry.
이것은 전원시이다.

□ **bulwark**　방어물, 방파제

[búlwərk]　We acted as a bulwark against the criticism leveled at her.
우리는 그녀에게 쏟아진 비난을 막아주는 방파제 역할을 했다.

□ **cascade**　작은 폭포, 폭포 모양

[kæskéid]　The water is falling down in pretty cascades.
★★　물이 멋진 작은 폭포처럼 떨어진다.

□ **catalyst**　촉매

[kǽtələst]　Her trial became a catalyst for change.
★★　그녀의 공판은 변화를 일으키는 계기가 되었다.

□ **catastrophe**　대참사, 불행, 파국

[kətǽstrəfi]　They were unable to deal with the catastrophe.
★　그들은 대참사에 대처할 수 없었다.

□ **chrome**　크롬, 크롬 도금

[króum]　I like the shine of chrome on my motorbike.
나는 내 오토바이의 크롬 도금의 광택을 좋아한다.

□ **cityscape**　도사 경관, 도회 풍경

[sìtiskèip]　I love seeing the cityscape evolve over the years.
나는 오랜 세월에 길쳐 도시 경관의 발전을 지켜보는 것을 좋아한다.

□ **compost**　퇴비

[kɑ́mpoust]　Vegetable peels can turn into good compost.
채소의 껍질은 훌륭한 퇴비가 된다.

□ **concoction**　(음식물 등의) 혼합, 혼합물, 꾸며낸 이야기, 날조

[kənkɑ́kʃən]　This new recipe is a terrible concoction.

이 새로운 조리법은 터무니 없이 꾸며낸 이야기이다.

☐ **conduit**	(물, 가스의) 도관, 수도관	⊙ disc 1_64

[kándu:it]
That is a concrete **conduit**.
그것은 콘크리트 도관이다.

☐ **consecrate**
(생명 등을 종교적 목적으로) 바치다, 봉헌하다

[kánsəkrèit]
The new church building was **consecrated** last year.
새 교회 건물은 작년에 봉헌되었다.

☐ **conserve**
보존하다

[kənsə́:rv]
★
He **conserves** his strength.
그는 체력을 유지한다.

☐ **culvert**
배수구(로)

[kʌ́lvərt]
We need to install a **culvert** below this road.
우리는 이 길 아래에 배수구를 설치할 필요가 있다.

☐ **dampen**
꺾다

[dǽmpən]
He **dampens** his resolve.
그는 결의를 꺾는다.

☐ **dank**
눅눅한

[dǽŋk]
We found him locked in a **dank** basement.
우리는 눅눅한 지하실에 갇혀 있는 그를 발견했다.

☐ **deciduous**
낙엽성의

[dəsídʒu:əs]
Temperate forests are mainly made up of **deciduous** trees.
온대림은 대체로 낙엽수로 구성되어 있다.

☐ **deliquescent**
용해성의

[dèlikwésnt]
I need some **deliquescent** powder for my experiment.
나는 실험을 하려면 약간의 용해성 분말이 필요하다.

☐ **denizen**
서식하는 생물, 주민

[dénəzən]
He had the unhealthy pallor of a **denizen** of the night.
그는 밤의 생물처럼 창백한 얼굴을 하고 있었다.

☐ **devastate**
압도하다

[dévəstèit]
He looked absolutely **devastated**.
그는 완전히 압도된 것 같았다.

☐ **discrete**	분리된
[dìskríːt] ★	The fight was actually a series of discrete events. 그 싸움은 실제로는 분리된 일련의 사건이었다.

☐ **dispersion**	분산, 산포도, 이산
[dìspə́ːrʒən]	We survey the dispersion of the population. 우리는 인구 분산을 조사한다.

☐ **disseminate**	산포하다
[disémənèit] ★	He disseminated falsehoods. 그는 거짓말을 퍼뜨렸다.

☐ **dissociate**	분리하다
[dìsóusieit] ★★	He dissociated himself from her. 그는 그녀와의 관계를 끊었다.

☐ **domicile**	거주지
[dáməsàil] ★★	He doesn't have any regular domicile. 그는 일정한 거주지가 없다.

☐ **dorsal**	(동물의) 등에 있는, 등, 등지느러미
[dɔ́ːrsəl]	Spotting a shark's dorsal fin sticking out from the water evokes fear in many people. 물에서 튀어나올 것처럼 불쑥 솟아 있는 고래의 등지느러미는 많은 사람에게 공포심을 불러일으킨다.

☐ **dross**	가치 없는 것, 불순물
[drɔ́ːs]	He sloughs off the dross of life. 그는 인생에 들러붙어 있는 불순물을 깨끗이 떼어버린다.

☐ **ecosystem**	생태계
[íːkousìstəm] ★	Economic prosperity sometimes results in the destruction of the ecosystem. 경제적인 번영은 때로 생태계의 파괴를 초래한다.

☐ **effluent**	방출하다, (강, 연못 등에서의) 유수, (공장 등의) 배수, 폐수
[éfluːənt] ★	This river became highly polluted due to the effluent from the nearby factory. 가까운 공장에서 나온 폐수로 이 강은 심각하게 오염되었다.

☐ **effluvium**	(가스, 미립자 등의) 발산, 증발, (부패물에서 발생하는) 악취
[iflúːviəm]	The effluvium coming from the gutters was unbearable.

수로에서 방출되는 악취는 견디기 어려웠다.

| □ **epilogue** | 결말, 종국 | ⊙ disc 1_65 |

[épəlɔ̀:g]
★
The epilogue of the opera was tragic.
그 오페라의 결말은 비극적이었다.

| □ **eschatology** | 종말론 |

[èskətálədʒi]
I know little about eschatology.
나는 종말론에 대해 거의 모른다.

| □ **ethereal** | 공기 같은, 이 세상의 것이라고 생각되지 않는 |

[əθíriəl]
It is an ethereal beauty.
그것은 이 세상의 것이라고 생각되지 않는 아름다움이다.

| □ **exuberant** | 풍부한, 생기에 가득 찬 |

[igzú:bərənt]
She was exuberant in her zeal.
그녀는 열의로 가득 차 있었다.

| □ **fallow** | 휴한 중인, 미개간의 |

[fǽlòu]
They leave land fallow.
그들은 토지를 휴한하고 있다.

| □ **ferment** | 발효시키다, 난동부리다 |

[fermént]
Anger was fermenting in the population over the harsh treatment of the demonstrators.
★
데모 참가자들의 과혹한 취급은 민중의 분노를 자극시켰다.

| □ **flotsam** | 표류물 |

[flátsəm]
She cleaned out her room of all the flotsam and jetsam.
그녀는 방에 있는 온갖 잡동사니들을 정리했다.

| □ **flux** | (물의) 흐름, 유동, 변화 |

[flʌ́ks]
The market is always in flux.
시장 활동은 끊임없이 변화하고 있다.

| □ **freshet** | 민물의 흐름, (폭우, 해빙으로 인한) 증수, 홍수 |

[fréʃit]
A freshet made the river swell.
홍수로 인해 강물이 불었다.

| □ **gadfly** | 말파리, (권력자에 대한) 잔소리꾼 |

[gǽdflài]
Her constant nagging is making her a real gadfly.
끊임없이 잔소리를 하는 그녀는 마치 시끄러운 파리 같다.

□ **gaff**	갈고리, 작살
[gǽf]	I use a gaff to land big fish. 나는 큰 고기를 잡기 위해 갈고리를 사용한다.

□ **harrow**	써레, (흙을) 해로로 고르다, 괴롭히다
[hǽrou]	This was a harrowing experience. 이것은 괴로운 경험이었다.

□ **herbivore**	초식동물
[hə́:rbivɔ̀:r] ★★	Rabbits are strict herbivores. 토끼는 완전한 초식동물이다.

□ **heredity**	유전
[hərédəti] ★★	Heredity plays a role in cancer. 암에서조차 유전은 역할을 다한다.

□ **hibernal**	겨울의
[haibə́:rnl]	In the southern hemisphere Christmas is not a hibernal holiday. 남반구의 크리스마스는 겨울 휴가가 아니다.

□ **hibernate**	동면하다, 피한하다
[háibərnèit] ★	A bear hibernates until spring. 곰은 봄까지 동면한다.

□ **husbandry**	농업, 축산, 절약
[hʌ́zbəndri]	He practices good animal husbandry. 그는 축산업을 잘 운영한다.

□ **hygiene**	공중위생
[háidʒiːn] ★★	We maintain hygiene in a building. 우리는 빌딩 안의 위생 상태를 양호하게 유지한다.

□ **idyllic**	전원의
[aidílik]	She yearns for the idyllic life. 그녀는 목가적인 생활을 동경한다.

□ **impediment**	장애
[ìmpédəmənt]	His father has an impediment in his speech. 그의 아버지는 언어 장애가 있었다.

□ **inflated**	(공기 등으로) 부풀린, 과장된, 폭등한

13

| [ìnfléitəd] | The company made an inflated estimate of their earnings. |
| ★ | 그 회사는 수익에 관한 전망을 크게 부풀렸다. |

□ **inundate** 　침수시키다

| [ínəndèit] | The lowlands were inundated by floods. |
| | 홍수로 저지대가 침수되었다. |

□ **iodine** 　요오드　⊙ disc 1_66

| [áiədàin] | Iodine was used to disinfect wounds. |
| | 요오드는 상처 소독에 사용되었다. |

□ **jet stream** 　제트 기류

| [dʒét strí:m] | The plane had an influence of the jet stream. |
| ★ | 비행기는 제트 기류의 영향을 받았다. |

□ **jettison** 　폐기하다

| [dʒétəsən] | We jettison a program. |
| | 우리는 계획을 폐기한다. |

□ **luminous** 　어둠에서 빛나는, 야광의, (방 등이) 밝은

| [lú:mənəs] | There are luminous hands on this watch. |
| ★ | 이 시계에는 야광침이 있다. |

□ **macrocosm** 　대우주

| [mǽkrəkὰzm] | We all share this macrocosm we live in. |
| | 우리가 살고 있는 이 대우주를 함께 나누고 있다. |

□ **mall** 　산책길

| [mɔ́:l] | He works in a pedestrian mall. |
| ★ | 그는 보행자 전용 산책길에 있는 상점에서 일한다. |

□ **marsh** 　습지

| [mάrʃ] | It is a fetid marsh. |
| | 그것은 악취를 풍기는 습지이다. |

□ **microcosm** 　소우주, 인간 사회

| [máikrəkὰzm] | A drop of pond water is a little microcosm of life. |
| | 연못의 물 한 방울은 조그만 생태계이다. |

□ **naturalism** 　자연주의, 본능주의

| [nǽtʃərəlìzm] | His paintings were famous for their naturalism. |

그의 그림은 자연주의로 잘 알려져 있다.

☐ **omnivorous**	잡식성의	
[ɑmnívərəs] ★★	Pigs are omnivorous. 돼지는 잡식성이다.	
☐ **optimum**	최적 조건	
[áptəməm] ★	We have reached an optimum. 우리는 최적 조건에 도달했다.	
☐ **organic**	유기체의, 생물의, 유기재배의, 구조상의	
[ɔːrgǽnik]	I nearly failed my organic chemistry test. 나는 하마터면 유기화학 시험에 낙제할 뻔했다.	
☐ **outback**	오지, 갈 가치가 없는 곳	
[àutbǽk] ★★	They went on a camping trip to the outback. 그들은 오지로 캠프 여행을 갔다.	
☐ **perennial**	다년생의, 영속하는	
[pəréniəl]	This Christmas song is a perennial favorite. 이 크리스마스 노래는 오랜 세월 동안 유행가이다.	
☐ **pollutant**	오염물질	
[pəlúːtənt] ★	China's big rivers are poisoned by pollutants. 중국의 큰 강들은 오염물질에 의해 오염되어 있다.	
☐ **ramble**	(전원, 숲 등의) 산책, 거닐다, 산책하다, 횡설수설하다	
[rǽmbl]	She rambles about in the park. 그녀는 공원 안을 거닌다.	
☐ **recombinant**	(유전자 등) 재조합	
[rìkámbənənt]	We used recombinant gene techniques to engineer the new drug. 우리는 유전자 재조합 기술을 사용하여 새로운 약을 제조했다.	
☐ **reconcilable**	화해할 수 있는, 조화시킬 수 있는	
[rèkənsàiləbl] ★	Our families' vacation plans seem reconcilable. 우리 가족의 휴가 계획은 조정할 수 있을 것 같다.	
☐ **refuge**	피난, 보호, 피난소, 은신처	
[réfjuːdʒ] ★	I gave refuge to him. 나는 그를 숨겨주었다.	

☐ **refugee**	피난민, 이민, 망명자	
[rèfjudʒí] ★	I accept **refugees**. 나는 피난민을 받아들인다.	

☐ **resonance**	공명 (현상)
[rézənəns] ★★	His voice assumed a new **resonance**. 그의 목소리에는 새로운 울림이 있었다.

☐ **resonate**	울려 퍼지다, 반향하다
[rézənèit] ★★	He **resonates** in harmony. 그는 전체와 조화되어 공명한다.

☐ **silt**	토사	⊙ disc 1_67
[sílt]	The **silt** of the river is choking it. 강의 토사가 쌓여서 흐름을 막고 있다.	

☐ **stratosphere**	성층권
[strǽtəsfìr]	The jet cruised in the **stratosphere**. 그 항공기는 성층권을 비행했다.

☐ **subsidiary**	보조의, 종속하는, 조성금의, 자회사
[səbsídièri] ★	His role is **subsidiary** to the firm's main business. 그의 역할은 회사의 주요 업무를 보조하는 일이다.

☐ **sylvan**	숲의
[sílvən] ★★	The hotel was situated in a **sylvan** setting. 호텔은 숲이 무성한 곳에 자리하고 있다.

☐ **tadpole**	올챙이
[tǽdpòul] ★★	I found **tadpoles** in the pond. 나는 연못에서 올챙이를 발견했다.

☐ **terrestrial**	지구상의
[təréstriəl] ★	Many species of **terrestrial** insects are found in this area. 이 지역에서는 지구상의 곤충 종류를 많이 볼 수 있다.

☐ **tether**	(동물을 묶어놓는) 밧줄, 사슬, (지식, 권위 등의) 범위, 영역
[téðər]	It is a donkey on a **tether**. 그것은 밧줄에 묶여 있는 당나귀이다.

☐ **thorny**	가시가 많은, 곤란한

| [θɔ́:rni] | These are **thorny** issues you are raising.
이것들은 당신이 야기한 곤란한 문제들이다. |

| □ **tranquility** | 평온 |
| [træŋkwíləti] | He recovered his **tranquility**.
그는 평정을 찾았다. |

| □ **transgenesis** | 유전자 조작 |
| [trænsdʒénəsis] | We don't use ingredients that are produced by **transgenesis**.
우리는 유전자가 조작된 원료는 사용하지 않는다. |

| □ **tripe** | (소, 양, 돼지의) 위 (식용이 되는 부분) |
| [tráip] | **Tripe** is good meat if it is well cleaned.
소의 위는 마련만 잘해두면 맛있는 요리가 된다. |

| □ **upstate** | 주 북부의(로), 주의 중심도시에서 떨어진, 주의 북부지방 |
| [ʌ́pstéit] | He is from **upstate** New York.
그는 뉴욕 주의 북부 출신이다. |

| □ **vandalism** | 파괴 행위 |
| [vǽndəlìzm] | There was increasing **vandalism** on housing.
주택 단지에서 파괴 행위가 증가하고 있었다. |

| □ **weather** | 비바람에 변하다, (비바람, 역경 등을) 무사히 헤쳐 나가다 |
| [wéðər]
★★ | Fortunately, they've managed to **weather** through the latest crisis.
다행히도, 그들은 최근에 발생한 위기를 무사히 헤쳐나갔다. |

| □ **weatherman** | (특히 텔레비전이나 라디오의) 일기 예보관 |
| [wéðərmæ̀n]
★ | According to the **weatherman**, the weekend will be nice.
일기 예보관에 따르면 주말에는 맑을 것이다. |

| □ **zero-emission** | (치기) 유해 가스를 내뿜지 않는 |
| [zírou imíʃən] | The new environmental policy enforces **zero-emissions**.
새 환경 정책은 차에서 내뿜는 유해 가스를 규제한다. |

| □ **zonal** | 지대의, 지역으로 정리된 |
| [zóunl]
★★ | We will discuss the data from the **zonal** analysis.
우리는 지역을 분석한 데이터를 검토할 것이다. |

리더십(Leadership)은 구식이면서도 신식인 개념입니다. MBA에서는 경영 방법과 커뮤니케이션 방법을 융합시키는 동시에 좀 더 자세하고 깊게 파고든 리더십이라는 개념을 배울 것입니다. 여기에서는 가장 중요하고도 광범위한 의미를 가진 리더십에 관련된 어휘가 다수 포함되어 있습니다.

☐ **abettor** 선동자, 지지자　　　　　　　　　　　　⊙ disc 2_01

[əbétər]
The **abettors** of the radical movement were all arrested.
급진적인 운동 선동자들은 모두 체포되었다.

☐ **abstemious** 절도가 있는, 금욕적인

[əbstí:miəs]
She has to be rather **abstemious** about alcohol.
그녀는 알코올을 좀 삼가야 한다.

☐ **accolade** 명예, 칭찬

[ǽkəlèid]
Accolades have been heaped on the team at several award ceremonies.
그 팀은 수상식 몇 군데에서 상찬을 받았다.

☐ **acknowledge** 인정하다, 승인하다

[æknálidʒ]
★
We certainly do not **acknowledge** his authority.
우리는 그의 권한을 절대로 인정하지 않는다.

☐ **adjure** 엄명하다, 탄원하다

[ədʒúər]
My father **adjured** me never to sell the farm.
나의 아버지는 나에게 농장을 절대 팔지 말라고 엄명하셨다.

☐ **admonition** 충고, 훈계

[ædməníʃən]
Those **admonitions** had no effect.

그들의 충고는 아무런 효과가 없었다.

☐ **adulation**	추종, 아첨	

[æ̀dʒəléiʃən]

He was the object of great popular adulation.
많은 대중이 그를 추종했다.

☐ **affiliation**	제휴

[əfìliéiʃən]
★

The hotel chain has a new affiliation in China.
그 호텔 체인점은 중국의 새로운 호텔과 제휴했다.

☐ **affinity**	친근감

[əfínəti]

Usually, it has a greater affinity for oxygen than for hydrogen.
일반적으로 그것은 수소보다 산소와 친화력이 크다.

☐ **agitate**	뒤흔들다, 선동하다

[ǽdʒətèit]
★★

These demands agitated my father greatly.
아버지는 이 요구들에 크게 동요했다.

☐ **agitation**	동요, 흥분, (사회적, 정치적) 불안

[æ̀dʒətéiʃən]
★★

He provoked considerable agitation among members of the audience.
그는 청중들 사이에서 상당한 동요를 일으켰다.

☐ **aid**	조력, 원조, 구원, 보조금

[éid]
★

They did not disdain her aid.
그들은 떳떳하게 그녀의 원조를 받았다.

☐ **altercation**	격론, 언쟁

[ɑ̀ltərkéiʃən]

They had an altercation over the price.
그들은 가격 설정으로 언쟁을 벌였다.

☐ **ample**	넓은, 넉넉한

[ǽmpl]
★

Ten meters of this material would be ample for the dress.
그 의상에는 10미터의 천이면 충분할 것이다.

☐ **anew**	한 번 더, 새로, 다른 방법으로

[ənú:]

I feel anew the weightiness of a single vote.
나는 한 표의 중요성을 또 한 번 느낀다.

☐ **antagonism**	적의, 반복, 길항 작용	(⊙ disc 2_02)

14

[æntǽɡənìzm]
★★

They develop a deep **antagonism** to one another.
그들은 서로 극도의 반감을 가지고 있다.

☐ **antipathy** 반감, 혐오감

[æntípəθi]
★

She encountered a lot of **antipathy**.
그녀는 격한 반감을 샀다.

☐ **appropriation** 전유, 사물화, 충당, 유용

[əpròupriéiʃən]

I grant an annual **appropriation** of $10,000,000 for 5 years.

★★

나는 5년 동안 연 1000만 달러의 지출을 승인한다.

☐ **archetype** 원형, 모범

[árkətàip]

They made an **archetype** of the product they had developed for their presentation at the meeting.
그들은 회의 시간에 발표하기 위해 자신들이 개발한 제품의 원형을 만들었다.

☐ **banal** 평범한, 흔해빠진, 시시한

[bənál]
★★

Please spare me those **banal** details.
그런 진부한 것을 나에게 주지 마시오.

☐ **beholden** 은혜를 입어, 신세를 져

[bəhóuldən]

He was **beholden** to special interest groups.
그는 특별한 이익관계에 있는 단체에 신세를 졌다.

☐ **blasphemous** 불경스러운, 신성 모독의

[blǽsfəməs]

It is **blasphemous** act.
그것은 불경스러운 행위이다.

☐ **bloat** 자만심을 품게 하다

[blóut]

She is **bloated** with pride.
그녀는 자만심을 품고 있다.

☐ **bolster** 받침대, 베개를 ~에 대다, (단체, 여론 등이) ~을 지지하다

[bóulstər]

We **bolstered** up our spirits by singing.
우리는 노래를 불러 서로를 격려했다.

☐ **bombast** 호언장담

[bámbæst]

The politician was full of **bombast**.
그 정치가는 호언장담으로 가득했다.

□ **bombastic**	과장된
[bɑmbǽstik] ★★	Please don't make any **bombastic** statements. 어떤 과장된 말도 하지 마세요.

□ **cliche**	진부한 상투어구
[kliʃéi]	She speaks in **cliche**. 그녀는 진부한 상투어구로 말한다.

□ **coadjutor**	조수, 보좌
[kouǽdʒətər]	John has served as my father's **coadjutor** for many years. 존은 수년 동안 내 아버지의 조수로 일하고 있다.

□ **cohorts**	보병대, 동일 연령층
[kóuhɔːrts]	Many **cohorts** of students have passed through this university since it was founded. 이 대학은 창립 이래 많은 학생이 거쳐 나갔다.

□ **collective**	집단의
[kəléktiv] ★	The point of the debate was whether we should use **collective** self-defense. 논의의 포인트는 우리가 집단적 자위권을 행사할 수 있을지에 관한 것이었다.

□ **combined**	결합, 협동, 협력한
[kəmbáind] ★	You have to report your **combined** income for tax purposes. 세금을 신고할 때는 소득의 총액을 보고해야 한다.

□ **conflict**	충돌하다, 대립하다, 싸우다
[kánflikt] ★	Our interests **conflict** with his. 우리와 그의 이해관계가 대립한다.

□ **constellation**	별자리, 집합체
[kɑ̀nstəléiʃən]	He observed a **constellation**. 그는 별자리를 관찰했다.

□ **constraint**	강제, 제약, 억제
[kənstréint] ★★	We eliminated certain legal **constraints**. 우리는 어떤 법적 구속을 배제했다.

□ **contravene**	(법률이나 습관 등을) 어기다, (토론에) 반대하다

14

| [kὰntrəvìːn]
★★ | He **contravenes** the law.
그는 법률을 위반한다. |

□ convene 소집하다 (⊙ disc 2_03)

| [kənvíːn]
★ | We frequently **convene** a committee.
우리는 종종 위원회를 소집한다. |

□ convoluted 감아 넣다, 복잡한

| [kάnvəlùːtəd] | His argument is always very **convoluted**.
그의 주장은 언제나 대단히 복잡하다. |

□ credo 신뢰성, 평판, 신조

| [kréːdou]
★★ | It is an artist's **credo**.
그것은 예술가의 신조이다. |

□ creed 신조, 신념, 주의, 강령

| [kríːd]
★★ | He altered his **creed**.
그는 신조를 바꿨다. |

□ crestfallen (예상 외로 실패하여) 의기소침한

| [kréstfɔ̀ːlən] | After her failure at the beauty contest, she was rather **crestfallen**.
미인 콘테스트에서 낙선한 후, 그녀는 예상보다 더 의기소침해 있었다. |

□ dastard 비겁한 사람, 소심한

| [dǽstərd] | I don't want to be a **dastard**.
나는 비겁한 사람이 되고 싶지는 않다. |

□ decoy 꾀어내다, (사람을) 유인하다

| [dəkɔ́i] | He was easily **decoyed** away from the scene.
그는 쉽게 현장에서 멀리 유인되고 말았다. |

□ definitive 결정적인, 권위 있는, 한정적인

| [dəfínətiv] | I have no **definitive** answer.
나에게는 명확한 답이 없다. |

□ denotation 표시, 지시, 기호

| [dìːnoutéiʃən] | What is the **denotation** for this chemical?
이 약품의 기호는 무엇입니까? |

□ despondent 의기소침한

[dìspándənt] I am despondent about my health.
나는 내 건강에 대해 비관하고 있다.

□ **despotism** 전제 (정치), 독재 (정치), 전제 국가

[déspətìzm] We form a military despotism.
우리는 군사 독재 정권을 만든다.

□ **discretion** 결정권, 행동의 자유, 자유재량, 사고 분별

[dìskréʃən] He exercises due discretion.
그는 적당한 재량권을 행사했다.

□ **discrimination** 구별, 식별, 안목, 식별력, 차별적 대우

[dìskrìmənéiʃən] He gradually developed discrimination in choosing
his friends.
★ 좋은 친구를 알아보는 그의 안목이 점점 발전했다.

□ **disdain** 경멸하다, 업신여기다

[dìsdéin] I do not disdain to be witty.
★★ 나는 (보통은 엄격하지만) 재치 있는 것을 경멸하지 않는다.

□ **disdainful** 업신여기는, 무시하는

[dìsdéinfəl] They are disdainful of anyone who does not live in
good neighborhood.
그들은 (경제적 · 환경적으로) 좋은 지역에 살지 않은 사람들
을 업신여긴다.

□ **dissemination** 보급, 선전

[dìsèmənéiʃən] He encouraged the dissemination of scientific
knowledge.
★★ 그는 과학 지식의 보급을 추진했다.

□ **eminent** 저명한, 탁월한

[émənənt] He is an internationally eminent scholar.
★ 그는 세계적으로 저명한 학자이다.

□ **epicurean** 쾌락주의의, 식도락의, 쾌락주의자

[èpikjúriən] He has epicurean tastes.
그는 미식가였다.

□ **esprit de corps** 단체정신, 단결심

[esprí də kɔ́:r] He put a premium on esprit de corps.
그는 팀워크를 중시한다.

14

☐ **eulogy**	찬사, 상찬	
[jú:lədʒi] ★	He gave a eulogy for the deceased. 그는 고인을 추도하는 연설을 했다.	

☐ **exorcise**	귀신을 몰아내다
[éksɔːrsàiz]	I exorcised her of a demon. 나는 그녀에게서 악령을 몰아냈다.

☐ **exorcism**	악령 쫓기 (의식)	⊙ disc 2_04
[éksjːrsìzm]	He conducted an exorcism. 그는 악령 쫓기 의식을 행했다.	

☐ **faux pas**	(행위, 말의) 과실, 무례
[fóu pá:]	He unwittingly committed yet another faux pas. 그는 무의식중에 또 다른 잘못을 저질렀다.

☐ **flaunt**	과시하다
[flɔ́:nt]	He flaunts his authority. 그는 권위를 과시한다.

☐ **flout**	경멸하다, 무시, 경멸
[fláut]	She flouted the law. 그녀는 법을 경시했다.

☐ **fortitude**	불굴의 정신
[fɔ́:rtətù:d]	He has fortitude. 그는 인내심을 가지고 있다.

☐ **foster**	육성하다, 발전시키다, (수양부모로서) 아이를 맡아 기르다
[fástər] ★	She fosters a child. 그녀는 (타인의) 아이를 맡아 기른다.

☐ **foundation**	기초, 근거, 창립, 설립, 협회, 토대, 기본금
[faundéiʃən] ★	He built up the foundations of a fortune. 그는 재산의 기초를 쌓아 올렸다.

☐ **fruition**	(계획, 목표) 달성
[fruːíʃən]	It is the fruition of our studies. 그것은 우리 연구의 성과이다.

☐ **inapplicable**	적용할 수 없는
[ìnǽplikəbl]	This age limit is inapplicable to this case.

이 경우에는 이 연령 제한을 적용할 수 없다.

☐ **inarticulate** 표현을 제대로 하지 못하는, 불분명한

[ìnɑːrtíkjələt] They are politically inarticulate.
그들은 정치적인 입장이 불분명하다.

☐ **integrate** 통합시키다, 통합하다, 완성하다

[íntəgrèit] The world economy is becoming closely integrated.
★ 세계 경제는 긴밀히 통합되고 있다.

☐ **interim** 중간의, 가협정, 가정의, 일시적인

[íntərəm] In the interim, you can wait here.
그동안에 너는 여기서 기다려도 된다.

☐ **intrepid** 용감무쌍한

[ìntrépəd] The intrepid team managed to cross the desert on foot.
그 용감무쌍한 팀은 걸어서 사막을 건너려고 했다.

☐ **inventive** 독창적인

[ìnvéntiv] She cooks like a pro with inventive technique.
그녀는 독창적인 방식으로 프로처럼 요리한다.

☐ **jeopardize** 위태롭게 하다

[dʒépərdàiz] Your behavior jeopardizes the success of our project.
★ 너의 행동은 우리 프로젝트의 성공을 위태롭게 한다.

☐ **jeopardy** 위험

[dʒépərdi] We were in grave jeopardy of losing our jobs when our
company was bought out.
★ 우리는 회사가 매수되었을 때, 중대한 실업의 위험에 빠졌었다.

☐ **key man** 간부, 중심인물

[kíː mǽn] He is a key man in the company.
★ 그는 그 회사의 중심인물이다.

☐ **laudable** 칭찬할 만한, 감탄할 만한

[lɔ́ːdəbl] Her work for improving conditions of the homeless is
highly laudable.
홈리스 생활 개선을 위한 그녀의 노력은 높이 칭찬할 만하다.

☐ **laudatory** 칭찬의, 찬미의

[lɔ́ːdətɔ̀ːri] He gave the painter a laudatory remark.

14

| ★ | 그는 화가에게 칭찬의 말을 했다. |

□ **leadership**	지도, 지도력, 지도부
[líːdərʃip]	We accept his leadership. 우리는 그의 지도력을 인정한다.

□ **malleable**	순응성이 있는
[mǽliəbl]	His opinions are very malleable. 그의 의견은 대단히 순응적이다.

□ **objectively**	객관적으로, 공평하게 ⊙ disc 2_05
[àbdʒéktivli] ★★	I looked at it more objectively. 나는 그것을 더욱 객관적으로 봤다.

□ **obligation**	의무, 채무(액), 부채, 계약서, 증권, 협정
[àbləgéiʃən] ★	I assume an obligation. 나는 채무를 떠맡는다.

□ **obligatory**	의무적인, 강제적인, 습관이 된
[əblígətɔ̀ːri]	Attending the game is obligatory. 시합에 출전하는 것은 의무적이다.

□ **obscure**	불명확한, 숨은, 이해하기 힘든, 모호한
[əbskjúr] ★	She obscures the wrinkles on her face. 그녀는 화장으로 얼굴의 주름을 숨긴다.

□ **oligopoly**	과점, 소수독점
[àligápəli] ★	The group built up an oligopoly. 그 집단은 과점 상태를 구축했다.

□ **ombudsman**	옴부즈맨, 행정 감찰관
[ámbədzmən] ★★	They established an ombudsman. 그들은 옴부즈맨 제도를 설립했다.

□ **omit**	(어리석게 혹은 고의로) 제외하다, 잊다, 빠뜨리다
[oumít] ★	She stupidly omitted to tell him this. 그녀는 어리석게도 이 일을 그에게 말한 것을 잊어버렸다.

□ **overtake**	추월하다, 앞지르다, 허를 찌르다, (가치 등이 다른 가치와) 동등해지다
[òuvərtéik] ★	She was overtaken by surprise. 그녀는 허를 찔려 깜짝 놀랐다.

□ **qualitative**	질적인, 성질상의, 정성적(定性的)인
[kwɑ́lətèitiv] ★★	Qualitative data are not enough to prove your point. 질적 자료는 당신의 논점을 입증하는 데 충분하지 않다.

□ **quantitative**	양적인, 정량적인
[kwɑ́nətèitiv] ★★	We have to do a quantitative analysis. 우리는 수량적으로 분석해야 한다.

□ **quash**	(반란 등을) 진압하다, (소문을) 잠재우다
[kwɔ́ːʃ]	The rebellion was quickly quashed. 그 반란은 재빠르게 진압되었다.

□ **quench**	(갈증을) 풀다, (뜨거운 것을) 식히다
[kwéntʃ] ★★	They quench their thirst with beer. 그들은 맥주로 갈증을 풀었다.

□ **rapport**	관계, 일치, 조화, 라포르, 신뢰감
[ræpɔ́ːr]	They established a rapport with him. 그들은 그와 친밀한 관계를 확립했다.

□ **rapporteur**	(위원회가 임명하여 보고서를 준비하는) 보고 담당자, 조사위원회
[ræpɔːtə́ːr]	John will be the rapporteur on finances at this year's conference. 존은 올해 회의에서 재정 보고자가 될 것이다.

□ **reconciler**	조정자
[rékənsilər] ★★	With her lucid arguments she is a good reconciler between people. 명쾌한 논리를 사용하는 그녀는 사람들 사이에서 좋은 조정자 이다.

□ **reputation**	평판, 소문, 신망, 명성
[rèpjətéiʃən] ★	He achieved a reputation as a singer. 그는 가수로서 명성을 얻었다.

□ **resoluble**	분해할 수 있는, 용해할 수 있는, 해결할 수 있는
[rizɑ́ljəbl]	This is a difficult but resoluble problem. 이것은 어렵지만 해결할 수 있는 문제이다.

□ **resolute**	결심이 굳은, 단호한
[rézəlùːt]	He is resolute in his convictions. 그는 신념에 흔들림이 없다.

14

☐ reverent	엄숙한	
[révərənt]	She made a **reverent** speech. 그녀는 엄숙한 연설을 했다.	

☐ rigorous	엄격한	
[rígərəs]	I like his **rigorous** personality. 나는 그의 엄숙한 면을 좋아한다.	

☐ ritual	의식	
[rítʃuːəl] ★	He conducted **rituals**. 그는 의식을 행했다.	

☐ row	심각한 의견 대립, 불화, 싸우다, 말다툼하다	⊙ disc 2_06
[róu]	The **row** between the two countries should be resolved soon. 두 나라 간의 불화는 곧 해결될 것이다.	

☐ scrupulous	양심적인	
[skrúːpjələs]	She is always **scrupulous** in performing her duties. 그녀는 항상 직무를 성실히 수행한다.	

☐ spar	서로 욕하다, 논쟁하다	
[spɑ́r]	The two parties are **sparring** over the immigration bill. 그 두 정당은 이민 법안을 둘러싸고 논쟁하고 있다.	

☐ spearhead	창끝, (공격, 사업 등의) 최전선, 선두	
[spíərhèd]	They send out a **spearhead** of tanks. 그들은 전차대를 선두로 보냈다.	

☐ submissive	순종적인	
[səbmísiv] ★	She is **submissive** by nature. 그녀는 천성적으로 순종적이다.	

☐ submit	복종하다, 제출하다, 의견을 진술하다	
[səbmít] ★	She **submits** meekly. 그녀는 순순히 복종한다.	

☐ suffrage	선거권, 참정권	
[sʌ́fridʒ]	We support women's **suffrage**. 우리는 여성 참정권을 지지한다.	

☐ sully	(명성, 공적을) 훼손하다	

[sʌ́li]　You are trying to **sully** my reputation.
당신은 나의 평판을 훼손하려 한다.

□ **upper crust**　**상류계급의, 귀족계급의**

[ʌ́pər krʌ́st]　It is obvious that she is from a **upper crust** family.
그녀가 상류계급 출신인 것은 확실하다.

□ **zest**　**(~에 대한) 열의, 강한 흥미**

[zést]　His life regained that old **zest**, which for a time had seemed dead.
그의 생활은 잠시 동안 소멸한 듯이 생각되었던 예전의 열의를 회복했다.

문학, 문어적 표현

북미 영어는 라틴어를 어원으로 하는 영어와 다양한 이민자들이 어간을 제대로 이해하지 않은 채 말하는 영어가 혼합되어 있습니다. 따라서 북미 영어는 그 공통성을 유지하는 것에 주력합니다. 이런 노력 덕분에 북미 영어는 엄격성과 합리성이 만들어내는 가장 효과적인 어원이 되고 있습니다. 그리고 그 근간이 되는 것은 미국에서 발전한 근대 문학임을 이해할 수 있습니다.

☐ **acme**　　　절정, 극치　　　　　　　　　　　(⊙ disc 2_07)

[ǽkmi]　　　It has already passed its **acme**.
그것은 이미 절정기를 지났다.

☐ **acquittal**　　　방면, 석방

[əkwítəl]　　　His lawyer appealed against the defendant's **acquittal**.
그의 변호사는 피고의 무죄에 불복하여 상소했다.

☐ **adjunct**　　　부가물, 보조의

[ǽdʒʌŋkt]　　　The government scientist became an **adjunct** professor at a university.
★★　　　그 정부기관의 연구자는 대학의 비상근 강사가 되었다.

☐ **adulterant**　　　혼합물

[ədʌ́ltərənt]　　　An **adulterant** was found in the toothpaste made in South East Asia.
동남아시아에서 제조된 치약에서 불순물이 발견되었다.

☐ **aeon**　　　영겁　　　　　　　　　　　(⊙ disc 2_08)

[íːən]　　　For **aeons** humans have lived in balance with nature.
수백만 년 동안 인류는 자연과 조화를 이루면서 살아왔다.

☐ **affront**　　　굴욕

| [əfrʌ́nt] | He took this comment as a personal **affront**. |
| | 그는 이 발언을 개인적인 굴욕으로 받아들였다. |

□ **agenda** 협의사항, 예정표, 각서, 예배

| [ədʒéndə] ★ | That will head the **agenda**. |
| | 그것은 의제의 필두가 될 것이다. |

□ **agglomeration** 밀집화, 집합체, 밀집지대

| [əglɑ̀məréiʃən] | His research topic is economy of **agglomeration**. |
| | 그의 연구 테마는 집합체의 이익이다. |

□ **aggressor** 침략자

| [əgrésər] ★★ | The nation is branded as an **aggressor**. |
| | 그 국가는 침략자라는 낙인이 찍혀 있다. |

□ **agility** 경쾌함, 기민

| [ədʒíləti] | She showed considerable **agility**. |
| | 그녀는 꽤나 기민함을 보였다. |

□ **agony** 극심한 고통

| [ǽgəni] | He watched with rising **agony**. |
| | 그는 고통이 점점 심해지는 것을 지켜봤다. |

□ **aisle** 통로, 복도

| [áil] | He likes to sit next to the **aisle**. |
| | 그는 통로 옆에 앉는 것을 좋아한다. |

□ **alacrity** 민활, 민첩

| [əlǽkrəti] | She accepted the invitation with **alacrity**. |
| | 그녀는 초대에 즉시 응했다. |

□ **alias** 가명, 통칭

| [éiliəs] | I doubt if that was her real name; she was probably using an **alias**. |
| | 과연 그것이 그녀의 본명이었을까? 아마도 가명을 사용하고 있었을 것이다. |

□ **aliment** 영양물

| [ǽləmənt] | We should review Japan's traditional **aliment** culture. |
| | 우리는 일본의 전통적인 식문화를 재평가해야 한다. |

□ **alimony** 이혼 수당, 부양비

| [ǽləmòuni] | She sought **alimony** payments.
그녀는 부양비를 요구했다. |

□ **alliteration**	두운법
[əlítərèiʃən]	The teacher remarked on her student's overuse of **alliteration**. 그 교사는 학생에게 두운법을 과도하게 사용한다고 말했다.

□ **alloy**	비금속, 혼합물
[ǽlɔ̀i] ★	Electrum is an **alloy** of gold and silver. 일렉트럼은 금과 은의 합금이다.

□ **ambrosia**	암브로시아, 진미
[æmbróuʒə]	**Ambrosia** is a mythical food of the ancient Greek gods. 암브로시아란 고대 그리스 신들의 신화 음식이다.

□ **amphitheater**	(원형) 경기장, 계단식 관람석
[ǽmfəθì:ətər]	There is a presentation about plants and animals in this area at the **amphitheater** this evening. 오늘 저녁에 원형 경기장에서 이 지역의 식물과 동물에 대한 발표가 있다.

□ **amulet**	부적, 호신부
[ǽmjələt]	She wears an **amulet**. 그녀는 부적을 지니고 있다.

□ **anathema**	부적, 증오, 파문
[ənǽθəmə]	The Church declared an **anathema** on her. 교회는 그녀에게 파문을 선고했다.

□ **anchor**	닻, 고정 장치, 대형 유명 가게, 앵커, 붙잡아 매다
[ǽŋkər] ★	The development project will feature a retail center **anchored** by a huge grocery store. 그 개발 계획은 거대한 식료품 슈퍼마켓을 주체로 하는 소매점이 특징이 될 것이다.

□ **andiron**	(난로의) 장작 받침대
[ǽndàiərn]	There is a pair of **andirons** at the back of my house. 집 뒤에 장작 받침대가 한 대 있다.

□ **angler**	낚시꾼, 아귀 (⊙ disc 2_09)
[ǽŋglər]	The river bank was busy with **anglers** seeking to catch

a big salmon.
강둑에는 큰 연어를 잡기 위해 모여든 낚시꾼들로 붐비고 있었다.

☐ **animus** 　적의, 악의, 의도, 의지

[ǽnəməs] 　He has an **animus** against socialism.
그는 사회주의에 대해 반감을 가지고 있었다.

☐ **annals** 　연대기, 기표

[ǽnəlz] 　Those achievements resulted in his immortalization in industrial **annals**.
그 공적들에 의해 그는 산업계 역사에 불후의 명성을 남기게 되었다.

☐ **aperture** 　구멍, 카메라의 조리개

[ǽpərtʃər] 　I opened the **aperture** of the lens to increase the exposure.
나는 노출 정도를 높이기 위해 카메라 렌즈의 조리개를 개방했다.

☐ **apex** 　선단, 정점, 극치

[éipèks] 　He is at the **apex** of his career.
그는 경력의 절정기에 있다.

☐ **aplomb** 　냉정함

[əplɑ́m] 　We don't have the **aplomb** to carry off a trick like that.
우리는 그런 곡예를 훌륭하게 해낼 침착함이 없다.

☐ **apogee** 　절정

[ǽpədʒì:] 　The Incan Civilization is believed to have reached its **apogee** late in the fifteenth century.
잉카 문명은 15세기 후기에 전성기에 달했다고 생각된다.

☐ **apostle** 　사도(그리스도의 12제자의 한 사람), (개혁 운동, 새로운 신앙의) 지도자

[əpɑ́səl] 　He has gained several new **apostles**.
그는 강력한 지도자를 몇 명 얻었다.

☐ **apothecary** 　약제사 [고어]

[əpɑ́θəkèri] 　The **apothecary** sold various drugs.
약제사는 여러 가지 약을 팔았다.

☐ **apotheosis** 　신격화, 이상화

[əpɑ̀θióusəs]   We discussed **apotheosis** of the world in our philosophy class.
우리는 철학 수업 시간에 세계 신화에 대해 이야기를 나눴다.

☐ **apparition**	유령, 환영

[æ̀pəríʃən]   They looked at the old lady as if she were an **apparition**.
그들은 노부인이 마치 유령인 것처럼 그녀를 바라봤다.

☐ **appellation**	호칭, 명칭

[æ̀pəléiʃən]   That doesn't deserve the **appellation** 'capital'.
그것은 '수도'의 명칭이 될 가치가 없다.

☐ **appliance**	(가정용인 소형의) 기구, 도구

[əpláiəns]   It has all sorts of modern home **appliances**.
★   그곳에는 여러 가지 현대식 가정용 기구들을 갖추고 있다.

☐ **appurtenances**	부속품, 부속물

[əpə́:rtənənsiz]   You have to pay separately for all the **appurtenances**.
당신은 모든 부속물의 요금을 따로 지불해야만 한다.

☐ **arcade**	아케이드, 게임 센터

[ɑrkéid]   The boys spend much of the summer holidays playing at the **arcade**.
★   소년들은 여름 방학의 대부분을 게임 센터에서 놀면서 보낸다.

☐ **archipelago**	군도

[ɑ̀rkəpéləgòu]   The Galapagos Islands are an **archipelago** off the coast of South America.
★★   갈라파고스 섬은 남미 연안의 군도이다.

☐ **ardor**	열의

[ɑ́rdər]   He resumed the job with an **ardor** that never flagged.
그는 결코 꺼지지 않는 정열을 품고 업무를 재개했다.

☐ **arrogance**	오만, 건방짐

[ǽrəgəns]   We cannot brook his **arrogance**.
우리는 그의 오만함을 참을 수 없다.

☐ **arroyo**	소협곡

[ərɔ́iou]   The train is passing through the **arroyo**.
기차는 소협곡을 통과하고 있다.

☐ **arson**	방화(죄)
[ársən]	The fire is clearly a case of **arson**. 그 화재는 틀림없이 방화다.

☐ **artifact**	인공물, 가공품
[ártəfæ̀kt] ★★	We salvaged the gold coins and **artifacts** from the shipwreck. 우리는 그 난파선에서 금화와 공예품을 인양했다.

☐ **ascension**	오름, 상승, 승진, 승천
[əsénʃən]	The **ascension** to the throne of James II in 1685 caused considerable alarm in these people. 1685년 제임스 2세가 왕위에 오른 일은 이 사람들에게 상당한 공포를 안겨주었다.

☐ **ascetic**	행자, 금욕주의자
[əsétik]	She has something of the **ascetic** in her. 그녀에게는 금욕주의자적인 면이 있다.

☐ **asceticism**	고행, 금욕
[əsétəsìzm]	There is a touch of **asceticism** in his nature. 그의 성향에는 금욕주의적인 면이 약간 있다.

☐ **asperity**	거침, 가혹함, (표면의) 울퉁불퉁함
[əspérəti]	He was hurt by the **asperity** of her manner. 그는 그녀의 거친 태도에 상처를 입었다.

☐ **aspersion**	비난, 중상
[əspə́:rʒən]	He did not mean to cast **aspersions** on her honor. 그는 그녀의 명예를 비방할 의도는 없었다.

☐ **assessment**	과세, 부과, 평가, 평가된 가치
[əsésmənt] ★	I don't yet have enough evidence to make an accurate **assessment**. 나는 아직 정확한 평가를 내릴 만한 근거가 없다.

☐ **atelier**	아틀리에
[ǽtəljèi] ★	The artists are renting a bright **atelier**. 예술가들은 밝은 아틀리에를 임대한 상태다.

☐ **atrocity**	잔혹행위
[ətrásəti]	The attempt to cover up this **atrocity** was unsuccessful.

이 잔혹행위를 은폐하려는 계략은 성공하지 못했다.

□ **attrition**	마멸, 소멸
[ətríʃən] ★★	This steady **attrition** of our industrial base has continued for 10 years. 이 산업 기반의 계속된 약체화는 10년간 지속되고 있다.

□ **audacity**	대담, 뻔뻔함
[ɑdǽsəti]	We could not help admiring his **audacity**. 우리는 그의 대담함에 감탄하지 않을 수가 없었다.

□ **aureole**	광환, 후광
[ɔ́riòul]	Have you seen solar **aureole**? 당신은 태양의 광환을 본 적이 있습니까?

□ **austerity**	엄격함, 금욕적임
[ɔ̀:stérəti]	I practiced various **austerities** to make do with our small income. 나는 얼마 되지 않는 수입으로 어떻게든 변통하기 위해 여러 면에서 금욕적인 생활을 했다.

□ **autocrat**	독재자, 독선가
[ɔ́:təkræt]	The new boss is a real **autocrat**. 새로운 상사는 진정한 독선가이다.

□ **automaton**	자동 장치, 로봇
[ɔːtámətàn]	He is a complete **automaton**. 그는 완전히 기계적으로 행동하는 사람이다.

□ **avarice**	(금전에 대한) 탐욕, 허욕
[ǽvərəs]	I did something out of **avarice**. 나는 탐욕에 의해 어떤 일을 했다.

□ **barrack**	(기지의) 막사, 병영
[bǽrək]	He policed the **barracks**. 그는 막사를 청소했다.

□ **barrage**	댐, 집중포격, (질문 등의) 연발
[bəráʒ]	He **barraged** me with trivial question. 그는 나에게 따분한 질문을 연발했다.

□ **bassoon**	바순

[bəsúːn]	In my youth I played the **bassoon**. 청년 시절에 나는 바순을 연주했다.

□ **bauble**	싸구려 보석
[bɔ́ːbl]	She wore many **baubles**. 그녀는 싸구려 보석들을 하고 있었다.

□ **bereavement**	가족의 사망, 사별 ⊙ disc 2_11
[bəríːvmənt]	I feel sympathy with him in his **bereavement**. 그의 가족이 죽은 것에 대해 나는 그에게 동정심을 느낀다.

□ **bete-noire**	특히 싫은 (무서워하는) 물건 · 일 · 사람
[béit nwáːr]	She became the **bete-noire** of Hollywood movie society. 그녀는 할리우드 영화계에서 미움을 받는 존재가 되었다.

□ **billingsgate**	난폭한, 상스러운 말, 악담
[bíliŋzgèit]	She talks **billingsgate**. 그녀는 상스러운 말을 사용한다.

□ **binge**	흥청거림, 폭음하기, 탐닉
[bindʒ]	We had a **binge**. 우리는 흥청거렸다.

□ **blazon**	문장(紋章), 과시
[bléizn]	My father gave me the **blazon** which belongs to our family. 아버지는 나에게 가문의 문장을 주셨다.

□ **bouillon**	부용 [요리]
[búːljən]	You should add one more spoonfull of **bouillon** in the soup. 당신은 수프에 부용 한 스푼을 더 넣어야 한다.

□ **brazier**	화로, 난로
[bréiziər]	This is a charcoal **brazier**. 이것은 목탄 화로이다.

□ **brevity**	(시간의) 짧음, (표현의) 간결함
[brévəti]	He spoke with laconic **brevity**. 그는 할 말만 간결하게 했다.

☐ **bugaboo**	공포의 씨앗
[bʌ́gəbùː]	She felt bugaboo when she met the old man. 그 노인을 만났을 때 그녀는 이유 없는 공포를 느꼈다.

☐ **bullion**	금괴, 금
[búljən]	The central bank keeps reserves of gold bullion. 중앙은행은 금괴를 보유하고 있다.

☐ **bungle**	실수
[bʌ́ŋgl]	He made a stupid bungle. 그는 어리석은 실수를 저질렀다.

☐ **burlesque**	풍자극, 익살극
[bərlésk]	He makes a burlesque of the situation. 그는 그 상황을 희화화했다.

☐ **burrow**	구멍
[bə́ːrou]	The rabbit dug a burrow. 토끼가 구멍을 팠다.

☐ **buskin**	편상화, 반장화
[bʌ́skin]	The girl was wearing a pair of buskin. 그 소녀는 편상화를 신고 있었다.

☐ **cache**	(식료품, 무기, 귀중품 등의) 은닉처
[kǽʃ]	The police found a cache of weapons. 경찰은 무기 은닉처를 발견했다.

☐ **caliber**	구경, 직경, 능력, 도량
[kǽləbər]	He is an employee of low caliber. 그는 능력이 떨어지는 종업원이다.

☐ **cameo**	짧은 명문, 카메오
[kǽmiòu]	The actor is making a cameo appearance in the new movie. 그 배우는 새 영화에서 특별 출연을 할 예정이다.

☐ **candor**	솔직함
[kǽndər]	There was a lack of candor in her comments. 그녀의 발언에는 솔직함이 없었다.

☐ **cantata**	칸타타(독창, 중창, 합창 등으로 이뤄진 성악곡)

[kæntάtə]
The church resonated with the music of cantata.
그 교회에서는 칸타타 음악이 울려 퍼졌다.

□ **canter** 말의 느린 구보, 예행연습

[kǽntər]
The horse broke into a fast canter.
그 말은 갑자기 빠른 구보로 달리기 시작했다.

□ **canto** (장편 시의) 편, 주선율

[kǽntou]
This canto is my favorite one.
이 편은 내가 좋아하는 부분이다.

□ **caparison** 장식 마구

[kəpǽrəsn]
She gave her horse a caparison.
그녀는 말에게 옷을 입혔다.

□ **caprice** 변덕, 갑작스러운 변화 (⊙ disc 2_12)

[kəprí:s]
★★
Her refusal to do it was mere caprice.
그녀가 그것을 하기를 거절한 것은 변덕에 불과하다.

□ **caption** 표제, 제목, 자막

[kǽpʃən]
This is a photo caption.
이것은 사진의 설명문이다.

□ **carafe** 유리 물병

[kərǽf]
I took the carafe and poured myself a glass of water.
나는 유리 물병을 쥐고 물 한 잔을 따랐다.

□ **carat** 캐럿

[kǽrət]
She was not satisfied with the ring he gave her because it was only three carats.
그녀는 그에게 받은 반지가 겨우 3캐럿이었기 때문에 만족하지 못했다.

□ **caryatid** (그리스 건축의) 여신상 기둥

[kæriǽtɪd]
Our art teacher asked us to practice drawing the caryatid.
미술 선생님은 우리에게 여신상 데생을 연습하도록 했다.

□ **catapult** 투석기, 비행기 발사기

[kǽtəpʌlt]
They fire a catapult.
그들은 투석기로 (돌을) 발사한다.

☐ **caution**	조심, 주의, 경고
[kɔ́ːʃən] ★	He advised **caution** to her. 그는 그녀에게 조심하도록 충고했다.

☐ **cavalcade**	기마 행진
[kӕvəlkéid]	I like a film with a **cavalcade** of big stars. 나는 대스타가 퍼레이드를 하는 영화를 좋아한다.

☐ **celerity**	기민함, 민첩함
[səlérəti]	She showed considerable **celerity** in finishing the work. 그녀는 상당한 민첩함을 발휘해서 그 업무를 끝냈다.

☐ **chagrin**	무념, 유감
[ʃəgrín]	The rumor caused them **chagrin**. 그 소문을 듣고 그들은 분했다.

☐ **charlatan**	사기꾼, 돌팔이
[ʃárlətən]	He is dyed-in-the-wool **charlatan**. 그는 시시한 사기꾼이다.

☐ **chasm**	아주 깊은 틈, 큰 차이
[kӕzm]	They widened the **chasm** between the two families. 그들은 양가의 사이를 벌어지게 했다.

☐ **chassis**	(자동차 등의) 차대
[tʃӕsi] ★	That is a truck **chassis**. 그것은 트럭 차체이다.

☐ **chauvinism**	배타주의
[ʃóuvənìzm]	It is mere **chauvinism** to keep them out. 그들을 배척하는 것은 단순한 배타주의다.

☐ **chauvinist**	맹목적 애국주의자
[ʃóuvənəst]	He is a complete **chauvinist**. 그는 철저한 애국주의자이다.

☐ **chicanery**	교묘한 속임수
[ʃikéinəri]	All these rules the government imposed are pure **chicanery**. 정부가 부과한 이 규칙들은 완전한 속임수이다.

☐ **clamor**	아우성, 시끄러운 외침, 소란

[klǽmər]
We never ceased our clamor against the decision.
우리는 그 결정에 반대의 목소리를 높이는 것을 그만두지 않았다.

□ **climactic** 클라이맥스

[klaimǽktik]
The movie built up to a climactic moment of intense suspense.

★
그 영화는 클라이맥스까지 팽팽한 긴장감을 높여갔다.

□ **cloisters** 수도원, 회랑

[klɔ́istərz]
Monks used to live in cloisters.
수사들은 수도원에서 살았다.

□ **coercion** 억압, 위압, 강압 정치

[kouə́:rʃən]
I must oppose any coercion whatsoever.
나는 어떤 강압을 받아도 반대해야만 한다.

□ **cog** (톱니바퀴의) 톱니, (큰 조직에서) 하찮은 역할을 맡고 있는 사람

[kάːg]
The missing cog caused the failure of the machine.
분실된 톱니바퀴의 톱이 장치 파손의 원인이었다.

□ **collation** 가벼운 식사, 대조 ⊙ disc 2_13

[kɑléiʃən]
A collation will be served at 6:30 pm.
오후 여섯 시 반에 간단한 식사를 제공하겠습니다.

□ **collier** 광부

[kάljər]
His father was a collier.
그의 아버지는 광부였다.

□ **colossus** 거상, 거인, 대국, 대사회

[kəlάsəs]
He is an architectural colossus.
그는 건축계의 거인이다.

□ **confluence** 군집

[kάnfluːəns]
The city was built at the confluence of two rivers.
그 도시는 두 강의 합류점에 세워졌다.

□ **connivance** (나쁜 일 등의) 방조, 묵인

[kənάivəns]
He evaded taxes with the connivance of his accountant.
그는 회계사와 공모하여 탈세했다.

□ **cordon** 저지선

[kɔ́:rdən]
He passed a cordon of police.

그는 경찰의 비상경계선을 통과했다.

| □ **cormorant** | 가마우지, 먹보 |
| [kɔ́:rmərənt] | He eats like a cormorant.
그는 게걸스럽게 먹는다. |

| □ **cornice** | 천장 돌림띠 |
| [kɔ́:rnis] | The rooms in the villa had wonderful cornices.
별장에 있는 방에는 멋진 천장 돌림띠가 되어 있다. |

| □ **deposition** | (고관 등의) 면직, 퇴적, 증언 녹취록 |
| [dèpəzíʃən] | He makes a deposition.
그는 증언 녹취록을 작성한다. |

| □ **descant** | 데스캔트, 논평, 가곡 |
| [déskænt] | She teaches descants.
그녀는 데스캔트(소프라노 파트)를 가르친다. |

| □ **drudgery** | 힘들고 따분한 일 |
| [drʌ́dʒəri] | He couldn't endure the drudgery any longer.
그는 그 따분한 일에 더 이상 견딜 수 없었다. |

| □ **duenna** | (스페인 등의 가정에서) 소녀를 감독하는 중년 여성 |
| [dju:énə] | The kids were playing in the park while being watched by their duenna.
아이들은 공원에서 여성 가정교사의 돌봄을 받으며 놀고 있었다. |

| □ **durance** | 투옥, 감금 |
| [djúərəns] | He called his prison term 'durance vile'.
그는 그의 징역형을 '비참한 감금'이라고 불렀다. |

| □ **element** | 요소 |
| [éləmənt] | Her emotional denunciation did contain an element of truth.
그녀의 감정적인 고발에는 확실히 진실의 요소가 포함되어 있다. |

| □ **epitome** | 전형 |
| [əpítəmi] | She is the very epitome of honesty.
그녀는 바로 정직함의 전형이다. |

| □ **euphemism** | 완곡어법 |
| [júːfəmìzm] | I use a euphemism. |

나는 완곡어법을 사용한다.

☐ **exegesis**	**해설, 해석, 주석**

[èksidʒíːsis]
The philosopher gave an **exegesis** of his newest theories.
철학자는 최신 이론의 해석본을 주었다.

☐ **facade**	**(건물의) 정면, 전면, [비유] 표면, 외관**

[fəsɑ́d]
In front of her guests, she always managed to keep a **facade** of grace.
고객들 앞에서 그녀는 항상 겉치레뿐인 우아함을 유지하려고 했다.

☐ **ferret**	**흰담비, 탐색자**

[férət]
She pets a **ferret**.
그녀는 흰담비를 쓰다듬는다.

☐ **fervor**	**열정, 열렬**

[fə́ːrvər]
She has an inward **fervor**.
그녀에게는 마음속에 숨겨진 열정이 있다.

☐ **figment**	**꾸며낸 것**

[fígmənt]
It is a grandiose **figment**.
그것은 과장된 허구이다.

☐ **flail**	**(보리 등 탈곡용의) 도리깨** ⊙ disc 2_14

[fléil]
I left the **flail** in the field.
나는 밭에 도리깨를 놔두고 왔다.

☐ **geek**	**얼간이, 괴짜, 술주정뱅이**

[gíːk]
She dated a **geek**.
그녀는 신통치 않은 사람과 데이트를 했다.

☐ **geyser**	**간헐천**

[gáizər]
★
It is the world's highest **geyser**.
그것은 세계에서 제일 높이 솟아오르는 간헐천이다.

☐ **gig**	**업무, 출연**

[gíg]
The musicians had a weeklong **gig** at the new bar in town.
뮤지션들은 마을의 새로운 바에서 1주일에 걸쳐 연주를 했다.

☐ **glean**	**모으다**

| [glí:n] ★★ | We **glean** information through careful investigation. 우리는 면밀히 조사해서 정보를 모은다. |

| □ **glitch** | (기계 등의) 갑작스런 고장, 돌발사고, 기술상의 작은 문제 |
| [glítʃ] | It is a technical **glitch**. 그것은 기술상의 작은 문제이다. |

| □ **gloaming** | 땅거미 |
| [glóumiŋ] | In the **gloaming** the boat was barely visible. 땅거미가 질 무렵에 가까스로 배가 보였다. |

| □ **glossary** | 용어 해설, 용어집 |
| [glɔ́:səri] | This book has a full **glossary**. 이 책은 완전한 용어집이다. |

| □ **gossamer** | 거미줄, 섬세한 것, 얇은 천 |
| [gásəmər] | This glass work reminds me of **gossamer**. 이 유리 세공은 거미줄을 생각나게 한다. |

| □ **gouge** | 둥근 끌, 둥근 끌로 판 구멍 |
| [gáudʒ] | I use a **gouge** for my wood craving. 나는 목공에 둥근 끌을 사용한다. |

| □ **greed** | 끝없는 욕망, 탐욕 |
| [grí:d] ★ | He demonstrates **greed**. 그는 욕망을 밖으로 드러낸다. |

| □ **hiatus** | 사이, 틈, (업무 등의) 중단 |
| [haiéitəs] | He reappears after a 4 year **hiatus**. 그는 4년의 공백 기간을 끝내고 재등장한다. |

| □ **hostelry** | 호스텔 |
| [hástəlri] | In England we stayed at several small **hostelries**. 영국에서 우리는 몇몇의 작은 호스텔에서 묵었다. |

| □ **hoyden** | 말괄량이 |
| [hɔ́idn] | That girl is a **hoyden**. 그 소녀는 말괄량이다. |

| □ **hyperborean** | 북국(北國) 사람, 극북인 |
| [hàipərbɔ́:riən] | The **hyperborean** people of Canada call themselves Inuit. |

캐나다의 북쪽에 사는 사람을 이뉴잇(캐나다 그린란드에 사는
에스키모족)이라 부른다.

☐ **idiosyncrasy**	특이성, 성벽	
[ìdiousínkrəsì] ★	She has one or two striking **idiosyncrasies**. 그녀는 한두 가지 두드러진 특징이 있다.	

☐ **idiosyncratic**	특유의	
[ìdiousìnkrǽtik] ★	He has his own **idiosyncratic** function. 그에게는 특이한 기능이 있다.	

☐ **immobility**	부동성, 정지, 고정	
[ímoubíləti] ★★	He startled for a moment into complete **immobility**. 그는 너무 놀라서 잠시 동안 움직일 수가 없었다.	

☐ **impasse**	난국, 막다른 골목	
[ímpæs]	I will make every effort to avoid an **impasse**. 나는 난국을 피하기 위해서 여러 가지 노력을 할 것이다.	

☐ **imperturbability**	침착함	
[inpərtəːrbəbíləti]	He affects an air of **imperturbability**. 그는 침착함을 가장한다.	

☐ **impiety**	신앙심이 없음, 불효	
[impáiəti]	Joking loudly in a church is an act of **impiety**. 교회 안에서 큰 소리로 농담을 하는 것은 경건치 못한 행위이다.	

☐ **impunity**	처벌을 받지 않음	⊙ disc 2_15
[ìmpjúːnəti]	He escaped with **impunity**. 그는 벌을 받지 않고 달아났다.	

☐ **imputation**	(죄 등을) 씌우기, 전가, 비난, 비방	
[ìmpjətéiʃən]	He makes an **imputation** against her good name. 그는 그녀의 명성을 손상시켰다.	

☐ **inadvertence**	부주의, 실수	
[ìnædvə́ːrtəns]	His **inadvertence** caused a power failure. 그의 부주의로 정전이 되었다.	

☐ **inception**	발단	
[ìnsépʃən]	Since its **inception**, the stock fund has risen 150% in value.	

그것이 발단이 되어 주식 투자 신탁의 가치가 150% 상승했다.

□ **incursion** 진입, 돌격, 유입, (시간을) 구속하는 것

[ìnkə́:rʒən] They made an incursion into a neighboring country.
그들은 이웃 나라를 침략했다.

□ **ineluctable** 피할 수 없는

[ìniláktəbl] Her death was the result of an ineluctable fate.
그녀의 죽음은 피할 수 없는 운명의 결과였다.

□ **innovation** 혁신, 쇄신

[ìnəvéiʃən] He makes innovations.
★ 그는 개혁을 한다.

□ **interstice** 빈틈, 간격, 째진 틈

[intə́rstis] The coin had slipped into the interstices of the wall.
동전이 벽의 빈틈으로 미끄러져 들어갔다.

□ **intimidation** 협박

[ìntìmədèiʃən] I stand up to intimidation.
나는 협박에 맞선다.

□ **intransigence** 비타협적인 태도, 양보하지 않음

[ìntrǽnsədʒəns] We meet with intransigence on his part.
우리는 그의 비타협적인 태도와 직면한다.

□ **intuition** 직관력, 통찰력

[ìntu:íʃən] Her intuition in these matters is nearly infallible.
★ 이러한 사태에 대한 그녀의 직감은 거의 확실하다.

□ **jackdaw** 갈까마귀, 수다쟁이

[dʒǽkdɔ:] A flock of jackdaws flew by.
갈까마귀 떼가 날아갔다.

□ **joyride** 무모한 운전, 폭주, 무모한 놀이

[dʒɔ́iràid] He went for a joyride.
그는 폭주를 하러 갔다.

□ **jubilation** 환희, 환호

[dʒú:bəléiʃən] I felt great jubilation at my victory over my rival.
나는 경쟁 상대에 이겨서 큰 기쁨을 느꼈다.

☐ **juncture**	접속, (중대한) 시기	
[ʤʌ́ŋktʃər]	It was at this **juncture** that she arrived upon the scene. 그녀가 현장에 나타난 것은 그때였다.	

☐ **kennel**	개집, 오두막집, 개 사육장
[kénəl]	This is a dog **kennel**. 이것은 개집이다.

☐ **kiosk**	매점
[kíːɔ:sk]	There is a newspaper **kiosk**. 거기에 신문 매점이 있다.

☐ **kith and kin**	친척, 친척과 친구들, 일가친척
[kiθ ənd kín]	All her **kith and kin** were present. 그녀의 모든 일가친척이 참석했다.

☐ **knell**	종소리, 조종, 흉조
[nél]	He rang the death **knell**. 그는 조종을 울렸다.

☐ **knoll**	작고 둥근 언덕
[nóul]	The cabin is seated on a **knoll**. 그 오두막집은 둔덕에 세워져 있다.

☐ **labyrinth**	미로
[lǽbərìnθ] ★	He cannot get out of the **labyrinth** of his emotions. 그는 복잡하게 뒤얽힌 감정으로부터 벗어날 수 없다.

☐ **lackey**	하인, 종 같은 사람	⊙ disc 2_16
[lǽki]	We saw the mafia boss and his **lackeys** pass by. 우리는 마피아의 보스와 그의 부하들이 옆을 지나가는 것을 봤다.	

☐ **laggard**	느림보, 낙후자
[lǽgərd]	When he was young, people always thought he was a **laggard**. 그가 젊었을 때, 사람들은 그를 언제나 느림보라고 생각했다.

☐ **largess**	아낌없이 줌
[lɑrʤəs]	We received **largess** from an anonymous donor. 우리는 익명의 기부자에게서 많은 원조를 받았다.

☐ **libido**	리비도, 성욕
[ləbí:dou]	He controls his **libido**. 그는 성욕을 조절한다.

☐ **limbo**	지옥의 변방, 불확실한 상태, 어중간한 상태, 형무소
[límbou]	It remains in **limbo**. 그것은 불확실한 상태로 방치되어 있다.

☐ **linguistic**	언어의, 언어학의
[liŋgwístik]	His **linguistic** abilities are impressive. 그의 언어 능력은 훌륭하다.

☐ **litany**	장황한 이야기
[lítəni]	He recited a bleak **litany** of economic problems faced by the country. 그는 국가가 직면해 있는 경제 문제의 어두운 이야기를 장황하게 늘어놓았다.

☐ **livestock**	가축
[láivstàk] ★	We raise **livestock**. 우리는 가축을 사육한다.

☐ **lout**	예절을 모르는 사람, 시골뜨기
[láut]	He is an inconsiderate **lout**. 그는 예절을 모르는 얼간이다.

☐ **lucidity**	명쾌함
[lu:sídəti]	She writes prose of rare beauty and of perfect **lucidity**. 그녀는 대단히 아름답고 명쾌한 문장을 썼다.

☐ **madrigal**	짧은 서정시, 마드리갈
[mǽdrəgəl]	We will publish a book of medieval **madrigals**. 우리는 중세 마드리갈(무반주로 여러 명이 합창한 노래) 책을 출판할 것이다.

☐ **mausoleum**	웅장한 묘, 영묘
[mɔ̀:səlí:əm]	Lenin's **mausoleum** continues to draw crowds of visitors. 레닌의 웅장한 묘는 계속 많은 사람을 끌어 모으고 있다.

☐ **melange**	혼합물, 잡동사니
[meilá:ŋʒ]	This tea is a **melange** of different herbs.

★★   이 차는 여러 종류의 허브를 혼합한 것이다.

☐ **memorabilia**   기념품

[mèmərəbíːljə]   They are baseball **memorabilia**.
그것들은 야구 기념품이다.

☐ **misogynist**   여자를 혐오하는 남자

[misɑ́dʒənəst]   He had always been a bit of a **misogynist**.
그는 예전부터 여자를 약간 싫어했었다.

☐ **modesty**   겸손, 사양, 고상함

[mɑ́dəsti]   He has no **modesty**.
★★   그는 겸손함이 없다.

☐ **naysayer**   거부자, 반대론자, 부정자

[nèiséiər]   I am tired of those permanent **naysayers**.
나는 그 영구적인 반대론자들에게 질린다.

☐ **norther**   북풍

[nɔ́ːrðər]   We have a strong **norther** today.
오늘은 강한 북풍이 불고 있다.

☐ **nostalgia**   향수, 노스탤지어

[nɔːstǽldʒə]   He looks back with **nostalgia**.
그는 향수를 느끼면서 뒤돌아봤다.

☐ **notable**   주목할 만한, 명사, 유명 인물

[nóutəbl]   At that table are seated the **notables**.
저 테이블에 앉아 있는 사람은 유명하다.

☐ **notch**   V자형 새김눈, 옷깃의 V 컷

[nɑ́tʃ]   He makes a **notch** in a tree.
그는 나무에 V자형 홈을 새겼다.

☐ **nuisance**   소란 행위, 불법 방해, 성가신 사람   ⊙ disc 2_17

[núːsəns]   He makes a **nuisance** of himself.
★★   그는 남에게 폐를 끼친다.

☐ **nut**   견과, 너트, 괴짜, 원금, 자금

[nʌ́t]   I crack a **nut** open.
나는 호두 껍데기를 깼다.

☐ **obdurability**   (신체의) 튼튼함, 강건함

[ɑbdjərəbíləti]　　The mother was proud of her son's **obdurability**.
어머니는 아들의 강건함을 자랑스러워했다.

| □ **obeisance** | 경의, 순종, 절 |

[oubéisəns]　　She makes an **obeisance** to him.
그녀는 그에게 절을 한다.

| □ **omission** | 무시, 탈락 |

[oumíʃən]　　I point out an important **omission**.
★　　나는 중요한 부분이 빠져 있다고 지적한다.

| □ **onset** | 착수, 공격, 습격 |

[ɑ́nsèt]　　I was twenty years old the **onset** of my illness.
내가 스무 살 때 발병했다.

| □ **oodles** | 다량, 많음 |

[úːdəlz]　　He raised **oodles** of money for the organization.
그는 조직을 위해 큰돈을 모았다.

| □ **oppression** | 압박 |

[əpréʃən]　　We bear **oppression**.
우리는 압박을 견딘다.

| □ **ordnance** | 대포, 병기, 군수품 |

[ɔ́ːrdnəns]　　They picked up unexploded **ordnance**.
그들은 불발탄을 회수했다.

| □ **orphanage** | 고아원, 고아 신세 |

[ɔ́ːrfənədʒ]　　He built an **orphanage**.
그는 고아원을 지었다.

| □ **ottoman** | 터키인, (등과 팔걸이가 없는) 낮은 의자, 오토만 |

[ɑ́təmən]　　He rested his feet on the **ottoman**.
그는 오토만 위에 다리를 올렸다.

| □ **outset** | 시초, 발단 |

[áutsèt]　　I had trouble at the **outset**.
나는 처음에는 고생했다.

| □ **ovation** | 갈채 |

[ouvéiʃən]　　She got a standing **ovation**.
그녀는 기립 박수를 받았다.

□ **palate**	미각	
[pǽlət]	She pleased their **palate**. 그녀는 그들의 미각을 즐겁게 해주었다.	

□ **pastoral**	목가적인	
[pǽstərəl] ★	Many of Shakespeare's dramas exemplify the **pastoral** tradition in English Literature. 많은 셰익스피어의 희곡은 영문학에서 목가극의 전통에 관한 좋은 예가 된다.	

□ **pauper**	극빈자, 빈민	
[pɔ́:pər]	He lives in a hovel like a miserable **pauper**. 그는 궁핍한 극빈자들처럼 오두막에서 산다.	

□ **penchant**	취미	
[péntʃənt]	She has a **penchant** for dogs. 그녀는 개를 몹시 좋아한다.	

□ **porous**	통기성의, 구멍이 많은	
[pɔ́:rəs]	The border to Mexico has been **porous**. 멕시코와의 국경에는 구멍이 많다.	

□ **privation**	결핍, 부자유	
[praivéiʃən]	He accepts **privation** and pain. 그는 궁핍과 고통을 느끼고 있다.	

□ **quintet**	오중주단	
[kwìntét]	He played the tuba in a brass **quintet**. 그는 브라스(금관악기) 오중주에서 튜바를 연주했다.	

□ **quotation**	인용, 인용문	
[kwoutéiʃən]	He resided a **quotation** from Shakespeare. 그는 셰익스피어에서 인용했다.	

□ **rupture**	파열	
[rʌ́ptʃər]	Sometimes organs **rupture**. 때로는 내장이 파열되는 경우가 있다.	

□ **saber**	기병대 검, 사브르	⊙ disc 2_18
[séibər]	He held a **saber**. 그는 기병대 검을 쥐었다.	

☐ **serendipity**	뜻밖에 찾아내는 재능, 횡재 잘하기
[sèrəndípəti]	This discovery is a fruit of **serendipity**. 이 발견은 운이 좋았던 결과이다.

☐ **serene**	고요한
[sərí:n]	I feel happy and **serene**. 나는 행복하고 평온한 기분이다.

☐ **serenity**	맑음, 고요함, 평온
[sərénəti] ★★	He lacks **serenity**. 그는 침착함이 부족하다.

☐ **serpent**	뱀
[sə́:rpənt]	A deadly **serpent** slithered away. 대단히 위험한 뱀이 미끄러지듯이 기어갔다.

☐ **severity**	엄격
[sivérəti] ★★	He tastes the **severity** of the law. 그는 법의 엄격함을 체험한다.

☐ **shackle**	속박
[ʃǽkl]	He breaks his **shackles**. 그는 속박을 끊었다.

☐ **small fortune**	상당한 금액
[smɔ́:l fɔ́:rtʃən]	He spent a **small fortune** on wrist watches. 그는 손목시계를 구입하는 데 상당한 금액을 썼다.

☐ **so-and-so**	아무개, 무엇 무엇
[sóu æn sòu]	**So-and-so** and his wife came to the party. 아무개 씨와 그의 부인이 파티에 왔다.

☐ **solace**	위안
[sáləs]	That distinction offered him considerable **solace**. 그 특별 대우는 그에게 큰 위안이 되었다.

☐ **solicitor**	선거운동가, 기부 의뢰자, 주문받는 사람, 세일즈맨
[səlísətər] ★	Don't take that phone call, it is most likely from a **solicitor**. 전화를 받지 마라! 대부분 기부 의뢰자에게서 온 전화이다.

☐ **sordid**	더러운, 부정직한

[sɔ́:rdəd]

The news wasted no time in reporting the **sordid** details of the case.
뉴스는 그 사건의 추악한 내용을 세세히 전했다.

| □ **spate** | (사건 등의) 속발, 홍수 |

[spéit]

A **spate** of bad luck with dating made her feel miserable.

★
데이트 중에 일어난 일련의 불운이 그녀를 비참하게 했다.

| □ **splurge** | 흥청망청 돈 쓰기, 허세, 과시 |

[splə:rdʒ]

Every once in a while it is okay to **splurge**.
누구라도 때로는 허세를 부려도 괜찮다.

| □ **swipe** | 일격 |

[swáip]

The remark was a nasty **swipe** at me.
그 발언은 나에 대한 굉장한 비난이었다.

| □ **tact** | 기지, 재치, 감촉 |

[tǽkt]

She exercises **tact**.
그녀는 기지를 발휘했다.

| □ **tedium** | 지루함, 싫증 |

[tí:diəm]

He beguiled the **tedium** of waiting by reading a magazine.
그는 잡지를 읽으면서 기다림의 지루함을 달랬다.

| □ **temperance** | 절제, 자제, 금주 |

[témpərəns]
★★
He practices **temperance**.
그는 금주를 한다.

| □ **tinker** | 만물 수리공, 땜장이, 만지작거리다 |

[tíŋkər]

In his basement he likes to **tinker** with electronic toys.
그는 지하실에서 전지로 움직이는 완구를 만지작거리는 것을 좋아한다.

| □ **titan** | 거인, 거장, 대가, 거성 |

[táitən]
★
Einstein was a **titan** of physics.
아인슈타인은 물리학의 거장이다.

| □ **trait** | 특징 |

[tréit]
★
He develops antisocial **traits**.
그는 반사회적인 특성을 갖게 된다.

| ☐ **unexceptional** | 예외가 아닌 | ⊙ disc 2_19 |

[əniksépʃənəl]
★★

I think his facial features are **unexceptional**.
그는 자신의 이목구비가 지극히 평범하다고 생각한다.

| ☐ **upheaval** | 격변 |

[əphí:vəl]
★★

The government was trying to work out measures to avert an economic **upheaval**.
정부는 경제적 격변을 막을 방책을 마련하려고 노력했다.

| ☐ **uprising** | 폭동 |

[ʌ́pràiziŋ]
★

She was the very politician who fomented the **uprising**.
그녀가 그 폭동을 선동한 바로 그 정치인이었다.

| ☐ **utensil** | (가정용, 특히 부엌의) 용구, 도구 |

[ju:ténsəl]
★★

We polish a **utensil** before using it.
우리는 기구를 사용하기 전에 잘 닦아놓는다.

| ☐ **vagabond** | 방랑자 |

[vǽgəbɑnd]
★★

Like a **vagabond**, he liked to roam the streets.
그는 방랑자처럼 거리를 배회하는 것을 좋아했다.

| ☐ **vagary** | 변덕, 예측할 수 없는 변화 |

[véigəri]

It is the **vagaries** of fashion.
그것은 변덕스러운 패션이다.

| ☐ **vagrancy** | 방랑 |

[véigrənsi]

He was arrested for **vagrancy**.
그는 부랑죄로 체포되었다.

| ☐ **vanguard** | 선두 |

[vǽngɑ̀:rd]

They are now in the **vanguard** of social change.
현재 그들은 사회 변혁의 선두에 서 있다.

| ☐ **vial** | 작은 유리병 |

[váiəl]

He took out two pills from a **vial**.
그는 작은 유리병에서 알약을 두 개 꺼냈다.

| ☐ **virtually** | 실질적으로는, 거의 |

[və́:rtʃu:əli]
★

When she left, she took **virtually** everything with her.
그녀는 떠날 때 집에 있는 물건을 거의 다 가져가버렸다.

| ☐ **virtue** | (미술품 등의) 우수함, 장점 |

| [vɔ́:rtʃu:]
★ | Bicycles had the great **virtue** of taking up little space.
자전거는 장소를 거의 차지하지 않는다는 큰 장점이 있다. |

| □ **vocation** | 소명, 천직, 직업, 일, 장사 |
| [voukéiʃən] | She had little or no **vocation** for business.
그녀는 영업을 천직으로 삼아야 한다는 생각을 조금도 혹은 전혀 하지 않았다. |

| □ **vogue** | 유행, 인기 |
| [vóug]
★★ | He enjoyed a tremendous **vogue** for a while.
그는 잠시 동안 굉장한 인기를 누렸다. |

| □ **waif** | 부랑아, 방랑자, 주인이 없는 동물 |
| [wéif] | He seemed a helpless **waif** in need of protection.
그는 보호를 받아야 하고, 의지할 가족이 없는 부랑아처럼 보였다. |

| □ **welder** | 용접공 |
| [wéldər] | He learned to become a **welder**.
그는 용접공이 되기 위해 배웠다. |

논리성

미국에서 논리성은 기본적인 행동 규범 중에 하나입니다. 비즈니스에서는 물론 사생활에서도 논리성이 없는 행동을 취하면 합리적인 행동이 아니라는 평가를 받는 동시에 멸시받게 됩니다. 다민족 국가인 미국에서는 이문화 간의 커뮤니케이션을 효율적으로 처리하기 위해 특히 논리성을 커뮤니케이션의 규칙으로서 중요시하는 풍조가 있습니다.

□ **amplify** 확대하다, 확장하다, (이론을) 전개하다 ⊙ disc 2_20

[ǽmpləfài]
★
The signals were **amplified** electronically.
이 신호는 전자적으로 증폭되었다.

□ **barrister** 변호사

[bǽrəstər]
He is a brilliant **barrister**.
그는 훌륭한 변호사이다.

□ **casuistry** 결의론, 궤변

[kǽʒuistri]
He used **casuistry**.
그는 궤변을 사용했다.

□ **construe** 해석하다

[kənstrúː]
I **construe** his intentions differently.
나는 그의 의도를 다르게 해석한다.

□ **contrive** 고안하다

[kəntráiv]
I am **contriving** to take over the company.
나는 그 회사를 빼앗을 계획을 꾸미고 있다.

□ **convoke** (회의 등을) 소집하다

[kənvóuk]
They **convoked** the meeting.
그들은 회의를 소집했다.

□ **corroborate**	입증하다, 제공하다
[kərábərèit]	They were **corroborated** by evidence. 그것들은 증거에 의해 입증되었다.

□ **demurral**	이의
[dimə́:rəl]	There was no **demurrals** against the proposal. 그 제안에 이의는 없었다.

□ **denouement**	대단원, 종국
[dèinu:mán]	We don't want to give away the **denouement**. 우리는 결말을 밝히고 싶지 않다.

□ **deploy**	배치하다, 동원하다
[diplɔ́i]	We **deploy** troops along the coast. 우리는 해안을 따라 군대를 배치한다.

□ **descry**	확인하다, 발견하다
[diskrái]	A crew **descried** an enemy ship in the distance. 선원이 먼 곳에 있는 적의 배를 발견했다.

□ **deviate**	빗나가다, 벗어나다, 비정상적인 사람, 기준을 벗어난
[dí:viéit] ★	I didn't **deviate** at all. 나는 전혀 일탈하지 않았다.

□ **devoid**	~이 전혀 없는, ~이 빠진
[divɔ́id]	She is totally **devoid** of guile. 그녀에게는 음흉한 꾀라는 것이 전혀 없다.

□ **devolve**	(권리, 의무, 직무 등을) 위임된
[diválv]	That duty **devolved** on me. 내가 그 역할을 맡게 되었다.

□ **dilemma**	딜레마
[dəlémə] ★	He resolved a **dilemma**. 그는 딜레마를 해결했다.

□ **disjointed**	연결이 안 되는, 일관성이 없는
[dìsdʒɔ́intəd]	That letter contained many accusations and **disjointed** statements. 그 편지에는 많은 비판이 담겨 있고 문장은 일관성이 없었다.

| ☐ **disparate** | 서로 전혀 다른, 공통점이 없는, 이질적인 | ⊙ disc 2_21 |

[díspərət]
They integrated **disparate** enterprise applications.
그들은 서로 전혀 다른 기업의 애플리케이션을 통합했다.

☐ **disquisition** — (면밀한) 논문, 연설

[dìskwəzíʃən]
It is a lengthy **disquisition**.
그것은 장황한 논문이다.

☐ **docket** — 재판 경과 기록, 공판 일정표

[dákət]
The judge read the **docket** carefully.
그 판사는 재판 경과 기록을 주의 깊게 읽었다.

☐ **educe** — (능력, 성능 등을) 끌어내다, (결론 등을) 추단하다

[idjúːs]
It can be **educed** that she was not insane.
그녀는 미쳐 있지 않았다고 추론할 수 있다.

☐ **elicit** — 끌어내다

[əlísət]
★★
We **elicited** information by asking searching questions.
우리는 면밀히 심문을 하여 정보를 캐냈다.

☐ **evince** — ~을 분명히 나타내다, 명시하다

[ivíns]
She **evinces** anxiety.
그녀는 불안감을 나타냈다.

☐ **expurgate** — (책 등에서) 부적절한 부분을 삭제하다

[ékspərgèit]
We must **expurgate** obscene passages from the book.
우리는 책에서 외설스러운 부분을 삭제해야만 한다.

☐ **fatalism** — 운명론, 숙명론

[féitəlìzm]
She believes in **fatalism**.
그녀는 운명론을 믿는다.

☐ **fathom** — 가늠하다, 재다

[fǽðəm]
We can't **fathom** this.
우리는 이것을 가늠할 수 없다.

☐ **fissure** — 길게 갈라진 틈, 금, (의견, 견해의) 불일치

[fíʃər]
There was a microscopic **fissure** in the ground.
지면에 미세한 틈이 있었다.

□ **homily**	설교, 훈계
[hάməli]	He reads me a **homily** on good behavior.
	그는 나에게 선행에 대해 설교했다.

□ **implicate**	연루시키다, 말려들게 하다, 함축하다
[ímplikèit]	She was **implicated** in the case.
★★	그녀는 그 사건에 관여하고 있었다.

□ **inductive**	귀납적인
[indʌ́ktiv]	Much knowledge can be gained from **inductive** reasoning.
★	귀납적 추리를 통해 많은 지식을 배울 수 있다.

□ **interlocutory**	대화(체)의, 대화 사이에 끼워넣는, 중간(판결)의
[ìntərlάkjutɔːri]	The judge did not accept the **interlocutory** appeal.
	판사는 대화 속에 끼워넣는 간청을 받아들이지 않았다.

□ **invalidate**	무효화하다, 법적 효과를 없애다
[ìnvǽlədèit]	His credit card was **invalidated** when he stopped paying the bills.
★	그는 카드 납부금을 내지 않아 신용카드가 무효화되었다.

□ **irreverent**	불경한, 불손한
[irévərənt]	His **irreverent** comments provoked his boss.
★	그의 불손한 발언이 상사를 화나게 했다.

□ **kismet**	운명, 숙명
[kízmət]	In the Arab world many people are guided by their belief in **kismet**.
	아랍의 세계에서는 많은 사람이 운명에 대한 믿음을 가지고 살아간다.

□ **legality**	적법, 법률 엄수
[ligǽləti]	He proves the **legality** of an action.
	그는 행동의 합법성을 증명한다.

□ **legitimate**	합법인
[lədʒítəmət]	His father has been involved in a business transaction that is not strictly **legitimate**.
	그의 아버지는 위법에 가까운 거래에 연루되어 있다.

□ **litigant**	소송에 관계가 있는

[lítigənt]	They are litigant parties.	
	그들은 소송 당사자이다.	

☐ **litigation** 소송

[lìtəgéiʃən]	They reexamined the shareholder litigation system.
	그들은 주주 대표 소송 과정을 재심문했다.

☐ **litigious** 소송에 관한　⊙ disc 2_22

[litídʒəs]	We live in a litigious society.
	우리는 소송 사회에서 살고 있다.

☐ **maintain** 유지하다, 지키다, 부양하다, 주장하다, 단언하다

[meintéin] ★	Share prices have maintained last year's levels.
	주가는 작년 수준으로 유지되고 있다.

☐ **mediate** 조정하다, 중재하다

[mí:diéit]	We mediate between two countries.
	우리는 두 나라 사이를 중재한다.

☐ **narrate** (사건, 경험을) 순서대로 말하다, 이야기하다

[néréit]	Sad to narrate, they never finished the job.
	슬프게도 그들은 그 업무를 끝내지 않았다.

☐ **negligence** 태만, 부주의, 과실

[néglədʒəns]	He acts with inexcusable negligence.
	그는 용서할 수 없는 과실을 저질렀다.

☐ **outdo** (행위 등이) ～을 능가하다, ～을 앞지르다

[àutdú:]	He outdoes them in patience.
	그는 인내력으로 그들을 앞질렀다.

☐ **outperform** (기계 등이) ～보다 성능이 뛰어나다, (회사 등이) ～보다 좋은 실적을 올리다

[àutpərfɔ́:rm]	He outperforms his boss's hopes.
	그는 상사의 기대를 능가한다.

☐ **outsell** (상품이) ～보다 많이 팔리다

[autsél]	In a few years, our company will outsell its competitors.
	앞으로 2, 3년간 우리 회사는 다른 회사보다 더 많은 상품을 판매하게 될 것이다.

☐ **peruse** 정독하다

[pərúːz]　　I peruse a letter.
나는 편지를 숙독한다.

| ☐ **plaintiff** | **원고** |

[pléintəf]　　He is a civil plaintiff.
★★　　그는 민사 소송의 원고이다.

| ☐ **pretext** | **변명** |

[príːtèkst]　　I need a pretext to get in contact with them.
나는 그들과 접촉하려면 변명해야 한다.

| ☐ **pro bono** | **(변호사 등이 하는) 무료 봉사의** |

[próu bóunou]　　The lawyer did not charge me, he worked pro bono.
그 변호사는 나에게 청구하지 않고 선의로 일을 해주었다.

| ☐ **probation** | **집행유예** |

[proubéiʃən]　　He accepted a year's probation.
★★　　그는 1년간 집행유예를 받았다.

| ☐ **ratify** | **(조약 등을) 승인하다, 비준하다, 추인하다** |

[rǽtəfài]　　They ratify a contract.
★　　그들은 계약을 승인한다.

| ☐ **recapitulate** | **요약하다, 반복하다** |

[rìːkəpítʃəlèit]　　He recapitulates a story.
그는 말의 요점을 재확인한다.

| ☐ **speculate** | **추측하다, 사색하다** |

[spékjəlèit]　　He speculates upon the future.
★　　그는 장래를 깊이 생각한다.

| ☐ **speculation** | **추측, 추론, 사색** |

[spèkjəléiʃən]　　I make rash speculations.
★　　나는 경솔하게 추측한다.

| ☐ **stipulate** | **조건으로서 요구하다, 규정하다, 보증하다** |

[stípjəléit]　　He expressly stipulated that he should be paid in dollars.
그는 달러로 지급받고 싶다고 확실히 요구했다.

| ☐ **supposition** | **가정, 상정** |

| [sÀpəzíʃən] | He entertains a **supposition**. |
| ★ | 그는 가정을 품는다. |

☐ **target**	표적, 대상, (생산, 저금 등의) 달성목표액
[tɑ́rgət]	They pressed the U.S. to accept a **target** for emission controls.
★	그들은 배기가스 규제의 목표를 미국이 받아들이도록 강력히 요구했다.

☐ **terse**	간결한
[tə:rs]	The president read a **terse** statement and then left the stage.
	대통령은 간결한 성명서를 읽고 연단을 떠났다.

☐ **testify**	증언하다, 증거가 되다	⊙ disc 2_23
[téstəfài]	He **testified** about a matter.
★	그는 어떤 사건에 대해서 증언했다.

☐ **testimony**	증언
[téstəmòuni]	She gave **testimony** in court.
★	그녀는 법정에서 증언했다.

☐ **treatise**	논문
[trí:təs]	He wrote a **treatise**.
	그는 논문을 썼다.

☐ **treaty**	조약, 협정, 교섭, 약속
[trí:ti]	They abrogated a **treaty**.
★	그들은 조약을 파기했다.

☐ **truism**	자명한 이치, 진부한 문구
[trú:ìzm]	If they repeat these obvious **truisms** often enough, people may come to believe them.
	그들이 이러한 진부한 문구를 여러 차례 반복하면 사람들은 믿게 될지도 모른다.

☐ **trump**	~보다도 이기다, (사람을) 지게 하다
[trʌ́mp]	Passion always **trumps** reason.
	열정은 항상 평계를 이긴다.

| ☐ **underperform** | 성과가 ~에 미치지 못하다 |
| [ʌ́ndərpərfɔ́:rm] | The stock of our company is **underperforming**. |

| ★★ | 우리 회사의 주식은 (지표와 비교해서) 하락하고 있다. |

□ **upshot**	**(최종) 결과, 결론, (토론 등의) 요점**
[ʌ́pʃɑt]	The **upshot** of the recent scandal was that the president resigned.
	최근 발생한 추문의 결말은 사장의 사임이었다.

□ **verify**	**입증하다**
[vérəfài]	The police **verified** that he had an airtight alibi.
★★	그에게는 완벽한 알리바이가 있음을 경찰이 확인했다.

매니지먼트

매니지먼트(Management)는 경영 관리라고 해석할 수 있으며 MBA 커리큘럼의 중심이 됩니다. 매니지먼트는 미국에서 조직 관리의 방법으로 발전해왔습니다. 그러나 오늘날 글로벌화가 되면서 각국의 문화와 풍습을 받아들여 바로 그 장소에서 최고의 방법을 도입한다는 개념으로 바뀌고 있습니다.

□ **affable**　　사귀기 쉬운, 싹싹한　　⊙ disc 2_24

[ǽfəbl]

Although at first reserved, after a few drinks she became quite **affable** toward us.

그녀는 처음에는 자신을 억누르려 했지만 술을 조금 마시자 우리에게 꽤 숨김없이 털어놓았다.

□ **affidavit**　　선서 진술서

[æfədéivət]
★★

He obtained **affidavits** of support.

그는 부양에 대한 선서 진술서를 손에 넣었다.

□ **altruism**　　이타주의

[ǽltruːìzm]

Biologists hotly debate whether animals can show true **altruism**.

생물학자들은 동물이 진심으로 이타주의를 나타낼 수 있는지에 대해 열렬한 토론을 전개했다.

□ **amorphous**　　무정형의, 조직이 없는, 애매한

[əmɔ́ːrfəs]
★★

An **amorphous** crystal is slowly forming.

무정형의 수정이 천천히 형성되고 있다.

□ **amortization**　　감가상각　　⊙ disc 2_25

[æmərtəzéiʃən]
★

The **amortization** of the loan will take many years.

론의 감가상각은 몇 년이나 걸린다.

☐ **anachronism**	시대착오
[ənǽkrənìzm] ★★	Our accounting system has become an absurd anachronism. 우리의 회계 제도는 터무니없이 시대착오적인 것이 되고 있다.

☐ **anarchy**	무정부 상태, 사회 혼란
[ǽnərki] ★★	They sunk back into **anarchy**. 그들은 무정부 상태에 빠졌다.

☐ **annul**	무효가 되다, 폐지하다
[ənʌ́l] ★★	That marriage has not yet been formally **annulled**. 그 결혼은 아직 정식으로 무효가 되지 않았다.

☐ **annulment**	폐지, 무효
[ænʌ́lmənt]	They are granted an **annulment**. 그들은 무효 선언을 인정했다.

☐ **appraiser**	감정인, 세관의 사정관
[əpréizər]	The **appraiser** can identify about 500 different stones. 그 감정인은 약 500개의 여러 가지 보석을 식별할 수 있다.

☐ **apprehend**	체포하다
[æ̀prəhénd] ★★	He was finally **apprehended** near the Mexican border. 그는 멕시코 국경 가까이에서 결국 체포되었다.

☐ **argot**	은어, 업계 용어
[άrgəu]	I have learned some of environmental **argots**. 나는 환경 보호에 관한 은어를 몇 가지 배웠다.

☐ **arraign**	(공판정에서 피고인에게) 죄상의 진위 여부를 묻다
[əréin]	She was **arraigned** for high treason. 그녀는 반역죄로 고소되었다.

☐ **arrant**	(나쁜 의미로) 터무니없는
[ǽrənt]	He is an **arrant** coward! 그는 터무니없는 겁쟁이다!

☐ **arrogate**	(권리 등을) 사사로이 남용하다, 침해하다, 부당하게 사용하다
[ǽrougèit]	She **arrogated** all power to herself. 그녀는 권력을 남용했다.

□ **aseptic**	무균의, 방부성의

[əséptik] Please keep your wound **aseptic** by regularly exchanging dressings.
정기적으로 거즈를 교환해 환부를 무균 상태로 유지하세요.

□ **assimilation**	동화, 융합, 소화, 흡수

[əsìməléiʃən] The **assimilation** of the immigrants into society is taking time.
이민자들의 사회적 동화에는 시간이 걸린다.

□ **atypical**	비전형적인

[eitípikəl] It is **atypical** of him to behave like that.
그런 행동을 하다니 그답지 않다.

□ **avocation**	부업

[ævəkéiʃən] For my son being a teacher is not just a job, but an **avocation**.
내 아들은 부업으로 교사를 하고 있다.

□ **backlog**	수주 잔고

[bǽklàg] We have a great **backlog** of data to process.
우리에게는 미처리 데이터가 많이 있다.

□ **barterer**	상인

[bá:rtər] The **barterer** came to this town again.
상인은 다시 이 마을에 왔다.

□ **beleaguer**	포위하다, 붙어다니다, 괴롭히다

[bəlí:gər] They asked their staff not to **beleaguer** them with insignificant details.
그들은 스태프에게 보잘것없는 일로 괴롭히지 말아달라고 부탁했다.

□ **bicameral**	(의회가) 상하 양원제인

[baikǽmərəl] Germany has a **bicameral** government system.
독일은 양원제 (의회)이다.

□ **bigot**	편협한 사람

[bígət] He is a hopeless **bigot**.
그는 어쩔 수 없는 편협한 사람이다.

□ **bigotry** 편협(한 행위)

[bígətri]

He shows **bigotry**.
그는 편협함을 보인다.

□ **bilateral** 양국 간의

[bailǽtərəl]

Despite years of **bilateral** negotiations, no deal has yet emerged.
몇 년 동안이나 양국 간에 교섭을 하고 있음에도 불구하고 아직 아무런 협정도 이루지 못했다.

□ **breakage** 파손

[bréikidʒ]

We allow for **breakage** of $50.
우리는 50달러의 파손(에 의한 손해)을 입었다.

□ **cabal** 비밀결사

[kəbál]

He formed a party **cabal**.
그는 정당 내부의 비밀결사를 만들었다.

□ **cacophony** 불협화음

[kækáfəni]

A **cacophony** of sounds greeted him when he opened the door.
그가 문을 열었을 때 불쾌한 소리가 들렸다.

□ **cardinal** (가톨릭) 추기경

[kárdənəl]

The **cardinals** congregate to elect the new Pope.
추기경들은 새 교황을 뽑기 위해 모인다.

□ **caricature** 풍자문, 풍자화

[kǽrəkətʃər]
★

He drew **caricatures**.
그는 풍자화들을 그렸다.

□ **carnage** 대학살, 살육

[kárnidʒ]

We witnessed some horrible **carnage**.
우리는 어떤 끔찍한 대학살을 목격했다.

□ **carte blanche** 백지 위임장

[kárt blǽntʃ]

He has **carte blanche** around the office.
그는 회사에서 전권을 위임받았다.

□ **celibate** 독신 서약을 한, 독신주의자

[séləbət]

He remained **celibate** to the end of his days.
그는 인생의 마지막까지 독신주의자로 남았다.

☐ **censor**	검열관
[sénsər]	He escaped the **censors**.
	그는 검열을 면했다.

☐ **centrifugal**	원심력의
[sentrífjigəl]	The **centrifugal** forces became too great and tore the machine apart.
	원심력이 너무 강해져서 기계가 산산조각이 났다.

☐ **centripetal**	구심력에 의한
[sentrípətl]	We acquired **centripetal** force.
	우리는 구심력을 획득했다.

☐ **centurion**	(고대 로마의) 백부장(百夫長)
[sentúriən]	Her research paper was about **centurions** in ancient Rome.
	그녀의 연구 논문은 고대 로마의 백부장에 대해서였다.

☐ **charisma**	카리스마
[kərízmə]	He possesses style and **charisma**.
	그에게는 기품과 카리스마가 있다.

☐ **clerical**	사무의
[klérəkəl]	She is good at **clerical** work.
★	그녀는 사무적인 업무에 능하다.

☐ **clip**	잘라내다, (권리를) 제한하다, (비용을) 삭감하다, 속여 빼앗다
[klíp]	He **clipped** off the ends of the longer branches.
	그는 너무 자란 나뭇가지 끝을 잘라냈다.

☐ **cogently**	적절한, 설득력이 있는
[kóudʒəntli]	We argue **cogently**.
	우리는 설득력이 있는 토론을 한다.

☐ **cognitive**	인지의
[kágnətiv]	The **cognitive** skills of the child were impaired.
★	그 아이는 인지력에 장애가 있었다.

☐ **cognizance**	인지, 지각, 인식 범위
[kágnəzəns]	I take **cognizance** of a fact.
★	나는 어떤 사실을 인지하고 있다.

☐ **cognizant**	인식하고 있는, 깨닫고 있는	
[kάgnəzənt]	He was not fully **cognizant** of his peril.	
	그는 신상에 일어나고 있는 위험을 충분히 인식하지 못했다.	

☐ **colloquy**	회담, 협의	⊙ disc 2_27
[kάləkwi]	I hold **colloquy** with him.	
	나는 그와 대담을 가진다.	

☐ **collusion**	공모, 결탁	
[kəlú:ʒən]	He acts in **collusion** with her.	
	그는 그녀와 결탁하여 행동한다.	

☐ **compile**	편집하다	
[kəmpáil] ★★	He **compiled** materials into a book.	
	그는 자료를 정리하여 책으로 편집했다.	

☐ **complacent**	자기만족의, 만족해하는	
[kəmpléisənt]	He is an insufferably **complacent** person.	
	그는 참을 수 없을 정도로 독선적인 사람이다.	

☐ **concede**	시인하다	
[kənsí:d]	They **conceded** three points to their opponents.	
	그들은 상대 팀에 3점을 허락했다.	

☐ **concentric**	(원, 구가) 동심의, 집중적인	
[kənséntrik]	The group was moving in **concentric** circles.	
	그 집단은 동심원으로 이동하고 있었다.	

☐ **conception**	마음에 그리는 것, 개념, 계획, 태아	
[kənsépʃən]	We are unable to form any **conception** of what you mean.	
	우리는 당신이 무엇을 말하고 싶어 하는지 전혀 모르겠다.	

☐ **conclave**	교황 선거, 비밀회의	
[kάnklèiv]	He sits in **conclave** with her.	
	그는 그녀와 비밀회의를 한다.	

☐ **congruence**	적합, 조화, 일치, 합동	
[kɔ́:ŋgruəns] ★★	Today we will learn about **congruence** equations.	
	오늘은 합동식에 대해 공부할 것이다.	

| ☐ **congruent** | 일치하는 | |

| [kɑŋgrúənt]
★★ | He made his actions **congruent** to his stated opinions.
그는 자기가 진술한 의견에 일치하는 행동을 했다. |

☐ **consensus**	의견의 일치, 컨센서스
[kənsénsəs] ★	We achieved a **consensus**. 우리는 의견을 일치시켰다.

☐ **consuetude**	관례
[kánswitjùːd]	People follow different **consuetude** depending on which country they are from. 출신 국가에 따라 사람들은 다른 관습을 따른다.

☐ **context**	전후 관계, 문맥, (사건의) 배경
[kántekst] ★	The meaning of this word becomes clear from is **context**. 이 단어의 의미는 문맥에서 분명해진다.

☐ **conveyance**	운반, 수송, 전달
[kənvéiəns] ★	That is a public **conveyance**. 그것은 공공 수송 기관이다.

☐ **covenant**	계약
[kʌvənənt] ★	I keep **covenant** with him. 나는 그와의 계약을 지킨다.

☐ **curator**	관리자, (박물관, 미술관의) 큐레이터, 관장
[kjúreitər] ★	He is a museum **curator**. 그는 박물관 관장이다.

☐ **debauchery**	방탕
[debɔ́ːtʃəri]	We give ourselves over to **debauchery**. 우리는 방탕함에 몸을 내맡긴다.

☐ **debilitate**	쇠약하게 하다
[dəbílətèit]	They are **debilitated** by famine and disease. 그들은 기아와 병으로 쇠약해져 있다.

☐ **degrade**	저하시키다
[digréid]	You **degrade** yourself by currying the favor with someone like them. 그들처럼 누군가의 비위를 맞추는 것은 당신의 품위를 떨어뜨린다.

☐ **delinquent**	직무 태만인	
[dəlíŋkwənt] ★	She became a juvenile **delinquent**. 그녀는 비행 소녀가 되었다.	

☐ **delusion**	잘못된 생각, 망상	
[dəlú:ʒən] ★★	He shared this **delusion**. 그는 이 환상을 품었다.	

☐ **directorate**	(집합적) 이사회, 중역회	⊙ disc 2_28
[dairéktərət]	This issue will be discussed at the next **directorate**. 이 건은 다음 번 이사회에서 논의될 것이다.	

☐ **disarmament**	무장 해제	
[dìsárməmənt]	We propose nuclear **disarmament**. 우리는 핵군축을 제안한다.	

☐ **dismember**	분할하다	
[dìsmémbər]	The killer then **dismembered** the corpse. 그 살인자는 그때 사체를 절단했다.	

☐ **dissidence**	불일치	
[dísədəns]	There was a substantial **dissidence** in opinions. 의견에 실질적인 불일치가 있었다.	

☐ **dissonance**	귀에 거슬리는 소리, 불일치, 부조화	
[dísənəns]	The meeting ended in **dissonance**. 회의는 의견이 맞지 않아 불화 상태에서 끝났다.	

☐ **dissuasion**	설득하여 그만두게 하기, 충고하여 말리기	
[diswéiʒən]	**Dissuasion** will not help in this case. 이 경우에 설득은 도움이 되지 않는다.	

☐ **diverge**	갈라지다, 의견을 달리하다	
[divə́:rdʒ]	He **diverges** into some other subject. 그는 좀 다른 화제로 벗어났다.	

☐ **diverse**	다른, 별개의, 다양한	
[daivə́:rs] ★★	The opinions of the panel members were **diverse**. 심사위원들의 의견이 다양했다.	

☐ **diversification**	다양화, 다각 경영	

[daivə̀:rsəfəkéiʃən] He promotes **diversification** of operations.
★ 그는 업무의 다양화를 촉진한다.

□ **diversity** 다양성, 변화

[daivə́:rsəti] American companies are striving for **diversity** in their work force.
★ 미국 기업들은 노동력의 (인종적) 다양성을 위해 노력하고 있다.

□ **duality** 이중성

[du:ǽləti] The new law was assessed with a **duality** of purpose in mind.
신법은 잠재적으로 이중성을 가지고 도입되었다.

□ **ebb** 쇠퇴

[éb] Her vitality is at low **ebb**.
그녀는 활력이 없다.

□ **eccentricity** 이상함, 야릇함, 엉뚱함

[èksentrísəti] She has a lot of **eccentricities**.
★ 그녀는 여러 가지로 이상한 부분이 있다.

□ **egotism** 자기 중심벽, 이기적임

[í:gətìzm] He displayed monstrous **egotism**.
그는 어처구니없이 자기 중심벽을 발휘했다.

□ **embezzlement** 착복, 명령

[embézəlmənt] He commits **embezzlement**.
그는 공금횡령죄를 저질렀다.

□ **emphases** 강조, 역점 (emphasis의 복수)

[émfəsi:z] We can put various **emphases** in the text.
★ 우리는 텍스트에 여러 가지 역점을 둘 수 있다.

□ **empirical** 실증적인

[èmpírikəl] **Empirical** data seems to support the experts' view.
★★ 실증적 데이터는 전문가의 견해를 뒷받침해주는 것 같다.

□ **entail** 필연적 결과로서 수반하다

[intéil] Their style of business management inevitably **entails** wounded feelings among employees.
★ 그들과 같은 경영 방식은 필연적으로 종업원의 감정을 상하게 하는 것이 당연하다.

□ **environ**

[inváiərən]

둘러싸다, 에워싸다

They environ the city with a ring of steel.
그것들은 도시를 튼튼하게 에워싸고 있다.

□ **espionage**

[éspiənɑ̀dʒ]
★★

스파이 활동

He conducted espionage.
그는 스파이 활동을 했다.

□ **exacerbate**

[igzǽsərbèit]
★

악화시키다

(⊙ disc 2_29)

It was further exacerbated by inaccurate media coverage.
부정확한 보도로 인해 더욱 악화되었다.

□ **examine**

[igzǽmən]
★★

조사하다, 심사하다, 진찰하다

I examine the proposal conscientiously.
나는 그 제안을 꼼꼼히 조사한다.

□ **exchequer**

[ékstʃèkər]

(영국의) 재무부, 국고, 공금고

My exchequer is high.
나의 재정은 풍족하다.

□ **expediency**

[ikspíːdiənsi]

편의, 형편이 좋음, 사리, 이기주의

Expediency governs everything they do.
그들은 모든 것을 편의주의로 관리한다.

□ **exposure**

[ikspóuʒər]
★★

세상에 알려지기

We must give her more exposure.
우리는 그녀를 더욱 세상에 내보여야 한다.

□ **extension**

[iksténʃən]
★★

확장, 신장

We ask for an extension.
우리는 연기(延期)를 요구한다.

□ **faction**

[fǽkʃən]

파벌, 당파, 파벌 다툼

They unite factions.
그들은 파벌을 합병시킨다.

□ **factitious**

[fæktíʃəs]

인위적인

Companies are trying to create a factitious demand for their products using aggressive advertisements.
기업은 적극적인 선전 방법을 이용해 인위적으로 자사 제품에 대한 수요를 창출하려고 한다.

☐ **fanatic**	광신적인
[fənǽtik]	She is **fanatic** about exercising daily. 그녀는 매일 운동하는 것에 광신적이다.

☐ **fanaticism**	광신, 열광
[fənǽtəsìzm]	He acts with blind **fanaticism**. 그는 맹목적으로 열광한다.

☐ **fatuously**	어리석게, 무의미하게
[fǽtʃəwəsli]	He smiles **fatuously**. 그는 무의미한 웃음을 짓는다.

☐ **fawning**	알짱거리는, 아양 떠는
[fɔ́ːniŋ]	He is a **fawning** merchant. 그는 아양을 떠는 상인이다.

☐ **fetter**	족쇄, 구속
[fétər]	They shook off their **fetters**. 그들은 족쇄를 벗었다.

☐ **fiasco**	완전한 실패, 낭패
[fiǽskou] ★★	The concert turned out a complete **fiasco**. 콘서트는 완전한 대실패였다.

☐ **fiat**	(법의 권한에 의한) 명령, 허가
[fáiæt]	He was given the **fiat** to make any changes. 그는 변경 허가를 받았다.

☐ **fidelity**	충성
[faidéləti]	We pledge mutual **fidelity**. 우리는 서로 충성을 서약한다.

☐ **flotilla**	소함대
[floutílə]	It is a whole **flotilla** of boats. 그것은 완전한 소함대이다.

☐ **focal**	중심의, 초점의
[fóukəl]	This is the **focal** point of our plan. 이것이 우리 계획의 중요한 점이다.

☐ **focus**	중심, 초점

[fóukəs]	I found a focus. 나는 주안점을 찾았다.

☐ **foible**	**약점, 단점**
[fɔ́ibl]	He reveals human **foibles**. 그는 인간적인 단점을 드러내놓는다.

☐ **framework**	**뼈대, 구조, 체제**
[fréimwə̀ːrk] ★★	He developed a **framework** for municipal government. 그는 시정 체제를 구축했다.

☐ **frugality**	**검약** ⊙ disc 2_30
[fruːgǽləti]	She lives with the utmost **frugality**. 그녀는 극도로 검소한 생활을 한다.

☐ **genealogy**	**가계, 혈통, 계보, 가계도**
[dʒìːniάlədʒi]	He traces her **genealogy** back. 그는 그녀의 가계도를 조사한다.

☐ **genre**	**장르, 양식**
[ʒάnrə] ★★	He explores and expands the possibility of the **genre** he is in. 그는 자신이 연관되어 있는 장르의 가능성을 탐구하고 발전시킨다.

☐ **gentility**	**상류계급 신분**
[dʒentíləti]	Their **gentility** was obvious. 그들의 상류계급 신분은 명확했다.

☐ **gentry**	**상류층, 신사, 패거리, 동아리**
[dʒéntri]	I can't possibly trust these academic **gentry**. 나는 이러한 학자 기질을 가진 패거리를 도저히 신용할 수 없다.

☐ **gerrymander**	**(선거구를) 자기 당에 유리하게 변경하다, (규칙 등을) 멋대로 뜯어고치다**
[dʒérimæ̀ndər]	The politician was accused of trying to influence the election by **gerrymandering**. 그 정치가는 자기 당에 유리하도록 선거에 영향을 주려 했기 때문에 책임을 물었다.

☐ **global**	**구형의, 세계적인, 국제적인**
[glóubəl]	Our company is trying to get into the **global** market.

| ★ | 우리 회사는 세계 시장에 진입하려 하고 있다. |

□ governance 관리, 제어

[gʌ́vərnəns] They support good governance in the developing countries.

★ 그들은 개발도상국에서의 바람직한 통치를 지원한다.

□ grovel 굽실거리다, 기어가다, 엎드리다

[grʌ́vəl] He grovels at my feet.

그는 내 발밑에 엎드린다.

□ gubernatorial 지사의

[gu:bərnətɔ́:riəl] He mentions the gubernatorial campaign.

그는 지사 선거에 대해 언급한다.

□ heresy 이단, 이단 신앙

[hérəsi] He preaches a heresy.

그는 이단을 설교한다.

□ heretic 이단자

[hérətik] He is regarded as a heretic.

그는 이단자로 여겨졌다.

□ Holocaust 나치의 유대인 대학살

[hάləkɔ̀:st] The Holocaust played a central role in the founding of Israel.

나치의 유대인 대학살이 이스라엘 창설에 중심적인 역할을 했다.

□ homogeneous 동질의, 동종의

[hòuməʤí:niəs] We built up a homogeneous soccer team.

우리는 동질의 (선수들로 구성된) 축구팀이다.

□ imbroglio 난국

[ìmbróuljou] He broke free from the current imbroglio.

그는 이 난국에서 벗어났다.

□ implement 도구, 용구, 수단, 방법, (계획, 약속 등을) 실행하다, 충족하다

[ímpləmənt] He is fashioning an implement from whalebone.

★ 그는 돌고래의 뼈로 도구를 만든다.

□ implementation 이행, 실행, 시행

[ìmpləmentéiʃən] They demand immediate implementation of Clause 9.

| ★ | 그들은 제9조의 즉시 이행을 요구한다. |

□ **inane** 의미가 없는, 공허한, 얼빠진

[ìnéin]
Have you heard of her inane question at yesterday's meeting?
당신은 어제 회의에서 그녀의 얼빠진 질문을 들었습니까?

□ **incendiary** 선동적인

[ìnséndieri]
He makes an incendiary statement.
그는 선동적인 발언을 한다.

□ **incentive** 유인, 자극, 장려금

[ìnséntiv]
We have no incentive to work harder.
★ 우리에게는 더욱 열심히 일하기 위한 자극이 없다.

□ **inchoate** (계획 등이) 초기의, 불완전한, 미완성인 ⊙ disc 2_31

[inkóuət]
He has an inchoate vision of the country.
그는 그 나라에 대해 불완전한 미래상을 갖고 있다.

□ **indisputable** 반론의 여지가 없는, 명백한

[ìndəspjú:təbl]
I have indisputable evidence on the matter.
나는 그 문제에 대한 충분한 증거를 가지고 있다.

□ **industry** 산업, (제조) 공업, 사업, 실업

[índəstri]
We developed an important industry.
우리는 중요 산업을 발전시켰다.

□ **initiative** 개시, 선도, 지도력, 개선책

[ìníʃətiv]
He demonstrates his initiative.
★ 그는 지도력을 발휘한다.

□ **insurgency** 반란

[ìnsə́:rdʒənsi]
They put down an insurgency.
그들은 폭동을 진압했다.

□ **internment** 억류, 수용

[intə́rmənt]
He went into internment.
그는 억류되었다.

□ **intervention** 개재, 조정, 간섭

[ìntərvénʃən]
He escaped the intervention of the police.
★★ 그는 경찰의 간섭에서 벗어났다.

☐ **judge**	재판관, 판사, 심판, 심사원
[dʒʌdʒ]	They appoint judges. 그들은 심사위원을 임명한다.

☐ **judiciary**	사법부, (한 나라의) 사법 조직
[dʒuːdíʃiəri]	Enforcing laws is left to the judiciary. 법의 집행은 (권리로서) 사법부에 위임된다.

☐ **junta**	(쿠데타 후의) 군사 정부
[húntə]	The junta deposed him. 혁명평의회에서는 그를 퇴진시켰다.

☐ **liaison**	연락, 접촉, 불륜
[líéizàn] ★	He establishes liaison with top-ranking government officials. 그는 정부의 상층부에 연줄이 닿는다.

☐ **lip service**	말만 앞세우는 인정
[líp sə́ːrvəs] ★	He pays lip service to fiscal restraint. 그는 재정 긴축에 말뿐인 동의를 한다.

☐ **Machiavellian**	마키아벨리 같은, 권모술수에 능한
[mákiəvéliən] ★★	He invented a Machiavellian scheme to gain power. 그는 정권을 얻기 위해 책략에 능한 계획을 고안했다.

☐ **maelstrom**	소용돌이, 대혼란
[méilstrəm]	She created a maelstrom. 그녀는 대혼란을 일으켰다.

☐ **magnanimous**	도량이 넓은, 관대한, 너그러운
[mægnǽnəməs]	He affords to be magnanimous toward his inlaws. 그는 친척들에게 관대함을 보여주었다.

☐ **magnate**	유력자
[mǽgnəit]	He is a business magnate. 그는 실업계의 거물이다.

☐ **magniloquent**	호언장담하는, 과장된 말, 허풍
[mægníləkwənt]	People poke fun at the minister's magniloquent speaking style. 사람들은 (프로테스탄트) 성직자의 과장된 말투를 놀린다.

☐ **magnitude**	규모, 중요성, 지진 규모
[mǽgnətùːd]	Their views are of surprising **magnitude**. 그들의 견해는 놀랄 정도로 중요하다.

☐ **management**	경영, 경영 관리, 경영 관리 측
[mǽnədʒmənt] ★	He assumes the **management** of a firm. 그는 회사의 경영을 인수한다.

☐ **managerial**	경영상의, 경영자의
[mæ̀nidʒíriəl] ★	Her **managerial** skills are very good. 그녀의 경영 관리 능력은 대단히 뛰어나다.

☐ **mandate**	명령, 지령, 권한
[mǽndèit] ★	We accept a popular **mandate**. 우리는 국민에게서 위탁받은 (정책) 집행권을 수락한다.

☐ **mandatory**	명령의, 의무적인, 필수의 ⊙ disc 2_32
[mǽndətɔ̀ːri] ★	Checking for the legal age is **mandatory** before selling alcohol. 주류를 판매하기 전에 법정 연령을 확인하는 것은 의무이다.

☐ **manifold**	다수의, 다종의
[mǽnəfòuld] ★	We have **manifold** reasons to reject this treaty. 우리는 이 조약을 받아들일 수 없는 이유가 많다.

☐ **marshal**	군의 고관
[mɑ́rʃəl]	He is a provost **marshal**. 그는 육군 헌병 사령관이다.

☐ **meritocracy**	실력주의, 실력 사회
[mèrətɔ́krəsi]	The armed forces are considered a **meritocracy**. 국방군은 실력주의로 구성되어 있다.

☐ **moot**	토론의, 의논의
[múːt]	That is a **moot** question. 그것은 논의의 여지가 있는 문제이다.

☐ **multinational**	다국적의, 다국적 기업
[mʌltàinǽʃənəl] ★	They feel the need for **multinational** cooperation. 그들은 다국 간에 협력의 필요성을 느끼고 있다.

☐ **nadir**	최악의 순간, 바닥

| [néidər] | His power was at its **nadir**. |
| | 그의 힘은 바닥을 쳤다. |

□ nepotism   족벌주의, 정실 인사

| [népətìzm] | He got his job through **nepotism**. |
| | 그는 친척의 연줄로 직업을 구했다. |

□ nexus   결합

| [néksəs] | His research is about the **nexus** between mathematics and philosophy. |
| | 그의 연구는 수학과 철학의 결합에 대해서이다. |

□ oath   맹세

| [óuθ] | He makes an **oath**. |
| | 그는 맹세를 했다. |

□ obstacle   장해, 장벽

| [ábstəkəl] | He clears away an **obstacle**. |
| | 그는 장해물을 제거한다. |

□ obstinate   완고한, 고집 센

| [ábstənət] | He is **obstinate** in arguments. |
| | 그는 토론을 할 때는 완고하다. |

□ occupancy   점유

| [ákjəpənsi] | The hotel **occupancy** is 70 percent. |
| ★ | 그 호텔의 객실 이용률은 70퍼센트다. |

□ onslaught   맹공격, 대량, 다수

| [ɔ́:nslɔ̀:t] | They survived the **onslaught** on their forces. |
| | 그들의 군대는 맹공격을 당했지만 살아남았다. |

□ orchestrate   오케스트라용으로 작곡하다, 편집하다, 조직화하다

| [ɔ́:rkəstrèit] | The general **orchestrated** a revolt. |
| | 장군은 반란을 획책했다. |

□ ordeal   고난

| [ɔ:rdí:l] | He endures an **ordeal**. |
| | 그는 고난을 견딘다. |

□ ordinance   법령, 조례

	[ɔ́ːrdənəns] ★★	We adopt an **ordinance**. 우리는 법령을 채택한다.
☐ **organization**	조직, 기구, 구조, 관리기관	
	[ɔ̀ːrgənəzéiʃən] ★	They created an **organization**. 그들은 단체를 창설했다.
☐ **outlet**	출구, 판로, 판매 대리점, 직판점, 특약점, 유출 하천	
	[áutlèt] ★	I find an **outlet** for my emotions. 나는 감정의 배출구를 찾는다.
☐ **outsourcing**	외부 조달, 아웃소싱	
	[áutsɔ̀ːrsiŋ] ★	**Outsourcing** is saving us a lot of money. 우리는 큰 금액을 외부 조달로 절약하고 있다.
☐ **overture**	예비 교섭, 제의, 서곡	
	[óuvərtʃər]	She disregarded his **overtures**. 그녀는 그의 제의를 거절했다.
☐ **overturn**	전복시키다, 좌절시키다, 뒤덮다, 넘어뜨리다	
	[òuvərtə́ːrn] ★	He **overturned** a theory. 그는 학설을 뒤집었다.
☐ **parity**	등가, 동격, 일치	⊙ disc 2_33
	[pérəti]	He established **parity**. 그는 동등한 지위를 확립했다.
☐ **penalty**	형벌, 벌금, 불리, 손실	
	[pénəlti] ★	He escaped the **penalties** of his crimes. 그는 죄에 대한 형벌을 면했다.
☐ **perpetuate**	영구화하다	
	[pərpétʃəèit] ★★	We **perpetuate** his name in history. 우리는 그의 이름을 역사에 영구히 남겼다.
☐ **perseverance**	인내	
	[pə̀ːrsəvírəns]	He developed **perseverance**. 그는 인내력을 길렀다.
☐ **policy**	정책, 수단, 처리	
	[páləsi] ★	He alters his **policy**. 그는 방침을 변경한다.

□ **precursor**	선구자, 전조

[prikə́:rsər]

I know nothing about the **precursors** to such eruptions.
나는 그런 화산 폭발의 전조에 대해 아무것도 모른다.

□ **predicament**	곤경

[prədíkəmənt]

She perceived her **predicament**.
그녀는 자신이 궁지에 빠졌다는 것을 알았다.

□ **prerogative**	특권

[pridágətiv]

She demands a **prerogative**.
그녀는 특권을 요구한다.

□ **prevaricate**	~에 대해 얼버무리다, 애매하게 말하다

[privǽrəkèit]

If you continue to **prevaricate**, you will never finish your thesis.
만약 당신이 계속 애매하게 말하면 논문은 결코 완성되지 않을 것이다.

□ **projection**	예측, 예상

[prədʒékʃən]

We adjust our earnings **projections**.
우리는 예상 수입액수를 조정한다.

□ **protocol**	의정서

[próutəkɑ̀l]
★

He devises a **protocol**.
그는 의정서를 생각해낸다.

□ **quorum**	정족수

[kwɔ́:rəm]

We gather a **quorum**.
우리는 정족수를 모은다.

□ **rambunctious**	제멋대로의, 난폭한

[ræmbʌ́ŋkʃəs]

The poor teacher has 25 **rambunctious** kids this year.
그 지도력이 부족한 선생님은 올해 제멋대로인 아이들 스물다섯 명을 담당한다.

□ **rampage**	폭동

[rǽmpèidʒ]
★★

They went on a **rampage**.
그들은 난폭하게 굴었다.

□ **rash**	무분별한, 경솔한

[rǽʃ]

They are **rash** in firing him.
그를 해고하다니 경솔하다.

☐ **referendum**	국민투표	
[rèfəréndəm]	They called a **referendum**. 그들은 국민투표를 했다.	

☐ **refutation**	논박
[rèfju:téiʃən]	She attempted a **refutation** of the charges. 그녀는 그 비난에 반박을 시도했다.

☐ **reprieve**	형의 집행을 연기하다, (위험, 곤란으로부터) ~을 일시적으로 구하다
[riprí:v]	He receives a **reprieve**. 그는 형의 집행을 유예받았다.

☐ **reprimand**	(직업에 관한) 질책, 징계, 질책하다, 징계하다
[réprəmænd]	He delivers a sharp **reprimand**. 그는 통렬하게 질책한다.

☐ **rescind**	(법률 등을) 무효하게 하다, 폐지하다
[rəsínd]	They **rescinded** a contract. 그들은 계약을 해제했다.

☐ **reserve**	따로 잡아두다, 보류하다, 연기하다
[rəzə́:rv] ★	I **reserve** money for emergencies. 나는 비상사태에 대비하려고 돈을 비축해둔다.

☐ **resolution**	결심, 결의, 결의안, 해명, 분해, 분석
[rèzəlú:ʃən]	He breaks his diet **resolution**. 그는 다이어트 결심을 바꾼다.

☐ **restitution**	손해 배상 ⊙ disc 2_34
[rèstətú:ʃən]	He made **restitution**. 그는 손해 배상을 했다.

☐ **retail**	소매, 소매상의, 소매하다
[rí:tèil]	He sold it at **retail**. 그는 그것을 소매로 팔았다.

☐ **retailer**	소매업자
[rí:tèilər]	We receive an order from a **retailer**. 우리는 소매상에게서 주문을 받았다.

☐ **reticent**	과묵한, 입이 무거운

[rétəsənt]	He is socially **reticent**. 그는 사람과 사귈 때 입이 무겁다.

☐ **retinue**	(왕후, 고관 등의) 시종, 수행원
[rétənù:]	You were in the **retinue** of the prince. 당신은 그 왕자를 수행하고 있었다.

☐ **retribution**	보복, 징벌
[rètrəbjú:ʃən]	We demand swift and effective **retribution**. 우리는 신속하고 효과적인 징벌을 요구한다.

☐ **revamp**	개량하다
[rivǽmp]	He **revamps** a product. 그는 제품을 개량한다.

☐ **revolt**	반란을 일으키다, (권리, 체제 등의) 반란, 반역
[rivóult]	She **revolted** against the fixed ideas of her age. 그녀는 당시의 고정관념에 반항했다.

☐ **rudder**	(배의) 키, 지침, 지도자
[rʌ́dər]	He holds the **rudder** of state. 그는 국정의 키를 잡는다.

☐ **security**	안전, 경비, 기밀 보호
[sikjúrəti] ★	He achieved **security**. 그는 안전해졌다.

☐ **segregation**	격리, 분리
[sègrəgéiʃən] ★	We advocate racial **segregation**. 우리는 인종 격리를 강하게 주장한다.

☐ **seize**	꽉 붙잡다, 장악하다, 체포하다
[síːz] ★	They **seized** the suspect by force. 그들은 완력으로 용의자를 체포했다.

☐ **senate**	(이원제 의회의) 상원, (국가, 주의) 의회
[sénət]	He spent ten years in the **Senate**. 그는 10년간 상원의원을 역임했다.

☐ **senator**	상원의원
[sénətər]	We reelect a **senator**. 우리는 상원의원을 재선출한다.

☐ **serf**	(토지와 함께 매각된 중세의) 농노
[sə́:rf]	**Serfs** used to be sold together with a piece of land. 농노들은 토지의 일부로 함께 팔렸다.

☐ **shake-out**	경기 후퇴, 불황, 폭락, (정책과 인사의) 근본적 변혁
[ʃéik àut]	Few managers are left after the **shake-out**. 근본적 개혁 후, 관리직은 거의 없어졌다.

☐ **shake-up**	대개혁, 재편성
[ʃéik ʌp]	He lost his job in the **shake-up**. 그는 대폭적인 인원 정리로 직장을 잃었다.

☐ **sheriff**	군 보안관
[ʃérəf]	The **sheriff's** department is located over there. 군 보안관의 부서는 저기에 있다.

☐ **signatory**	서명 조인한
[sígnətɔ̀:ri] ★★	The **signatories** of the treaty convened in the ballroom. 조약의 조인식은 무도실에서 개최되었다.

☐ **skirmish**	소규모 접전
[skə́:rmiʃ]	He was killed in **skirmish**. 그는 소규모 접전에서 전사했다.

☐ **skullduggery**	사기, 부정
[skʌldʌ́gəri]	This work is pure **skullduggery**. 이 일은 틀림없이 사기다.

☐ **solidarity**	결속, 단결
[sɑ̀lədérəti]	They strengthen the **solidarity** of the workers against the management. 그들은 경영자에 저항하여 종업원의 연대를 강화시켰다.

☐ **stewardship**	관리, 경영, 책임 ⊙ dico 2_36
[stú:ərdʃîp]	Good **stewardship** of our natural resources is what we need. 천연자원을 양호하게 관리하는 것은 우리에게 필요하다.

☐ **stockpile**	식량 비축, 핵병기 보유량, (~을) 저장하다
[stάkpàil] ★★	They keep a **stockpile** of grain against crop failure. 그들은 흉작에 대비해 곡물을 비축한다.

| ☐ **strait** | 해협, 여울, 궁핍, 곤경, 곤란 |

[stréit]

★★

After the latest product recall, the company is in dire **straits**.

그 기업은 최근의 상품 회수(리콜) 후에 곤경에 빠져 있다.

| ☐ **strife** | 불화, 다툼, 분쟁 |

[stráif]

They caused **strife**.

그들은 분쟁을 일으켰다.

| ☐ **structure** | 구조, 체계, 구조물, 구성물 |

[strʌ́ktʃər]

★

They establish a new **structure** of government.

그들은 새로운 정치 체제를 확립한다.

| ☐ **subjugation** | 지배, 정복 |

[sʌ̀bdʒugéitʃən]

The general sought the **subjugation** of the country.

장군은 그 국가를 정복하려 했다.

| ☐ **subscriber** | 구독자 |

[səbskráibər]

★

They recruit **subscribers**.

그들은 구독자를 모집한다.

| ☐ **subservient** | 부차적인 |

[səbsə́ːrviənt]

Your position is not **subservient** to mine.

당신의 직책은 내 입장에서 부차적인 것이 아니다.

| ☐ **substitution** | 대리, 대용, 대용품 |

[sʌ̀bstətúːʃən]

★

The coach made no more **substitutions** near the end of the game.

코치는 경기가 종료될 쯤에는 더 이상의 대기 선수를 쓰지 않았다.

| ☐ **superintend** | 감독하다 |

[sùːpərinténd]

I was appointed to **superintend** sales representatives in the used car section.

나는 중고차 부문에서 판매원을 감독하도록 지시받았다.

| ☐ **tacit** | 암묵의, 침묵하고 있는, 무언의 |

[tǽsət]

★★

He proceeded with **tacit** approval from the board of directors.

그는 이사회의 묵인하에 실행했다.

| ☐ **taciturn** | 말수가 적은 |

| [tǽsətɜ̀:rn] | Her taciturn ways angered her relatives.
그녀는 말수가 적어서 관계자들을 분노케 했다. |

| ☐ **thrive** | 번영하다, 성공하다 |
| [θráiv] | Vegetables don't thrive well in this climate.
이 기후에서 채소는 잘 자라지 않는다. |

| ☐ **tolerable** | 참을 수 있는 |
| [tάlərəbl]
★ | He was a tolerable cook.
그는 무난한 요리사였다. |

| ☐ **tolerance** | 인내, 용인, 관용 |
| [tάlərəns]
★ | We are not willing to extend our tolerance to such blatant lies.
우리는 이런 빤한 거짓말까지 용인할 마음은 없다. |

| ☐ **trafficking** | 밀매, 부정한 거래 |
| [trǽfíkiŋ] | He was jailed for human trafficking.
그는 인신매매 죄로 수감되었다. |

| ☐ **transaction** | (업무, 교섭 활동의) 처리, 집행, (처리가 끝나거나 처리 중인) 업무, 거래, 매매 |
| [trænzǽkʃən]
★ | They carried on transactions with him.
그들은 그와 거래했다. |

| ☐ **tyrannicide** | 폭군 살해 |
| [tairǽnisàid] | The slave was punished for tyrannicide.
그 노예는 폭군 살해 죄로 처벌받았다. |

| ☐ **tyranny** | 전제정치 |
| [tírəni]
★★ | She imposed her vicious tyranny on the whole country.
그녀는 그 국가 전체에 냉혹한 폭정을 강요했다. |

| ☐ **ultimately** | 최종적으로, 결국 |
| [ʌ́ltəmətli] | Ultimately it is your decision to drop out of school.
최종적으로 퇴학하는 것은 너의 판단이다. |

| ☐ **ultimatum** | 최후통첩   ⊙ disc 2_36 |
| [ʌ̀ltəméitəm] | At last we withdrew our ultimatum and the strike ended in victory for the workers.
마침내 우리는 최후통첩을 철회하고 파업은 노동자의 승리로 끝났다. |

□ **venture**　　신규사업

[véntʃər]　　She was the one who proposed this **venture**.
그녀가 이 사업을 제안했다.

□ **victorious**　　승리를 거둔, 승리한

[viktɔ́ːriəs]　　In the last battle the troops were **victorious**.
최후의 싸움에서 군대는 승리를 장식했다.

□ **vilify**　　(정당한 이유 없이) ~을 나쁘게 말하다

[víləfài]　　America is **vilified** in many fundamentalist Muslim countries.
많은 이슬람 국가가 미국을 비방한다.

□ **vindicate**　　변호하다, 정당화하다

[víndəkèit]　　His stand, much criticized at the time, has been **vindicated** by subsequent events.
그의 입장은 당시에 큰 비판을 받았으나 그 후 사태가 진전되면서 옳다고 판명되었다.

□ **vindication**　　(주장, 행동 등의) 변호, 무실의 증명

[vìndəkéiʃən]　　There is nothing she can say in **vindication** of herself.
그녀에게는 자신을 변호할 수 있는 발언이 아무것도 없다.

□ **violation**　　위반

[vaiəléiʃən]　　We sued the airlines, alleging **violation** of antitrust law.
우리는 그 항공회사가 독점금지법을 위반하고 있다고 주장하며 고소했다.
★★

□ **vista**　　전망

[vístə]　　The laser opened a new **vista** to researchers.
레이저 덕분에 연구자들은 새로운 전망을 열었다.

□ **wary**　　조심성 있는

[wéri]　　She is **wary** of telling secrets.
그녀는 조심성이 많아 비밀을 누설하지 않는다.

□ **withdrawn**　　내향적인, 내성적인

[wəðdrɔ́ːn]　　The student was very **withdrawn** and hardly ever talked in class.
그 학생은 무척 내성적이라서 수업 중에 발언을 거의 하지 않았다.
★

☐ **workforce**	노동력
[wə:rkfɔ̀:rs] ★★	Steel mill closures cut the industry's **workforce** by 30%. 제강 공장의 폐쇄로 그 산업의 노동력은 30퍼센트 감축되었다.
☐ **wrongful**	부당한, 불법의, 나쁜
[rɔ́:ŋfəl]	After her firing she filed a **wrongful** dismissal suit. 그녀는 해고된 후에 부당 해고 취소 소송을 걸었다.
☐ **xenophile**	외국인이나 외국풍을 좋아하는 사람
[zénəfàil]	The **xenophile** likes to travel around the world. 외국인이나 외국풍을 좋아하는 사람은 세계 일주를 좋아한다.
☐ **xenophobe**	외국인을 싫어하는 사람
[zénəfòub]	The people of this region are sometimes described as **xenophobes**. 이 지역의 사람들은 외국인을 싫어하는 사람들이라는 말을 종종 듣곤 한다.
☐ **Xenophobia**	외국인 혐오
[zènəfóubiə]	**Xenophobia** often is an unfortunate byproduct of isolation of a country. 외국인 혐오라는 개념은 흔히 국가의 격리 정책의 부산물이다.
☐ **yellow alert**	황색경보, 1단계 경보
[jélou ələ́:rt]	Do you know what to do when we have a **yellow alert**? 1단계 경보가 내려지면 어떻게 해야 되는지 알고 있습니까?

18 매스 커뮤니케이션

미국에서는 저널리즘이 사법, 입법, 행정을 잇는 제4의 권력이며 여론을 대표하는 힘이 있습니다. 이전에는 여론의 대변자로서 열린 사회를 만들어야 한다는 사명감을 가진 제1인자였습니다. 그러나 업계 재편이라는 물결과 급격한 인터넷의 발달로 현재는 존재 자체가 의문시되고 있습니다.

☐ **accomplice**	공범	⊙ disc 2_37
[əkámpləs] ★★	She turned in her **accomplice**. 그녀는 공범을 밀고했다.	

☐ **ambience**	분위기
[ǽmbiəns] ★★	It had the **ambience** of 1920s New York. 그곳에는 1920년대 뉴욕의 분위기가 있었다.

☐ **amoral**	도덕관념이 없는, 비도덕적인
[èimɔ́:rəl]	It was an **amoral** undertaking. 그것은 비도덕적인 기획이었다.

☐ **anomaly**	예외, 변칙, 이례
[ənáməli] ★	Recent temperature **anomalies** point to global warming. 근년의 기온 이상은 온난화를 시사한다.

☐ **anonym**	가명, 익명, 익명인
[ǽnənìm]	She opened a bank account using an **anonym**. 그녀는 가명을 사용해 은행 계좌를 만들었다.

☐ **apathetic**	무감동한, 냉담한
[ǽpəθétik]	He is growing increasingly listless and **apathetic**.

그는 점점 무기력하고 냉담해지고 있다.

☐ **apocalyptic**	묵시록의, 예언적인
[əpàkəlíptik]	His **apocalyptic** visions stirred the populace. 그의 묵시록적인 예언은 사람들을 동요시켰다.

☐ **apocryphal**	출처가 불분명한, 가짜의
[əpákrəfəl]	He used some **apocryphal** material to support his argument. 그는 자신의 주장을 뒷받침하기 위해 출처가 불분명한 문헌을 사용했다.

☐ **apposite**	적절한, 들어맞는
[ǽpəzit]	He is an **apposite** person for this job. 그는 이 업무에 적합한 사람이다.

☐ **apprentice**	견습생
[əpréntəs] ★	He is an **apprentice** carpenter. 그는 목수 견습생이다.

☐ **arduous**	힘든, 곤란한, 끈기 있는
[áːrdʒuːəs]	He makes an **arduous** effort. 그는 불굴의 노력을 기울인다.

☐ **astounding**	경악스러운, 아주 대단한
[əstáundiŋ] ★★	It is **astounding** to us that nobody has tried to improve the situation. 아무도 이 사태를 개선하려고 하지 않았다는 것은 경악스러운 일이다.

☐ **attentive**	주의를 기울이는
[əténtiv]	He is carefully **attentive** to every detail. 그는 모든 세부 사항에 주의를 기울였다.

☐ **audacious**	대담한
[ɑdéiʃəs]	It was **audacious** of you to ask him that. 당신이 그에게 그 일을 부탁한 것은 대담했다.

☐ **austere**	꾸밈없는, 소박한, 금욕적인, 근엄한
[ɔːstír]	He is **austere** in the way he dresses. 그의 옷은 수수하다.

| □ **autocratic** | 독재의, 전제적인, 횡포한 | ⊙ disc 2_38 |

[ɔ́:təkrǽtik]

The president's **autocratic** management style ruffled many feathers in his administration.
대통령의 독재적인 방식은 그의 정권으로부터 많은 반감을 샀다.

| □ **autonomous** | 자치권의, 자주적인 |

[ɔ:tánəməs]
★

Digestion is regulated by the **autonomous** nerve system.
소화는 자율신경계에 의해 조절된다.

| □ **belated** | 뒤늦은, 늦어진 |

[bəléitəd]

I received a **belated** birthday card from her.
나는 그녀로부터 뒤늦은 생일 카드를 받았다.

| □ **benign** | 양성의 |

[bənáin]

The doctor told me the tumor in my stomach was **benign**.
의사는 내 위에 있는 종양이 양성이라고 했다.

| □ **berserk** | 미쳐 날뛰는 |

[bərsə́:rk]

He's gone **berserk** over Jane.
그는 제인의 일로 길길이 날뛰었다.

| □ **bode** | ~의 징조가 되다, ~의 징후를 보이다 |

[bóud]

This **bodes** well for our future happiness.
이것은 우리의 미래의 행복을 나타내는 길조이다.

| □ **bogus** | 가짜의, 위조의 |

[bóugəs]

He put money in a **bogus** investment scheme.
그는 가짜 투자 계획에 출자했다.

| □ **bountiful** | 풍부한 |

[báuntəfəl]
★

Her money is **bountiful**.
그녀의 자금은 풍부하다.

| □ **bourgeois** | 중산 계급의 시민, 자본가, 부르주아 |

[burdʒwá]

He is a completely **bourgeois** person.
그는 완전히 부르주아적인 사람이다.

| □ **brainy** | 총명한, 머리가 좋은, 똑똑한 |

[bréini]

She is a **brainy** type.
그녀는 총명한 타입이다.

□ **brazen**	뻔뻔한
[bréizən]	He shows **brazen** behavior.
	그는 뻔뻔한 태도를 보인다.

□ **canard**	(신문 등에 의한) 허위 보도
[kənárd]	The news of their engagement turned out to be a **canard**.
	그들의 약혼 뉴스가 허위 보도임을 알았다.

□ **canvass**	여론 조사
[kǽnvəs] ★	We conduct a **canvass** of registered voters.
	우리는 등록 유권자의 투표 예정 조사를 한다.

□ **captious**	흠잡기 잘하는, 말꼬리를 잡고 늘어지는
[kǽpʃəs]	I don't like him because he is always very **captious**.
	나는 언제나 말꼬리를 잡고 늘어지는 그를 좋아하지 않는다.

□ **carnal**	육욕적인, 물욕적인
[kárnəl]	He indulges in **carnal** desires.
	그는 육욕에 빠져 있다.

□ **caseload**	담당 건수
[kéislòud]	His **caseload** keeps growing.
	그의 담당 건수가 계속 증가하고 있다.

□ **catholic**	가톨릭의
[kǽθlik]	There are many **catholic** churches in Montreal.
	몬트리올에는 가톨릭교회가 많다.

□ **churlish**	막된, 인색한
[tʃə́ːrliʃ]	Her boss was **churlish** in his evaluation of her work.
	그녀의 업무 능력에 대해 상사의 평가는 호의적이지 않았다.

□ **coincident**	일치하는, 동시에 일어나는
[kouínsədənt]	The observed data proved **coincident** with that predicted by our theory.
	관측 데이터는 우리의 이론을 적용한 예측과 일치했다.

□ **compendium**	요약, 개요
[kəmpéndiəm]	He wrote a **compendium** on baroque music.
	그는 바로크 음악에 관한 개요를 적었다.

☐ **compilation** 편집, 편집물 (⊙ disc 2_39)

[kàmpəléiʃən]

I was too busy to do the compilation of the list, so I asked him to do it.

★ 나는 너무 바빠서 그에게 리스트 정리를 부탁했다.

☐ **composure** 침착

[kəmpóuʒər]

She has great composure.

그녀는 아주 침착하다.

☐ **concise** 간결한, 간명한

[kənsáis]

He gave a concise explanation to her question.

★★ 그는 그녀의 질문에 간결하게 설명했다.

☐ **conventional** 전통적인

[kənvénʃənəl]

Ours is a conventional marriage.

★ 우리의 결혼은 전통적이다.

☐ **corrode** 부식하다

[kəróud

The battery terminal is corroded beyond repair.

그 배터리의 전극은 수리할 수 없을 정도로 부식되어 있다.

☐ **culmination** 정점

[kʌlmənéiʃən

This artwork represents the culmination of many years of tireless efforts.

이 예술 작품은 오랜 세월에 걸친 꾸준한 노력의 정점이다.

☐ **culpable** 과실이 있는, 비난받을 만한

[kʌ́lpəbl]

He held her culpable.

그는 그녀를 비난했다.

☐ **cursory** 대충하는, 피상적인

[kə́:rsəri]

She got only a relatively cursory glance.

그녀는 적당히 쓱 훑어볼 뿐이었다.

☐ **decrepit** 노후한, 노쇠한

[dəkrépət]

He went decrepit.

그는 노쇠하여 죽었다.

☐ **deliberately** 고의로

[dilíbərətli]

He speaks ill of her deliberately in her earshot.

★ 그는 일부러 들리도록 그녀를 험담한다.

☐ **delusive**	현혹하는, 기만적인, 가공의
[dilúːsiv] ★★	The whole group apparently became **delusive**. 집단 전체가 가공의 것이 된 모양이었다.

☐ **demotic**	민중의
[dimátik]	It was a **demotic** resistance which made the ruler abolish the law. 민중의 반대가 지배자로 하여금 그 법률을 철폐시키도록 했다.

☐ **demure**	점잔 빼는, 예절 바른
[dìmjúr]	His wife looked primly **demure** at the party. 그의 아내는 파티에서 숙녀인 양 새침을 떨고 있었다.

☐ **deprecatory**	불찬성의, 비난의, 변명하는
[déprikətɔ̀ːri]	She is writing a **deprecatory** letter. 그녀는 변명의 편지를 쓰고 있다.

☐ **deranged**	정상이 아닌, 미친
[diréindʒd]	She is seriously **deranged**. 그녀는 심각하게 미쳐 있다.

☐ **derelict**	버려진, 유기된, 태만한
[dérəlìkt]	She was **derelict** in her duty. 그녀는 직무에 태만했다.

☐ **desultory**	산만한, 종잡을 수 없는, 변덕스러운
[désltɔ̀ːri]	I have a **desultory** conversation with her. 나는 그녀에게 잡담을 한다.

☐ **devout**	독실한
[diváut]	He is a **devout** believer. 그는 독실한 신자다.

☐ **diabolical**	대단히 잔인한, 끔찍한
[dàiəbálikəl]	I cannot believe that such a **diabolical** crime occurred in our town. 나는 우리 마을에서 이런 끔찍한 범죄가 일어났다는 것을 믿을 수 없다.

☐ **discursive**	(토론, 기술 등이) 다방면에 걸친
[dìskə́ːrsiv]	She like to have **discursive** conversations with her friends.

그녀는 친구들과 다방면에 걸친 대화를 하는 것을 좋아한다.

☐ **disingenuous**	부정직한, 엉큼한

[dìsìndʒénjuːəs]

He is highly **disingenuous**.
그는 대단히 솔직하지 못하다.

☐ **disinterested**	사심이 없는, 무관심한

⊙ disc 2_40

[dìsíntrəstəd]

He becomes **disinterested**.
그는 무관심하게 된다.

☐ **disruption**	혼란, 파괴, 분열, 붕괴

[dìsrʌ́pʃən]

He caused a minor **disruption** of the trial with his emotional outburst.

★★ 그는 감정을 분출해 그 재판을 조금 혼란스럽게 했다.

☐ **divergence**	분기, 일탈, 발산

[daivə́ːrdʒəns]

The **divergence** of opinion between us continues to grow.

★ 우리 사이의 의견 차는 계속 벌어지고 있다.

☐ **elusory**	이해하기 어려운, 달아나기 쉬운

[ilúːsəri]

The thief remained **elusory**.
그 도둑은 여전히 도피 중이었다.

☐ **enigmatic**	수수께끼 같은

[ènigmǽtik]
★★

She received an **enigmatic** message.
그녀는 수수께끼 같은 메시지를 받았다.

☐ **ephemeral**	단명의

[efémərəl]

Her professional attitude unfortunately was rather **ephemeral**.
그녀의 직업적인 자세는 불행하게도 (그녀를 전문가로서) 단명시켰다.

☐ **errant**	잘못된, 정도를 벗어난, 불륜의

[érənt]

They were killed by an **errant** bomb.
그들은 폭탄이 잘못 터지는 바람에 목숨을 잃었다.

☐ **eulogistic**	찬사의, 찬양하는

[jùːlədʒístik]

A **eulogistic** speech is usually given at a memorial service.

★★ 찬사하는 연설은 대부분 기념식에서 한다.

□ **excessive**	과도한, 극단적인
[iksésiv] ★★	I do think the sentence is just a tad **excessive**. 나는 그 판결이 조금 과하다고 생각한다.

□ **exotic**	외래의, 이국풍의, 색다른, 매혹적인
[igzátik] ★	This is an **exotic** animal. 이것은 외래 동물이다.

□ **expeditious**	신속한
[ìkspədíʃəs]	They seek an **expeditious** resolution. 그들은 신속한 결단을 요구한다.

□ **extravagant**	낭비하는, 낭비벽이 있는, 화려한, 과장된, 사치스러운
[ikstrǽvəgənt] ★★	He is extremely **extravagant**. 그는 대단히 화려하다.

□ **extrinsic**	외적인, 무관한, 우발적인
[ekstrínsik]	It is **extrinsic** to our discussion. 그것은 우리 토론과 관계없다.

□ **factious**	당파적인, 당파심이 강한, 선동적인
[fǽkʃəs]	The new governor is a very **factious** person. 새로운 지사는 당파성이 매우 강한 사람이다.

□ **fate**	운명, 운명의 힘
[féit] ★	He challenged his **fate**. 그는 운명에 맞섰다.

□ **feature**	특징, 특매품, 인기거리
[fíːtʃər] ★	He introduced a new **feature**. 그는 새로운 특징을 알려주었다.

□ **finale**	피날레, 대단원
[fənǽli]	He composed a **finale**. 그는 최종 악장을 작곡했다.

□ **fragmentation**	분열, 분단
[frǽgməntéiʃən] ★★	The king is concerned about the **fragmentation** of his kingdom. 왕은 왕국의 분열을 걱정한다.

□ **frigid**	극한의, 무감동한, 냉담한	
[frídʒəd]	She gave him a **frigid** reception.	
	그녀는 그를 냉담하게 맞이했다.	

□ **gazette**	~신문, 정기 간행물, 관보에 게재하다	
[gəzét]	She has been **gazette** out.	
	그녀는 관보에 게재되었다.	

□ **generality**	일반성, 일반론	
[dʒènərǽləti]	I avoid hasty **generalities**.	
★★	나는 성급한 일반론을 피한다.	

□ **hazardous**	위험한	⊙ disc 2_41
[hǽzərdəs]	It is an extremely **hazardous** condition.	
★	극도로 위험한 상태다.	

□ **heyday**	전성기	
[héidèi]	I am in the **heyday** of life.	
★★	나는 인생의 전성기에 있다.	

□ **histrionic**	배우의, 연기의	
[hìstriánik]	His son has **histrionic** gifts.	
	그의 아들은 배우로서 소질이 있다.	

□ **humane**	인도적인, 잔혹하지 않은	
[hjuːméin]	He lacks **humane** feelings.	
	그에게는 인간적인 감정이 결여되어 있다.	

□ **illicit**	무면허의, 불법의	
[ilísət]	**Illicit** acts will be his downfall.	
★★	무면허 행위는 파멸을(이라는 결과를) 초래한다.	

□ **immature**	미성숙의	
[ìmətúr]	He is too **immature** for the responsibility.	
★	그는 그러한 책임을 지기에는 너무 미숙하다.	

□ **imminent**	절박한	
[ímənənt]	He predicts an **imminent** collapse.	
★	그는 붕괴가 임박함을 예언한다.	

□ **impartial**	공평한	

[ìmpɑ́rʃəl]
★
His judgment must be scrupulously **impartial**.
그의 판단은 엄격하고도 공평해야만 한다.

| □ **imperious** | 방만한, 명령적인, 중대한 |

[ìmpíriəs]
The boss's **imperious** manners are making him enemies.
상사의 방만한 행동은 적을 만든다.

| □ **impermeable** | 통과시키지 않는, 불투과성의 |

[impə́:rmiəbl]
It is a highly **impermeable** substance.
그것은 불투과성이 높은 물질이다.

| □ **implicit** | 절대적인, 무조건적인, 암시된 |

[implísət]
★
Consent was **implicit** in her glance.
그녀의 눈짓에는 동의가 암묵적으로 담겨 있었다.

| □ **impractical** | 비실용적인 |

[imprǽktəkəl]
He winnowed out the **impractical** ideas.
그는 비실용적인 생각을 떨쳐버렸다.

| □ **incisive** | 예리한, 날카로운, 신랄한 |

[ìnsáisiv]
She gave very **incisive** comments.
그녀는 대단히 신랄하게 의견을 피력했다.

| □ **incognito** | (저명한 사람이) 가명으로, 익명으로 |

[ìnkɔ:gní:tou]
He acts **incognito**.
그는 자신의 신분을 숨기듯이 행동한다.

| □ **incredulous** | 믿지 않는 |

[ìnkrédʒələs]
She is wholly **incredulous** of the truth of that story.
그녀는 그 이야기가 진짜라고 전혀 믿지 않는다.

| □ **index** | 색인, 지수, 지표 |

[índeks]
★
I append an **index** to a book.
나는 책에 색인을 덧붙였다.

| □ **inevitable** | 피할 수 없는 |

[inévətəbl]
★★
He paid the **inevitable** penalty.
그는 당연히 벌금을 지불했다.

| □ **inquisitive** | 탐구심이 많은 |

[ìnkwízətiv]
He is **inquisitive** about everything.
그는 무엇이든지 알고 싶어 한다.

☐ **intact**	온전한	

[ìntǽkt]

My trust in you is **intact**.
당신을 신뢰하는 나의 마음은 조금도 흔들리지 않았다.

☐ **interlock**	서로 맞물리다, 연동하다, 연동시키다

[ìntərlàk]
★★

The puzzle is made up of 150 **interlocking** pieces.
퍼즐은 150개의 맞물리는 조각들로 구성되어 있다.

☐ **intractable**	(문제 등이) 아주 다루기 힘든

[ìntrǽktəbl]

He resolved **intractable** conflicts.
그는 해결이 곤란한 분쟁을 해결했다.

☐ **intricate**	복잡한

[íntrəkət]
★

She weaves **intricate** patterns.
그녀는 복잡한 무늬를 짠다.

☐ **inveterate**	상습적인, 완고한, 뿌리 깊은	⊙ disc 2_42

[ìnvétərət]

He is an **inveterate** criminal.
그는 상습범이다.

☐ **juvenile**	젊은, 소년(소녀)의, 소년, 소녀, 청소년, 아동용 도서

[dʒúːvənəl]
★★

We saved a **juvenile** deer in the forest.
우리는 숲에서 어린 사슴을 구했다.

☐ **kinetic**	연동의, 운동으로 인해 일어나는

[kənétik]

Turbines are used to turn the **kinetic** energy of water into electricity.
터빈은 물의 운동에너지를 전기로 변환시키는 데 사용된다.

☐ **manifest**	증명하다

[mǽnəfèst]

He **manifests** his aptitude.
그는 능력을 발휘한다.

☐ **manifesto**	선언, 성명서

[mǽnəféstòu]

He released a **manifesto**.
그는 성명서를 발표했다.

☐ **manipulate**	조종하다, 다루다, 처리하다

[mənípjəlèit]
★

She is easily **manipulated**.
그녀는 간단히 조작할 수 있다.

☐ **manipulation**	교묘한 조작

| [mənìpjəléiʃən] | He performs stock **manipulations**. |
| ★ | 그는 주식을 조작한다. |

□ **metamorphic**	변형의, 변태의
[mètəmɔ́:rfik]	This mountain range contains mostly **metamorphic** rock.
★★	이 산맥의 대부분(의 지층)은 변성암이 함유되어 있다.

□ **momentous**	중대한
[mouméntəs]	It is today's most **momentous** question.
★★	그것은 오늘 가장 중대한 질문이다.

□ **moody**	우울한, 침울한, 쓸쓸한, 변덕스러운
[mú:di]	Her daughter is so **moody**.
	그녀의 딸은 변덕스럽다.

□ **oblivious**	잊어버리고 있는
[əblíviəs]	She seemed totally **oblivious** of his presence.
★★	그녀는 그의 존재를 완전히 잊어버린 것 같았다.

□ **obtuse**	둔감한
[ɑbtú:s]	He is rather **obtuse** about people's feelings.
	그는 타인의 기분에 약간 둔감한 면이 있다.

□ **off limit**	출입 금지 구역(의)
[ɔ́:f límət]	The whole area is **off** limit to civilians.
★	근처 일대는 시민 출입 금지 구역이다.

□ **off-balance**	불안정한, 균형이 깨진, 허를 찔린
[ɔ́:f bǽləns]	She was caught **off-balance** by his remarks.
★	그의 발언이 그녀의 허를 찔렀다.

□ **off-duty**	비번의, 구속 시간 외의
[ɔ́:f dú:ti]	He goes **off-duty**.
	그는 비번이다.

□ **outsized**	특대의, 특대품의
[áutsàizd]	Managers often enjoy **outsized** retirement packages.
★	관리직은 종종 특별 퇴직 혜택을 즐긴다.

| □ **pageantry** | 화려한 행사 |
| [pǽdʒəntri] | I can remember clearly the day when I saw the **pageantry** |

of the Queen's Coronation.
나는 여왕의 장대한 대관식을 본 날을 뚜렷이 기억하고 있다.

□ **paradigm**	발상	
[pǽrədàim] ★★	He represented it as a **paradigm** of its type. 그는 그것을 그 타입의 전형으로 제시했다.	

□ **persecution**	박해	
[pə̀:rsəkjú:ʃən]	We denounced **persecution** of the homeless. 우리는 노숙자들을 박해하는 것을 비난했다.	

□ **perspective**	관점, 전망, 총체적 관점	
[pərspéktiv] ★★	He changed his **perspective**. 그는 사물을 보는 관점을 바꾸었다.	

□ **rap**	비난, 혹평	
[rǽp]	The actor was given a bad **rap** by the media. 그 배우는 미디어에서 혹평을 받았다.	

□ **refined**	정제된, 세련된, 고상한	
[rəfáind] ★	She has **refined** tastes. 그녀의 미각은 뛰어나다.	

□ **remorse**	양심의 가책	⊙ disc 2_43
[rəmɔ́:rs]	He expresses no **remorse**. 그는 양심의 가책을 말로 표현하지 않는다.	

□ **retrieve**	회복하다, 되찾아오다	
[rətrí:v] ★★	He **retrieved** his child from a kidnapper. 그는 유괴범에게서 아이를 되찾아왔다.	

□ **review**	재조사, 복습, 회고, 반성, 비평	
[rìvjú:] ★	He wrote **reviews** for the newspapers. 그는 신문에 비평을 썼다.	

□ **rude**	무례한, 예의 없는, 야만인, 미개의	
[rú:d] ★	He is **rude** to her. 그는 그녀에게 무례하다.	

□ **scavenger**	쓰레기 더미를 뒤지는 사람	
[skǽvəndʒər]	He acted like a **scavenger**.	

그는 쓰레기 더미를 뒤지는 사람처럼 행동했다.

□ **siren**	사이렌

[sáirən]
They sound a siren.
그들은 사이렌을 울린다.

□ **sludge**	진흙, 진창, 침전물

[slʌdʒ]
Sludge was clogging the sewer pipes.
침전물이 하수관을 막고 있었다.

□ **sojourn**	단기 체류

[sóudʒərn]
He was on a year's sojourn in NY.
그는 1년간 뉴욕에 단기 체류했다.

□ **solar eclipse**	일식

[sóulər iklíps]
We observe the solar eclipse between slowly moving clouds.
우리는 천천히 이동하는 구름 사이에서 일식을 관찰한다.

□ **solicitation**	애원, 청원, 유혹

[səlìsətéiʃən]
★★
He makes a solicitation for money.
그는 돈을 구걸한다.

□ **splice**	접속

[spláis]
He makes an editing splice in a film.
그는 필름을 이어 붙여서 편집한다.

□ **substantial**	상당한

[səbstǽnʃəl]
★
I made substantial efforts to get his job.
나는 그가 취직할 수 있도록 꽤 많은 노력을 했다.

□ **superstitious**	미신적인

[sùːpərstíʃəs]
She is deeply superstitious.
그녀는 미신을 엄청나게 믿는다.

□ **tentative**	잠정적인

[téntətiv]
★
Can we reach a tentative agreement today?
오늘 잠정적인 합의에 도달할 수 있을까요?

□ **terrorism**	테러 행위, 테러리즘, (정부에 의한) 공포정치

[térərìzəm]
They crush terrorism.

| ★ | 그들은 테러를 진압한다. |

☐ **through**	철저한
[θɔ́:rou]	He needs an absolutely **through** checkup.
★	그는 정말로 철저한 조사가 필요하다.

☐ **triathlon**	철인 3종 경기
[traiǽθlən]	She regularly competes in **triathlons**.
	그녀는 언제나 철인 3종 경기를 완주한다.

☐ **triumph**	승리, 정복
[tráiəmf]	She didn't have long to enjoy her **triumph**.
	그녀는 언제까지나 승리를 기뻐할 수만은 없었다.

☐ **turbulence**	격변, 동요
[tə́:rbjələns]	The **turbulence** has racked the country for the past 20 months.
★★	그 나라는 20개월 동안 반란으로 고통받고 있다.

☐ **uncertain**	불확실한, 미정의, 변하기 쉬운
[ənsə́:rtən]	We are still **uncertain** about our future.
★	우리는 우리의 장래에 대해 여전히 불확실하다.

☐ **unshakable**	흔들리지 않는, 부동의
[ənʃéikəbl]	He has established an **unshakable** standing as a leader of reform.
	그는 개혁의 지도자로서 부동의 지위를 쌓아가고 있다.

☐ **uptick**	(사업, 경기의) 상승 기세	⊙ disc 2_44
[ʌ́ptìk]	An **uptick** of violent crime was noted in the last year.	
	작년에는 폭력 범죄가 약간 증가했다.	

☐ **veracity**	진실성
[vərǽsəti]	The **veracity** of his statement has been questioned.
	그의 공술에 대한 정당성이 의문시되고 있다.

☐ **verdict**	평결
[və́:rdikt]	The **verdict** was announced in court.
★★	법정에서 평결이 선고되었다.

☐ **yellow journalism** 선동적 저널리즘
[jélou dʒə́:rnəlìzm] I am afraid that he has been influenced by **yellow**

journalism.

나는 그가 선동적 저널리즘의 영향을 받았다고 생각한다.

☐ **Yellow Pages**	**업종별 전화번호부**

[jélou péidʒəz]
★

Why don't you use the **Yellow Pages**?

업종별 전화번호부를 사용하는 것이 어떻습니까?

의료

미국에서는 비싼 의료비 때문에 병의 치료는 대부분 근처 약국에서 약을 사 먹는 것으로 시작합니다. 또한 의사의 치료를 손쉽게 받을 수 없으며, 긴급 의료와 엄격히 구분되어 있습니다. 따라서 평소에도 의료에 관한 시민의 관심이 높으며 매스컴에서도 이 주제를 빈번히 다룹니다.

☐ **ablution** 입욕 설비, 세면 설비 ⊙ disc 2_45

[əblúːʃən]
I make my **ablutions**.
나는 몸을 씻는다.

☐ **abortive** 수포로 돌아간, 유산의

[əbɔ́ːrtiv]
He made an **abortive** attempt.
그의 시도는 수포로 돌아갔다.

☐ **acephalous** 무두(無頭)류의

[eiséfələs]
Earth worms are **acephalous** animals.
지렁이는 무두동물이다.

☐ **acetic** 초산의

[əsíːtik]
Acetic acid gives vinegar its unique taste and smell.
식초에 포함된 초산이 식초의 맛과 향을 독특하게 만든다.

☐ **acidulous** 약산성의

[əsídʒuləs]
The new skin care product our company has recently developed is **acidulous**.
우리 회사가 최근에 개발한 새로운 스킨케어 제품은 약산성이다.

☐ **addiction** 중독 ⊙ disc 2_46

[ədíkʃən]
Those drugs cause **addiction**.

| ★★ | 그 약물들은 중독된다. |

| □ **adipose** | **지방이 많은, 지방성의** |
| [ǽdəpòus] | Nowadays we can surgically remove a layer of adipose tissue under the skin.
최근에는 피하지방 조직을 외과적으로 제거할 수 있다. |

| □ **aftereffect** | **후유증** |
| [ǽftərəfèkt]
★ | He works hard to rehabilitate himself from the disease's aftereffects.
그는 후유증 회복 훈련에 열심히 임하고 있다. |

| □ **agnostic** | **실인증의, 불가지론의** |
| [æɡnástik] | This clinic is famous for its unique treatment of agnostic patients.
이 클리닉은 실인증 환자에 대한 독특한 치료로 유명하다. |

| □ **amnesia** | **기억상실** |
| [æmníːʒə]
★★ | After the accident she suffered from partial amnesia.
그 사고 후, 그녀는 일시적인 기억상실을 앓았다. |

| □ **amputate** | **(손발을) 절단하다** |
| [ǽmpjətèit] | He amputated a leg.
그는 한쪽 발을 절단했다. |

| □ **analgesic** | **무통각의, 진통제** |
| [æ̀nəldʒíːsik] | To counter the pain the doctor gave him an analgesic.
통증을 가라앉히기 위해 의사는 그에게 진통제를 투여했다. |

| □ **anemia** | **빈혈** |
| [əníːmiə] | Anemia was the cause of her frequent fainting.
그녀는 빈혈 때문에 자주 기절했다. |

| □ **anesthetic** | **마취약, 마취의** |
| [æ̀nɔsθétik]
★★ | I'll use a local anesthetic.
나는 국부 마취를 사용할 것이다. |

| □ **anorexia** | **거식증** |
| [æ̀nəréksiə] | She is an anorexia patient.
그녀는 거식증 환자이다. |

| □ **antidote** | **해독제** |

[ǽntədòut] If you can take the antidote in time you will be all right.
늦기 전에 이 해독제를 먹으면 괜찮을 것이다.

☐ **aphasia** 실어증

[əféiʒə] Their child is suffering from aphasia.
그들의 아이는 실어증이다.

☐ **appetite** 식욕, (생리적 · 정신적) 욕구, 기호

[ǽpətàit] Her appointment to the position did little to appease her appetite for power.
그녀는 그 지위에 임명되었지만 권력욕을 조금밖에 충족시킬 수 없었다.

☐ **artery** 동맥

[ɑ́rtəri] The artery was blocked.
동맥이 막혔다.

☐ **arthritis** 관절염

[ɑrθráitəs] He suffered from bad arthritis in all of his joints.
그는 모든 관절에 심한 관절염을 앓고 있었다.

☐ **ashen** 재의, 핏기가 없는

[ǽʃən] She looked at the ghost with an ashen face.
그녀는 창백한 얼굴로 유령을 쳐다봤다.

☐ **assay** (광석, 합금을) 시금하다, (약물을) 평가분석하다, 조사하다

[æséi] Assay the situation and tell him your solutions.
상황을 분석해서 그에게 해결책을 말하십시오.

☐ **astigmatism** 난시

[əstígmətìzm] He wore special glasses to counter his astigmatism.
그는 난시용 안경을 끼고 있다.

☐ **atrophy** (영양 부족에 의한) 위축증, (기능의) 퇴화, 위축시키다

[ǽtrəfi] After wearing a cast many weeks, her arm muscles had atrophied considerably.
그녀는 몇 주간이나 깁스를 했기 때문에 다리 근육이 상당히 쇠약해져 있었다.

☐ **auscultation** 청진법, 청문 (⊙ disc 2_47)

[ɔ̀ːskəltéiʃən] The doctor asks you to take a deep breath during auscultation of the chest.

의사는 가슴을 청진할 때 심호흡을 하도록 지시한다.

☐ **autopsy**	부검, 검시, 상세한 비판 분석
[ɔ́:tɑpsi] ★★	He refused to allow an **autopsy**. 그는 부검을 인정하지 않았다.

☐ **bereave**	목숨을 빼앗다
[bərí:v]	An accident **bereaved** them of their only son. 그들은 사고로 외아들을 잃었다.

☐ **bereft**	**bereave**의 과거형
[bəréft]	We supply mental care for **bereft** families. 우리는 남겨진 가족에게 정신적인 보호를 해주고 있다.

☐ **bilious**	담즙의, 성질이 나쁜
[bíliəs]	I am treated for a **bilious** pneumonia. 나는 담즙성 폐렴 치료를 받고 있다.

☐ **blighted**	병을 앓고 있는, 파괴된
[bláitəd]	Years of neglect have left the city **blighted**. 몇 년간의 태만이 도시를 파괴해버렸다.

☐ **blister**	(피부의) 물집, 수포, 기포
[blístər]	I got a **blister** on my palm. 나는 손바닥에 물집이 잡혔다.

☐ **bronchitis**	기관지염
[brɑŋkáitəs]	His **bronchitis** developed into pneumonia. 그의 기관지염은 폐렴으로 악화되었다.

☐ **brutality**	학대
[bru:tǽləti]	He endured their **brutality** for years. 그는 몇 년이나 그들의 잔인한 행동을 견뎠다.

☐ **buxom**	토실토실한, 가슴이 풍만한
[bʌ́ksəm]	She is a **buxom** woman. 그녀는 토실토실한 여성이다.

☐ **cadaver**	사체
[kədǽvər]	There were many human **cadavers** at the site where the suicide bomb had exploded. 자폭 테러 현장에는 많은 사체가 있었다.

□ **cadaverous**	죽은 사람 같은, 창백한, 말라빠진

[kədǽvərəs]
The rough treatment at the concentration camp made him become cadaverous.
그는 강제수용소에서 가혹한 대우를 받아 수척해졌다.

□ **callous**	무감각한

[kǽləs]
He is coldly callous.
그는 냉정하게도 동정의 빛조차 보이지 않는다.

□ **cancerous**	암의, 암에 걸린

[kǽnsərəs]
His doctor determines if a gastric ulcer is cancerous.
그의 주치의는 위궤양이 암인지의 여부를 판단한다.

□ **capillary**	털의, 모세관의, 모세혈관

[kǽpəlèri]
The doctor told me that some of the capillaries in my fingers were damaged.
의사는 내 손끝의 모세혈관 일부가 손상을 입었다고 했다.

□ **carcass**	사체

[kɑ́rkəs]
Many vultures were flying around the carcass of a baby elephant.
많은 독수리가 새끼 코끼리 사체의 주위를 날고 있었다.

□ **carrion**	썩은 고기, 부패

[kériən]
Vultures eat carrion.
(콘도르 등) 대형 맹금은 썩은 고기를 먹는다.

□ **cathartic**	정신 정화 작용이 있는, 배변 작용이 있는, 하제

[kəθɑ́rtik]
This medication is cathartic.
이 약은 배변을 촉진시킨다.

□ **caustic**	부식성의, 신랄한

[kɔ́ːstik]
Her comments were bitterly caustic.
그녀의 논평은 대단히 신랄했다.

□ **cauterize**	(상처 등을) 지지다, 전기 메스로 자르다

[kɔ́ːtəràiz]
He cauterized a wound.
그는 상처를 소작(지짐술)했다.

□ **cerebral**	(대)뇌의

[sérəbrəl]
★★
My grandfather suffered from cerebral infarction.
나의 할아버지는 뇌경색을 앓고 계셨다.

☐ **cerebration**	대뇌 기능, 정신 활동	⊙ disc 2_48

[sèrəbréiʃən]
The doctor studies unconscious **cerebration**.
그 의사는 무의식적 대뇌 작용을 연구하고 있다.

☐ **chiromancy**	손금 보기

[káirəmǽnsi]
I don't believe in **chiromancy**.
나는 손금 점은 믿지 않는다.

☐ **chiropodist**	발 치료 의사

[kirápədist]
I should go to see a **chiropodist**.
나는 발 치료 의사에게 진료 받으러 가야 한다.

☐ **claustrophobia**	폐쇄 공포증

[klɔ̀:strəfóubiə]
He suffers from **claustrophobia**.
그는 폐쇄 공포증이다.

☐ **clavicle**	쇄골

[klǽvəkəl]
The lady fell and broke her **clavicle**.
그 부인은 넘어져서 쇄골이 부러졌다.

☐ **clone**	클론, 클론 세포, ~을 무성 생식하다, ~을 복제하다

[klóun]
★★
It is illegal to make human **clones**.
인간의 클론화는 위법이다.

☐ **colon**	결장

[kóulən]
He will have his **colon** surgically removed.
그는 외과 수술로 결장을 적출할 것이다.

☐ **comatose**	혼수상태인, 혼수의

[kóumətóus]
★★
He became **comatose**.
그는 혼수상태에 빠졌다.

☐ **comity**	예의, 예절

[kóumìti]
International **comity** is important in foreign diplomacy.
국제 예절은 외교에 있어서 중요하다.

☐ **contraceptive**	피임의

[kàntrəséptiv]
She took emergency **contraceptive** pills to avoid becoming pregnant.
그녀는 임신하지 않도록 긴급 피임약을 먹었다.

☐ **corporeal**	육체의, 물질적인

[kɔːrpɔ́ːriəl]	One has to tend to one's **corporeal** needs. 인간은 몸이 원하는 필요 물질에 주의해야 한다.

corpulent
비만의

[kɔ́ːrpjulənt]	Recently she has gotten slightly **corpulent**. 최근에 그녀는 약간 비만의 기미가 보인다.

corrosive
부식하는, 좀먹는, 유해한

[kəróusiv]	They withstood the **corrosive** forces. 그것들은 부식하지 않고 유지되었다.

cortex
대뇌피질

[kɔ́ːrteks]	That is the cerebral **cortex**. 저것이 대뇌피질이다.

delirium
일시적 정신 착란

[dəlíriəm]	He suffers from **delirium**. 그는 착란 상태에 빠진다.

denudation
발가벗김

[dènjudéiʃən]	He had a quite bit of rocky shore **denudation**. 그는 바위 둔치에서 살갗이 꽤 탔다.

depilate
탈모하다

[dépəlèit]	She is busy **depilating** her legs. 그녀는 다리 탈모에 바쁘다.

depilatory
탈모제

[dəpílətɔ̀ːri]	I like the **depilatory** you gave me the other day. 나는 요전번에 네가 준 탈모제가 마음에 든다.

diaphragm
횡격막

[dáiəfræm]	It hit him just below the **diaphragm**. 그것은 그의 횡격막 조금 밑에 부딪쳤다.

dipsomaniac
알코올 중독자

[dìpsəméiniæk]	I work at a care facility for the **dipsomaniac**. 나는 알코올 중독자를 위한 시설에서 일한다.

dissection
절개, 해부, 상세한 조사

[daisékʃən]	I performed a **dissection**. 나는 해부를 했다.

| □ **eczema** | 아토피성 피부염, 습진 | |

[éksəmə]
★

Her **eczema** is really itchy.
그녀는 아토피성 피부염에 걸려 매우 가렵다.

| □ **efficacy** | 효험, 약효 |

[éfikæ̀si]

I reduce the **efficacy** of a drug.
나는 약효를 줄인다.

| □ **effusion** | (액체, 피 등의) 유출, 유출물 |

[ifjú:ʒən]

In case of an excessive **effusion**, we have to consider a possibility of blood transfusion.
만일 대량의 출혈이 있는 경우를 대비해 수혈 가능성에 대해서도 생각해둬야 한다.

| □ **embody** | 육체화하다, (사상, 감정이) 구체화되다 |

[embádi]
★★

The student **embodies** the ideal of athlete-scholar.
그 학생은 운동생리학의 이상을 구체화한다.

| □ **embryonic** | 태아의, 배아의 |

[èmbriánik]

The discussion about **embryonic** stem cells is continuing.
태아의 줄기세포에 대한 토론이 계속되고 있다.

| □ **emetic** | 구토제 |

[əmétik]

The doctor gave an **emetic** to the child.
의사는 아이에게 구토제를 주었다.

| □ **endocrine** | 내분비의 |

[éndəkrən]

An endocrinologist specializes in the **endocrine** system.
내분비과 의사는 내분비계의 전문가이다.

| □ **endocrine gland** | 내분비선 |

[éndəkrən glǽnd]

The doctor detected some abnormality in my **endocrine gland**.
의사가 나의 내분비선에서 의심되는 것을 발견했다.

| □ **endoscope** | 내시경 |

[éndəskə̀oup]

They use **endoscope** as the first diagnostic procedure.
그들은 최초의 진단법으로 내시경을 사용한다.

| □ **epitaph** | 묘비명 |

[épətæf]

He wrote an **epitaph** on his father's tomb.

그는 아버지의 묘에 비명을 썼다.

| □ **erode** | 부식하다, 침식하다 |

[iróud]

Our relationship had been **eroded** by bitterness and suspicion.
우리의 관계는 적의와 의혹으로 인해 금이 갔다.

★

| □ **erotic** | 성애의, 관능적인 |

[irátik]

We see a big **erotic** tradition in French literature.
우리는 프랑스 문학에서 에로티시즘의 흐름을 본다.

| □ **escapade** | 무모한 장난 |

[éskəpèid]

It's a schoolboy **escapade**.
그것은 남자아이가 할 법한 장난이다.

| □ **euthanasia** | 안락사 |

[jù:θənéiʒə]

He promoted active **euthanasia**.
그는 (죽음을 앞당기는 처치를 하는) 적극적 안락사를 장려했다.

| □ **exigency** | (긴급 대칙을 필요로 하는) 사태 |

[éksidʒənsi]

They met the **exigencies** of the moment.
그들은 급박한 정세에 직면했다.

| □ **fetal** | 태아의 |

[fí:təl]

Excessive alcohol consumption during pregnancy is harmful for the **fetal** development.
임신 중에 과도한 알코올 섭취는 태아의 발육에 해를 끼친다.

| □ **fleck** | 반점, 얼룩, 쪼가리 |

[flék]

He has a white shirt with **flecks** of blue.
그는 파란 반점이 있는 하얀 와이셔츠를 가지고 있다.

| □ **florid** | 혈색이 좋은, 화려한, 장식이 많은 |

[fló:rəd]

She is **florid** of face.
그녀는 혈색이 좋은 얼굴을 하고 있다.

| □ **generic** | 속에 특유한, 일반적인, 노브랜드의, 상표 등록이 되어 있지 않은 |

[dʒenérik]

People buy drugs from **generic** brands because they are usually cheaper.
상표 등록이 되어 있지 않은 약이 대체적으로 저렴하므로 사람들은 그 약을 산다.

☐ **geriatric** 노인병(학)의, 노인(용)의

[dʒèriǽtrik] She received grant for her **geriatric** research.
그녀는 노인병 연구에 대한 조성금을 받았다.

☐ **germinal** 새싹의, 배종의, 생식세포의 (⊙ disc 2_50)

[dʒə́:rmənl] My new novel is still its **germinal** stage.
나의 새 소설은 아직 초기 단계이다.

☐ **gestate** ~을 잉태하다, (생각이나 의견을) 마음속에 서서히 무르익게 하다

[dʒéstèit] The ideas were **gestating** in her mind.
그 아이디어는 그녀의 머릿속에서 다듬어졌다.

☐ **gestation** 임신, (사상 등의) 형성

[dʒestéiʃən] The animal has a short **gestation**.
그 동물은 임신 기간이 짧다.

☐ **gibbet** 교수대

[dʒíbit] He was condemned to the **gibbet**.
그는 교수형을 선고받았다.

☐ **glut** 배불리 먹이다, (시장에서 상품 등을) 과잉 공급하다

[glʌ́t] She **gluts** herself on sweets.
그녀는 단 음식을 질릴 정도로 먹는다.

☐ **gluttonous** 많이 먹는, 탐욕스러운

[glʌ́tənəs] He has a **gluttonous** appetite.
그는 식탐이 많다.

☐ **gourmand** 식도락가, 미식가

[guərmɑ́:nd] He is a **gourmand**.
그는 미식가이다.

☐ **gourmandize** 미식을 즐기다, 식도락이다

[guərmandíːz] They are **gourmandizing** again.
그들은 또 식도락을 즐기고 있다.

☐ **granular** 과립상의

[grǽnjələr] It is hard for children to swallow **granular** medicine.
과립상의 약은 아이들이 먹기 힘들다.

☐ **gypsum** 깁스, 석고

[dʒípsəm]　This walls is made of **gypsum** board.
이 벽은 석고 보드로 되어 있다.

☐ **hybrid**	교배종, 혼합물

[háibrəd]　They create a **hybrid**.
★　그들은 잡종을 만들어낸다.

☐ **hypochondriac**	심기증의

[hàipəkándriæk]　As a **hypochondriac** he believes himself ill all the time.
심기증 환자인 그는 항상 자신이 병에 걸려 있다고 생각한다.

☐ **impotent**	무기력한, 무력한, 성적 불능의

[ímpətənt]　He was **impotent** to deal with the situation.
그는 그 사태에 대처할 힘이 없었다.

☐ **incubation**	부화, 배양

[ìŋkjuːbéiʃən]　The **incubation** temperature is 49 degree Celsius.
★　배양 온도는 섭씨 49도이다.

☐ **infarction**	경색(증), 경색이 발생하는 것

[ìnfárkʃən]　My grandfather died of cardiac **infarction**.
나의 조부는 심근경색으로 돌아가셨다.

☐ **infirmary**	진료소

[ìnfə́ːrməri]　They have a very well-equipped **infirmary**.
그들은 설비가 잘 갖춰진 진료소를 소유하고 있다.

☐ **infirmity**	허약, 병약, 무기력

[ìnfə́ːrməti]　She succumbs to the **infirmities** of age.
그녀는 나이가 들어서 병약하다.

☐ **ingest**	섭취하다

[indʒést]　He **ingests** alcohol.
그는 알코올을 섭취한다.

☐ **inhalation**	흡입

[ìnhəléiʃən]　The **inhalation** of diesel fumes can lead to health complications.
★★　디젤 배기가스의 흡입은 합병증을 유발할 가능성이 있다.

☐ **inoculate**	예방 접종을 하다

[inákjəlèit]　　He **inoculated** against malaria.
그는 말라리아 예방 접종을 했다.

| □ **insomnia** | 불면증 |

[ìnsámniə]　　He suffers **insomnia**.
★　　그는 불면증이다.

| □ **integument** | 외피, 피부, 껍질 |

[intégjəmənt]　　The doctor cut through the **integument** to get at the organ.
의사는 그 조직을 얻기 위해 외피를 잘랐다.

| □ **inter** | 매장하다, 묻다 | ⊙ disc 2_51 |

[intə́:r]　　His body was quickly **interred**.
그의 사체는 바로 매장되었다.

| □ **interment** | 매장, 토양 |

[intə́:rmənt]　　She attended his **interment** in the family grave.
그녀는 가족 묘지에서 있었던 그의 매장에 참여했다.

| □ **intravenous** | 정맥의 |

[ìntrəví:nəs]　　The patient needs an **intravenous** drip.
그 환자에게는 정맥 점적이 필요하다.

| □ **irradiate** | 방사하다 |

[iréidièit]　　They **irradiate** milk with ultraviolet rays.
그들은 우유에 자외선을 방사한다.

| □ **jaundice** | 황달 |

[dʒɔ́:ndəs]　　He has **jaundice**.
그는 황달이 있다.

| □ **jaundiced** | 황달의, 편견의 |

[dʒɔ́:ndəst]　　He is a **jaundiced** patient.
그는 황달 환자이다.

| □ **jawbone** | 턱뼈, 신용 |

[dʒɔ́:bòun]　　He broke his **jawbone**.
그는 턱뼈가 부러졌다.

| □ **jitter** | 안절부절 |

[dʒítər]　　She gives me the **jitters**.

★★　　　　　　　그녀는 나를 안절부절 못하게 한다.

□ **jittery**	신경과민인, 불안한
[dʒítəri]	I have a jittery feeling. 나는 불안하다.

□ **keloid**	켈로이드
[kíːlɔid]	She doesn't want to show a keloid on her arm. 그녀는 팔에 있는 켈로이드를 보여주고 싶어 하지 않는다.

□ **kibe**	튼 곳, 동상
[káib]	My foot hurts from kibe. 내 발은 동상으로 아프다

□ **kidney**	신장
[kídni]	His kidneys are now functioning normally. 지금은 그의 신장 기능이 정상적이다.

□ **kleptomaniac**	도벽이 있는 사람
[klèptəméiniæk]	He is a kleptomaniac. 그는 도벽이 있다.

□ **lacerate**	찢다
[lǽsərèit]	He suffers from a lacerated tendon. 그는 힘줄이 손상되어 고통받고 있다.

□ **lame**	절름발이의
[léim]	He goes lame. 그는 절름발이가 된다.

□ **latency period**	반응 기간, (병의) 잠재기
[léitənsi píriəd]	The latency period of this disease is around 10 days. 이 병의 잠복 기간은 약 10일이다.

□ **lesion**	병변 손상
[líːʒən]	He received treatment for a red lesion on his hand. 그는 손에 생긴 빨간 병변을 치료받았다.

□ **leukemia**	백혈병
[luːkíːmiə]	He contracted leukemia. 그는 백혈병에 걸렸다.

☐ **ligament**	인대	
[lígəmənt]	He repairs a torn ligament.	
	그는 파열된 인대를 치료한다.	

☐ **longevity**	장수	
[lɔːndʒévəti]	I enjoy longevity.	
	나는 장수를 즐긴다.	

☐ **macerate**	액체에 담가 불리다, 쇠약해지다	
[mǽsərèit]	She is macerated with care.	
	그녀는 걱정으로 쇠약해진다.	

☐ **malicious**	악의적인, 심술궂은	
[məlíʃəs]	They discovered a malicious tumor in his brain.	
	그들은 그의 뇌에서 악성 종양을 발견했다.	

☐ **malpractice**	의료 과실	⊙ disc 2_52
[mæ̀lprǽktəs] ★	He alleges malpractice.	
	그는 의료 과실이 있었다고 주장한다.	

☐ **marrow**	골수	
[mǽrou]	He donated marrow.	
	그는 (이식을 위해) 골수를 제공했다.	

☐ **matrix**	모체, 기반, 주형, 세포간질	
[méitriks]	Skin consists of a matrix of collagen.	
	피부는 콜라겐을 기질(基質)로 구성되어 있다.	

☐ **menstrual**	월경의	
[ménstruːəl]	She regulated her irregular menstrual cycles.	
	그녀는 불규칙한 월경 주기를 정상 상태로 돌렸다.	

☐ **moribund**	빈사의	
[mɔ́ːrəbənd]	They got the economy out of its moribund state.	
	그들은 경제를 빈사 상태에서 탈출시켰다.	

☐ **mortality**	사망률	
[mɔːrtǽləti]	They predict the mortality of cancer.	
	그들은 암 사망률을 예측한다.	

☐ **mucus**	점액	

[mjú:kəs]　　He expelled mucus.
그는 가래를 뱉었다.

| □ **neuter** | 중성의, 무성의 |

[nú:tər]　　My dog is neutered.
나의 개는 거세되었다.

| □ **noxious** | 유해한, 건강에 나쁜 |

[nɑ́kʃəs]　　Noxious fumes entered the car.
유해한 가스가 차 안으로 들어왔다.

| □ **obituary** | 사망 기사 |

[oubítʃu:èri]　　He writes an obituary.
★　　그는 사망 기사를 적는다.

| □ **obstetrics** | 산과학 |

[əbstétriks]　　She studies obstetrics.
그녀는 산과학을 공부하고 있다.

| □ **odor** | 냄새 |

[óudər]　　I destroy an odor.
★　　나는 냄새를 지운다.

| □ **oncology** | 종양학 |

[ɑŋkɑ́lədʒi]　　I want to study oncology.
나는 종양학을 공부하고 싶다.

| □ **ooze** | 스며 나오다, 새어 나오다, (상처 등이) 수분을 배어나게 하다, 분비 |

[ú:z]　　It is sticky ooze.
그것은 끈적끈적한 분비물이다.

| □ **ophthalmic** | 눈의, 안과의 |

[ɑfθǽlmik]　　I need ophthalmic treatment.
나는 안과 치료가 필요하다.

| □ **orthodontics** | 치과 교정술 |

[ɔ̀:rθədɑ́ntiks]　　The insurance does not cover orthodontics.
그 보험은 치과 교정은 제외한다.

| □ **orthopedic** | 정형외과에 관한 |

[ɔ̀:rθəpí:dik]　　The orthopedic surgeon entered the room.
정형외과의가 방에 들어왔다.

☐ **orthopedist** 정형외과 의사

[ɔ̀:rθəpíːdəst]
She is an orthopedist.
그녀는 정형외과 의사이다.

☐ **ovary** 난소

[óuvəri]
She does not have cancer of the ovaries.
그녀는 난소암이 아니다.

☐ **oviduct** 난관

[óuvədʌ̀kt]
The oviduct is blocked.
난관이 막혀 있다.

☐ **panacea** 만능 약

[pæ̀nəsíːə]
I seek a panacea in serum therapy.
나는 혈청요법에서 만병통치약을 찾는다.

☐ **pancreas** 췌장

[pǽnkriəs]
Her pancreas is inflamed.
그녀의 췌장에 염증이 생겼다.

☐ **paralyze** 마비시키다   (⊙ disc 2_53)

[pérəlàiz]
The traffic accident left him completely paralyzed.
교통사고로 그의 신체가 완전히 마비되었다.

☐ **paramedic** 구급 의료사

[pérəmèdik]
He has first aid or paramedic training.
그는 응급 처지 혹은 구급 의료사 훈련을 받고 있다.

☐ **pasteurize** 저온 살균을 하다

[pǽstʃəràiz]
Milk always gets pasteurized.
우유는 언제나 저온 살균된다.

☐ **pathology** 병리학의

[pəθάlədʒi]
Why do you study pathology?
왜 병리학을 공부합니까?

☐ **paucity** 부족, 결핍

[pɔ́ːsəti]
I bemoan the paucity of good arguments in this discussion.
나는 이 토론에서 뛰어난 논거가 부족한 것에 대해 대단히 유
★★   감스럽게 생각한다.

☐ **pediatrician** 소아과 의사

[pìːdiɔtríʃən] She takes her baby to a pediatrician.
그녀는 아기를 소아과 의사에게 보인다.

☐ **pedigree** 혈통

[pédəgrì] He is a man of doubtful pedigree.
그는 어디 혈통인지를 모르는 사람이다.

☐ **pharmaceutical** 제약의, 약학의, 약제의

[fàrməsúːtikəl] The pharmaceutical industry is in a downturn.
★ 제약업은 침체 기미다.

☐ **pituitary** 뇌하수체

[pətúːətèri] My pituitary (gland) does not function properly.
내 뇌하수체는 정상적으로 기능하고 있지 않다.

☐ **plague** 전염병

[pléig] He caught the plague.
그는 전염병에 걸렸다.

☐ **posterity** 자손

[pɑstérəti] We must pass down our history to posterity.
우리는 자손에게 역사를 전해야 한다.

☐ **prescribe** 처방하다

[prəskráib] She regularly prescribed antibiotics for this condition.
그녀는 이 증상에 언제나 어김없이 항생물질을 처방했다.

☐ **prostate** 전립선

[prɑ́stèit] Cancer of the prostate is fairly common.
전립선암은 꽤 일반적이다.

☐ **recurrent** 재발성의

[rikə́ːrənt] Mary had recurrent bouts of anxiety.
메리에게는 다시 재발할지도 모른다는 걱정거리가 있었다.

☐ **renal** 신장의

[ríːnəl] He died of a renal disease.
그는 신장 질환으로 죽었다.

☐ **resilience** 회복력

[rəzíliəns]	Her swift recovery showed remarkable **resilience**. 그녀는 놀랄 만한 회복력을 보여주었다.

□ **respiratory** — 호흡기관의

[réspərətɔ́:ri]	Let's study the **respiratory** system. 호흡기관의 시스템에 대해 공부해 봅시다.

□ **respire** — 호흡하다

[rispáir]	He **respired** water and nearly drowned. 그는 물을 많이 들이마셔서 거의 죽을 뻔했다.

□ **restrain** — 억제하다, 제지하다

[ristréin]	He **restrained** tears with difficulty. 그는 겨우 눈물을 억제했다.

□ **resuscitation** — 소생

[rəsʌ́sətèiʃən]	He applied mouth-to-mouth **resuscitation**. 그는 입으로 불어넣는 식의 인공호흡법을 실시했다.

□ **retina** — 망막

[rétənə] ★★	He has a detached **retina**. 그는 망막박리를 앓고 있다.

□ **salinity** — 염분

[səlínəti] ★★	Please do some **salinity** adjustment in your diet. 식사 시에 염분을 조절하세요.

□ **saliva** — 침　　　　　　　　　　　　　⊙ disc 2_54

[səláivə] ★★	I spat out some **saliva**. 나는 침을 조금 뱉었다.

□ **scar** — 흉터, 흉터를 남기다

[skɑ́:r]	He bears a **scar**. 그는 흉터가 있다.

□ **scent** — 냄새

[sént] ★★	He detected a **scent**. 그는 냄새를 맡았다.

□ **secrete** — 분비하다

[sikrí:t]	Endocrine glands **secrete** hormones. 내분비선은 호르몬을 분비한다.

□ **serum**	혈청
[sírəm]	He tests a **serum**. 그는 혈청을 테스트한다.

□ **snout**	(돼지 등의) 코
[snáut]	The dog's **snout** had been injured by the porcupine. 개는 소마기로 인해 코에 상처를 입었다.

□ **spleen**	비장
[splíːn]	They removed his **spleen**. 그들은 그의 비장을 적출했다.

□ **sterile**	살균한
[stérəl]	A lack of **sterile** needles has contributed to the spread of hepatitis C. 소독 침이 부족한 것은 C형 감염 확대의 원인이 된다.

□ **suppression**	진압, 억압
[səpréʃən]	The drug can only achieve the temporary **suppression** of the symptoms. 그 약은 증상을 일시적으로 억제시킨다.

□ **surgeon**	외과의
[sə́ːrdʒən]	The **surgeon** operated on him yesterday. 어제 그 외과의가 그를 수술했다.

□ **surgery**	외과의학, 외과적 처치, 수술
[sə́ːrdʒəri] ★★	The doctor performed **surgery**. 의사는 외과 수술을 했다.

□ **symptom**	증상
[símptəm] ★	This medicine alleviates the **symptoms** of a disorder. 이 약이 증상을 완화시킨다.

□ **tendon**	힘줄, 건
[téndən]	She stretched a **tendon**. 그녀는 힘줄을 폈다.

□ **thyroid**	갑상선
[θáirɔid]	He died of cancer of the **thyroid**. 그는 갑상선 암으로 죽었다.

☐ **transfusion**	주입
[trǽnsfjúːʒən]	He gave her a blood transfusion. 그는 그녀에게 수혈했다.

☐ **triad**	3인조, 3개 한 벌
[trǽiæd]	I had a fragile histidine triad gene when I was a child. 나는 어렸을 때 FHIT 유전자를 가지고 있었다.

☐ **triage**	(품질의) 선별, 치료 우선순위의 선별
[triɑ́ːdʒ]	In emergency rooms, a triage is done to determine the seriousness of each case. 응급실에서는 각 케이스의 중대함에 따라 치료의 우선순위가 가려진다.

☐ **ulcer**	궤양
[ʌ́lsər] ★★	Stress may cause stomach ulcers. 스트레스가 원인이 되어 위궤양이 되기 쉽다.

☐ **ulcerative**	궤양성의
[ʌ́lsərətiv] ★★	Ulcerative colitis is a chronic bowel disease. 궤양성 대장염은 만성 장 질환이다.

☐ **umbilical**	배꼽의
[əmbílikəl]	The nurse collected some umbilical cord blood. 간호사는 제대혈을 채취했다.

☐ **umbilical cord**	탯줄
[əmbílikəl kɔ́ːrd]	The umbilical cord snapped. 탯줄이 끊어졌다. 〔마음의 지주가 없어졌다.〕

☐ **urine**	소변
[júrən]	I have albumin in the urine. 나는 소변에서 알부민이 나온다.

☐ **uterus**	자궁 (⊙ disc 2_55)
[júːtərəs]	As the baby grows bigger, the uterus will get stretched. 아기가 커지면 자궁도 늘어난다.

☐ **vasectomy**	정관 절제 수술
[væséktəmi]	Vasectomy is one of the most effective methods of contraception. 정관 절제 수술은 피임의 가장 효과적인 방법 중에 하나이다.

☐ **vein**	정맥
[véin]	The nurse could not find a good **vein** in my arm to take a blood sample. 간호사는 채혈하는 데 알맞은 정맥을 찾을 수가 없었다.

☐ **vertebrate**	척추동물
[və́:rtəbrèit] ★	They are **vertebrates**. 그것들은 척추동물이다.

☐ **viral**	바이러스성의
[váirəl]	I had a **viral** infection in Indonesia. 나는 인도네시아에서 바이러스성 감염증에 걸렸다.

☐ **virology**	바이러스학
[vairálədʒi]	My son is studying **virology**. 나의 아들은 바이러스학을 공부하고 있다.

☐ **visceral**	내장의, 장의, 내장을 침범하는, 뱃속으로부터의
[vísərəl]	He reacted with **visceral** anguish. 그는 정서적인 불안에 괴로워했다.

수사 어구

미국인과의 커뮤니케이션을 원활히 진행하려면 적절한 수식어나 어휘를 재치 있게 잘 사용해 대화를 즐길 수 있도록 해야 합니다. 즉물적인 표현밖에 사용할 수 없다면 회화의 폭을 넓힐 수 없습니다. 즉흥적이고 표현이 풍부한 수식어를 사용한다면 회화의 즐거움은 무한대로 커질 것입니다.

☐ **abject**　　비참한　　⊙ disc 2_56

[ǽbdʒekt]

In some countries a majority lives in **abject** poverty.
몇몇 나라에서는 대부분의 사람이 적빈 상태에서 살고 있다.

☐ **abrupt**　　갑작스런

[əbrʌ́pt]
★★

It was an **abrupt** decision.
그것은 갑작스런 결정이었다.

☐ **acerbic**　　떫은, 신랄한

[əsə́:rbik]

The president made an **acerbic** remark at the summit.
수뇌 회의에서 대통령은 의견을 신랄하게 말했다.

☐ **acrid**　　신랄한, 콕 쏘는

[ǽkrəd]

It is an **acrid** remark.
그것은 신랄한 비평이다.

☐ **addle**　　혼란시키다, 혼란한

[ǽdl]

Right now I am **addle** brained.
지금 내 머릿속은 혼란스럽다.

☐ **adjacent**　　인접한　　⊙ disc 2_57

[ədʒéisənt]
★★

This house is **adjacent** to a graveyard.
이 집은 묘지에 인접해 있다.

☐ **adroit**	노련한
[ədrɔ́it]	He is very **adroit** at handling people.
	그는 사람을 다루는 데 매우 노련하다.

☐ **adventitious**	후천성의
[æ̀dventíʃəs]	She suffered from **adventitious** disease.
	그녀는 후천성 병을 앓았다.

☐ **aesthetic**	미의, 미학의
[esθétik]	Her beautiful house satisfied her **aesthetic** sensitivities.
★★	아름다운 집은 그녀의 미적 감각을 만족시켰다.

☐ **affected**	~의 감정을 가진, 잘난 체하는
[əféktəd]	He dresses in a terribly **affected** style.
	그는 대단히 허세를 부린 듯한 스타일의 옷을 입고 있다.

☐ **alarming**	놀랄 만한
[əlɑ́rmiŋ]	The great changes of the past ten years have been **alarming** for them.
★★	그들에게 과거 10년간의 큰 변화는 놀라운 것이었다.

☐ **albeit**	비록 ~일지라도
[ɔːlbíːət]	I have confidence, **albeit** mixed with some nervousness.
	나는 초조하지만 자신이 있다.

☐ **aloft**	공중으로
[əlɔ́ːft]	The plane had trouble getting **aloft** because of the heavy cargo.
	화물이 무거웠기 때문에 그 비행기는 상승하기가 힘들었다.

☐ **ancillary**	부속의, 부가적인
[ǽnsəlèri]	The **ancillary** arguments were laid out first.
	부가적인 주장이 먼저 설명되었다.

☐ **anomalous**	변칙적인, 이례적인
[ənɑ́mələs]	The recent decline in the bond market was **anomalous**.
	최근 채권 시장의 쇠퇴는 이례적이었다.

☐ **apparent**	명백한
[əpérənt]	It is becoming **apparent** that the new boss has no experience in marketing.
★	새로운 상사가 마케팅 부문에서 경험이 없다는 것이 명백해지

고 있다.

□ **arbitrary**	독단적인
[árbətrèri] ★	The king rules in an **arbitrary** manner. 그 왕은 전제적인 통치를 하고 있다.

□ **astray**	길을 잃고
[əstréi]	He went **astray** in transit. 그는 수송 중에 행방불명이 되었다.

□ **astringent**	수축시키는, 엄격한, 떫은
[əstríndʒənt]	The **astringent** taste of green tea is not everybody's liking. 모든 사람이 녹차의 떫은맛을 좋아하지는 않는다.

□ **astute**	통찰력이 있는, 영악한
[əstúːt]	She is **astute** at judging people. 그녀는 사람을 구별하는 데 뛰어나다.

□ **auspicious**	길조의, 순조로운
[ɑspíʃəs]	She made an **auspicious** start. 그녀는 순조롭게 시작했다.

□ **azure**	청색, 담청색
[ǽʒər] ★★	The sea was spreading in front of them like an immense **azure** sheet. 바다는 그들의 앞에 담청색의 거대한 시트처럼 펼쳐져 있었다.

□ **blatant**	뻔뻔스러운, 떠들썩한, 주제넘은
[bléitənt]	It is a **blatant** forgery. 그것은 새빨간 거짓말이다.

□ **blithe**	태평스러운, 쾌활한
[bláið]	She has a **blithe** spirit. 그녀는 쾌활한 성격이디.

□ **boisterous**	난폭한, 떠들썩한, 활기가 넘치는
[bɔ́istərəs]	He gets over-**boisterous**. 그는 신명이 난다.

□ **boorish**	상스러운, 천박한 ⊙ disc 2_58
[búriʃ]	He is **boorish** fellow.

그는 상스러운 녀석이다.

☐ **brindle**	얼룩무늬의

[bríndəl]

It is a brindled cat.
그것은 얼룩무늬 고양이다.

☐ **burly**	건장한

[bə́:rli]

He is burly as a bear.
그는 곰처럼 체격이 좋다.

☐ **canny**	빈틈없이, 영리한

[kǽni]

He has canny hunches about people.
그는 사람을 보는 눈이 갖춰져 있다.

☐ **capacious**	널찍한, 큼직한

[kəpéiʃəs]

He has a capacious belly.
그는 큰 위를 가지고 있다.

☐ **capricious**	변덕스러운, 신뢰할 수 없는

[kəpríʃəs]
★★

She is rather capricious.
그녀는 약간 변덕스럽다.

☐ **carmine**	심홍색의

[kármən]

She was wearing a carmine dress.
그녀는 심홍색의 드레스를 입고 있었다.

☐ **carping**	트집 잡는, 잔소리 심한

[kárpiŋ]

She bypassed the media carping.
그녀는 매스컴의 트집 잡기를 피했다.

☐ **chary**	주의 깊은, 신중한

[tʃári]

I remain chary of letting them control all the money.
그는 그들에게 모든 돈의 관리를 맡기는 것에 여전히 신중하다.

☐ **checkered**	체크무늬의, 변화가 많은, 가지각색의

[tʃékərd]

He led a checkered life.
그는 파란만장한 인생을 보냈다.

☐ **circuitous**	빙 돌아가는, 에두르는

[sərkjú:ətəs]

The defense lawyer made very circuitous argument.
피고 측 변호사는 몹시 에둘러서 변론을 했다.

☐ **circumspect**	신중한
[sə́:rkəmspèkt] ★★	He is circumspect about claiming victory. 그는 신중한 자세로 승리를 선언한다.

☐ **clandestinely**	비밀리에
[klændéstənəli] ★	He meets clandestinely with her. 그는 그녀와 밀회한다.

☐ **colloquial**	구어의, 일상적인 회화의
[kəlóukwiəl]	The style was colloquial. 그 문체는 구어체였다.

☐ **commensurate**	상응하는
[kəménsərət]	He received pay commensurate with the work he has done. 그는 업무의 실적에 상응한 급여를 받았다.

☐ **compatible**	양립될 수 있는
[kəmpǽtəbl]	He and I are not compatible. 그와 나는 맞지 않는다.

☐ **concomitant**	수반하는, 부수하는, 부수물, 공존
[kànkámətənt]	It is an important concomitant of success. 그것은 성공에 수반되는 중요한 것이다.

☐ **condign**	당연한, 타당한
[kəndáin]	I think this is a condign treatment we deserve. 나는 이것이 우리가 받을 만한 당연한 대우라고 생각한다.

☐ **congenital**	선천적인
[kəndʒénətəl]	He has a congenital heart disease. 그는 선천적으로 심장병을 앓고 있다.

☐ **contingent**	부수적으로 일어나는, 불확실한, 파견단, 우발 사건
[kəntíndʒənt]	His fee is contingent on his success. 그의 보수는 성공의 여하에 따라 결정된다.

☐ **conversant**	정통한
[kənvə́:rsənt]	She is fairly conversant in English. 그녀는 영어에 꽤 정통하다.

☐ **convivial**	연회를 좋아하는, 우호적인	
[kənvíviəl]	The town was surrounded by the **convivial** atmosphere. 마을은 축제 분위기에 둘러싸여 있었다.	

☐ **copious**	(생산, 사용하는 수 · 양이) 방대한	(⊙ disc 2_59)
[kóupiəs]	She drank **copious** amounts of beer. 그녀는 맥주를 대량으로 마셨다.	

☐ **cryptic**	신비스러운, 아리송한
[kríptik]	He left **cryptic** graffiti. 그는 아리송한 낙서를 남겼다.

☐ **cumbersome**	복잡하고 느린, 번거로운
[kʌ́mbərsəm] ★	**Cumbersome** regulations slowed down our progress. 번거로운 규정이 우리의 진행을 늦췄다.

☐ **dauntless**	불굴의, 용감한
[dɔ́:ntlis]	He is a **dauntless** adventurer. 그는 용감한 모험가이다.

☐ **debonair**	사근사근한, 정중한, 유쾌한
[dèbənér]	She looked **debonair**, but in fact she was not. 그녀는 정중한 듯이 보였지만 사실은 그렇지 않았다.

☐ **decorous**	점잖은, 예의 바른
[dékərəs]	He has **decorous** bearing. 그는 예의 바른 태도를 취한다.

☐ **devoted**	헌식적인
[divóutəd]	He is **devoted** to his wife. 그는 아내에게 헌신적이다.

☐ **dexterous**	솜씨 좋은
[dékstərəs]	He is **dexterous** with his hands. 그는 손재주가 좋다.

☐ **diaphanous**	(천 등이) 반투명한
[daiǽfənəs]	I am looking for a type of cloth that is **diaphanous**. 나는 반투명한 천을 찾고 있다.

☐ **dint**	오목한 자국, 움푹 팬 곳

[dínt]

I didn't realize until this morning that there was a **dint** in the side of my car.

★★

나는 오늘 아침까지 차 측면이 움푹 팬 것을 몰랐다.

| □ **disparity** | 부동, 부등, 불균형 |

[dìspérəti]

Attempts to reduce the great **disparity** have failed.

큰 차이를 줄이기 위한 노력은 실패로 끝났다.

| □ **dolorous** | 슬픔에 가득 찬 |

[dálərəs]

The **dolorous** look of her face made him stop in his tracks.

그녀의 슬픔에 가득 찬 표정은 그가 선로로 가는 것을 멈추게 했다.

| □ **dormant** | 수면 상태의, 동면 중의, 휴지 상태의 |

[dɔ́ːrmənt]

★★

He lies **dormant**.

그는 휴면 중이다.

| □ **downstream** | 하류, 하류 부문의 |

[dáunstríːm]

At the **downstream** dock, helpers were ready to pull out the canoes.

★

하류 선착장에서 협력자들이 카누를 끌어올릴 준비를 하고 있었다.

| □ **dubious** | (막연히) 의심스럽다고 생각하는, 미심쩍은 |

[dúːbiəs]

★★

He was **dubious** of the authenticity of the he report.

그는 그 보고의 진위를 미심쩍어 했다.

| □ **ebullient** | 패기만만한, 열광적인, 끓어오르는, 사기가 충천한 |

[əbúljənt]

She was **ebullient** over the authenticity of her novel.

그녀는 자신의 소설이 호평 받는 것에 대만족이었다.

| □ **eccentric** | 괴짜인 |

[ikséntrik]

★★

She is incurably **eccentric**.

그녀는 구제불능의 괴짜이다.

| □ **effectual** | 효과적인, 적절한 |

[iféktʃuəl]

It is an **effectual** measure.

그것은 효과적인 수단이다.

| □ **efficacious** | 효과적인 |

[èfəkéiʃəs]

The medicine is **efficacious**.

그 약은 잘 듣는다.

□ **effrontery**	뻔뻔스러움, 뻔뻔스러운 행위
[əfrʌ́ntəri]	She had the **effrontery** to blame me for the oversight. 그녀는 뻔뻔스럽게 그 실수의 책임이 나에게 있다며 비난했다.
□ **elusive**	포착하기 어려운, 이해하기 어려운
[əlúːsiv]	He tracks down an **elusive** fact. 그는 포착하기 어려운 사실을 철저하게 조사한다.
□ **endearment**	애정(의 표시)
[endírmənt]	The young mother said **endearments** to her baby. 젊은 엄마는 아기에게 애정이 담긴 말을 했다.
□ **enhancement**	고양, 증진 ⊙ disc 2_60
[enhǽnsmənt]	She adopts **enhancement** of her lifestyle. 그녀는 라이프스타일의 향상을 택한다.
□ **enigma**	수수께끼
[ənígmə] ★	He resolved an **enigma**. 그는 수수께끼를 풀었다.
□ **entire**	전체의, 완전한, 모두 갖추어진, 철저한
[entáiər] ★	She managed to read the **entire** book in one day. 그녀는 그 책을 용케 하루 만에 독파했다.
□ **entity**	실체, 존재, 통일체
[éntəti] ★	The public **entity** is no longer an independent entity. 그 공공단체는 이미 독립한 존재가 아니다.
□ **equable**	변화가 없는, 안정한, 차분한
[ékwəbl]	She has **equable** temper. 그녀는 차분한 성미이다.
□ **esoteric**	난해한
[èsətérik]	She knew a lot about such **esoteric** subjects. 그녀는 난해한 화제에 대해 잘 알고 있었다.
□ **eugenic**	우성의
[juːdʒénik]	Once commonly applied, the **eugenic** theory has long been refuted as unscientific and harmful.

예전에 일반적으로 적용된 우세 이론은 비과학적이고 유해한
것으로서 오랜 기간 거부되어왔다.

□ **evacuation**	탈출
[ivǽkjéiʃən] ★	They carry out an evacuation. 그들은 철수했다.

□ **evanescent**	쉬이 사라지는, 덧없는
[èvənésənt]	His fame was evanescent. 그의 명성은 덧없이 사라졌다.

□ **excision**	삭제, 적출
[iksíʒən]	He made the excision of a clause from a treaty. 그는 조약에서 어떤 조항을 삭제했다.

□ **exiguous**	근소한, 부족한
[igzígjuəs]	The poor soil yielded an exiguous harvest. 메마른 토양에서는 작물이 조금밖에 수확되지 않았다.

□ **exorbitant**	과도한, 지나친
[igzɔ́:rbətənt]	It is an exorbitant demand. 그것은 지나친 요구이다.

□ **expertise**	전문 지식
[èkspərtí:z] ★★	They request the dispatch of a specialist with expertise from finance and industry. 그들은 금융과 산업계의 전문가를 파견하도록 요청한다.

□ **explicit**	명확한
[iksplísət] ★	The rule is not explicit enough. 그 규칙은 충분히 명확하지는 않다.

□ **extrovert**	외향성의, 사교적인 사람
[ékstrəvə̀rt]	He is such an extrovert that he makes friends easily. 그는 대단히 외향적인 사람이므로 친구를 간단히 만들 수 있다.

□ **facile**	용이한, 간단이 획득할 수 있는, 유창한
[fǽsəl]	He has a facile tongue. 그는 입이 가볍다.

□ **fallible**	실수를 할 수 있는,
[fǽləbl]	Man is fallible.

사람은 실수를 할 수 있다.

☐ **fanciful**	상상 속에나 나오는 것 같은, 가공의	
[fǽnsəfəl]	It is a fanciful code name. 그것은 가공의 코드명이다.	

☐ **fantastic**	기막히게 좋은, 환상적인, 기상천외한	
[fæntǽstik]	It is a fantastic atmosphere. 환상적인 분위기이다.	

☐ **farfetched**	빙 둘러서 말하는	
[fɑ́rfétʃt]	He makes farfetched claims. 그는 빙 둘러서 말한다.	

☐ **fastidious**	엄격한	
[fæstídiəs]	She is fastidious about clothes. 그녀는 옷에 대해 까다롭다.	

☐ **fervent**	열렬한, 강렬한	
[fə́:rvənt]	He is a fervent admirer. 그는 열렬한 숭배자이다.	

☐ **fervid**	열정적인, 뜨거운	⊙ disc 2_61
[fə́:rvəd]	She is a fervid believer in vegetarianism. 그녀는 열광적인 채식주의자이다.	

☐ **fickle**	변덕스러운	
[fíkəl]	They are fickle consumers. 그들은 변덕스러운 소비자이다.	

☐ **fictitious**	상상의, 허구의, 지어낸	
[fiktíʃəs]	The child loved to spend hours in her fictitious. 그 아이는 자신만의 상상 세계에서 몇 시간씩 보내는 것을 매우 좋아했다.	

☐ **filial**	자식의, 자식으로서의	
[fíliəl]	She is filial to her parents. 그녀는 효녀이다.	

☐ **finicky**	(옷, 음식 등에) 지나치게 까다로운, 타박이 심한	
[fínəki]	Feeding a man who is finicky about food can be difficult.	

음식에 타박이 심한 사람에게 먹을 것을 준다는 것은 성가신
일이다.

□ **flagrant**	명백한, 노골적인
[fléigrənt] ★★	It is an absolutely flagrant violation of law. 그것은 전적으로 명백한 위법 행위이다.

□ **fledgling**	어린 새, 신출내기
[flédʒliŋ]	She is a fledgling actress. 그녀는 신출내기 배우다.

□ **fluency**	유창성, 능숙도
[flú:ənsi]	She demonstrates her fluency in French. 그녀는 프랑스어를 유창하게 구사한다.

□ **formidable**	어마어마한
[fɔ́:rmidəbl] ★	He is a formidable obstacle. 그는 어마어마한 상대이다.

□ **frantic**	열광한, 제정신이 아닌
[frǽntik]	She was almost frantic with joy. 그녀는 기쁨으로 거의 제정신이 아니었다.

□ **frenetic**	광란의
[frənétik]	He sets a frenetic pace. 그는 맹렬한 속도로 선두를 달린다.

□ **froward**	외고집의
[fróuərd]	My father should fix his froward character. 나의 아버지는 외고집 성격을 고쳐야 한다.

□ **fulsome**	지나친, 진실성이 안 느껴지는
[fúlsəm]	They were flabbergasted by the fulsome speech. 그들은 지나친 칭찬의 말에 깜짝 놀랐다.

□ **garbled**	잘 알아들을 수 없는
[gɑ́rbld]	He got a garbled e-mail from her. 그는 그녀에게서 혼란스러운 메일을 받았다.

□ **genteel**	거드름 피우는
[dʒentí:l]	She affects genteel ignorance. 그녀는 거드름을 피우며 모른 척한다.

□ **glib**	말을 잘하는, 표면상의	
[glíb]	She is **glib** of tongue.	
	그녀는 말을 잘한다.	

□ **gratuitous**	무료의	
[grəjú:ətəs]	This is **gratuitous** advice.	
	이것은 무료 어드바이스다.	

□ **harsh**	혹독한, 가혹한, 냉혹한, 불쾌한	
[hárʃ]	He is being overly **harsh** with the kids.	
	그는 아이들에 대해 너무 엄격하다.	

□ **hasty**	급한, 신속한	
[héisti]	He has arrived at too **hasty** a conclusion.	
	그는 결론을 너무 성급하게 내렸다.	

□ **hazy**	실안개가 낀, 모호한	
[héizi]	His recollection is a bit **hazy** on that point.	
	그의 기록에서 그 점이 조금 애매하다.	

□ **hogshead**	큰 통	
[hɔ́:gzhèd]	Formerly beer came delivered in **hogsheads**.	
	예전에는 맥주가 큰 통에 담겨져 배달되었다.	

□ **holistic**	종합적인	⊙ disc 2_62
[houlístik]	He misses a **holistic** approach.	
	그는 전체적인 접근이 부족하다.	

□ **holster**	휴가, (가죽) 권총집	
[hóulstər]	I put the gun into the **holster**.	
	나는 총을 권총집에 넣었다.	

□ **hubbub**	시끌시끌한 소음, 소란, 소동	
[hʌ́bəb]	The **hubbub** subsided.	
	소란은 진정되었다.	

□ **humdrum**	단조로운, 평범한, 단조로운 이야기	
[hʌ́mdrʌm]	He leads a **humdrum** life.	
	그는 평범한 일생을 보낸다.	

□ **hustings**	선거 연설	

| [hʌ́stiŋz] | He hits the hustings.
그는 선거 유세에 나선다. |

□ hypothetical 가상적인, 가설의

| [hàipəθétəkəl] | He poses a hypothetical question.
그는 가상적인 질문을 한다. |

□ illimitable 무한의, 끝없는

| [ilímitəbl] | One day we will make journeys through the illimitable reaches of space and time.
언젠가 우리는 공간과 시간의 끝없는 펼쳐짐을 경험할 수 있는 여행을 할 것이다. |

□ illusive 착각을 일으키게 하는, 가공의

| [ilúːsiv] | These are illusive hopes.
이것들은 가공의 희망이다. |

□ immaculate 티 하나 없이 깔끔한, 완전한, 순결한

| [imǽkjuːlət] | He leads an immaculate life.
그는 청렴한 생활을 한다. |

□ immutable 불변의, 변경할 수 없는

| [imjúːtəbl] | These are immutable facts.
이것들은 불변의 사실이다. |

□ impending 지금이라도 닥칠 듯한

| [impéndiŋ] | He gives the first warnings of an impending recession.
그는 가까운 미래의 경기 후퇴를 예견한다. |

□ imperturbable 동요하지 않는, 냉정한

| [impərtə́ːrbəbl] | She remains imperturbable.
그녀는 차분하다. |

□ incarnadine 살색(의), 연분홍색(의), 붉게 물들이다

| [inkárnədàin] | The incarnadine flesh of the salmon pleases the eye.
연어의 담홍색 살은 눈을 즐겁게 해준다. |

□ incumbent 현직의, 재직의, 현직자, 재임자

| [inkʌ́mbənt]
★★ | The incumbent candidate is likely to win the election.
현직 후보는 선거에 이길 가능성이 높다. |

□ Indigenous 원산의, 토착의

[ìndídʒənəs]
Indigenous people often suffer from the ills of modern life.
원주민은 종종 현대 생활의 폐해에 괴로워한다.

| □ **indubitable** | 명백한, 확실한 |

[indjú:bətəbl]
The evidence is indubitable.
그 증거는 명백하다.

| □ **ingenuous** | 솔직한, 천진난만한 |

[ìndʒénju:əs]
She is ingenuous to believe what he says.
그의 이야기를 믿는다니 그녀는 순진하다.

| □ **inherent** | 내재하는 |

[ìnhérənt]
★★
There are some inherent risks in this strategy.
이 작전에는 몇 가지 내재된 위험이 있다.

| □ **iniquitous** | 부정한, 비도덕적인, 부당한 |

[ìníkwətəs]
They committed some iniquitous acts.
그들은 몇 가지 부정행위를 범했다.

| □ **inscrutable** | 헤아리기 어려운 |

[ìnskrú:təbl]
His inscrutable ways puzzle others.
그의 이해할 수 없는 방법은 타인을 당황케 한다.

| □ **intangible** | 실체가 없는, 막연한, 눈에 보이지 않는 |

[ìntǽndʒəbl]
★
He saw some intangible benefits in the project.
그는 그 프로젝트에서 눈에 보이지 않는 효과를 발견했다.

| □ **interminable** | 끝없이 계속되는, 긴, 무한한 | ⊙ disc 2_63 |

[ìntə́:rmənəbl]
She went through an interminable wait before learning the truth.
그녀는 진실을 알기까지 끝없이 기다렸다.

| □ **intermittent** | 간헐적인 |

[ìntərmítənt]
★
We will have intermittent rain tomorrow.
내일은 간헐적으로 비가 내릴 것이다.

| □ **intransigent** | 고집스러운, 타협 · 양보를 하지 않는, 완고한 |

[intrǽnsədʒənt]
They were intransigent in the face of his repeated demands.
그의 반복되는 요청에도 불구하고 그들은 타협하려 하지 않았다.

□ **intrinsic**	고유한, 본질적인
[ìntrínsik] ★★	Your idea has no intrinsic value. 당신의 아이디어에는 본질적인 가치가 없다.

□ **invulnerable**	안전한, 해칠 수 없는
[invʌ́lnərəbl] ★★	They are invulnerable to attack. 그들은 공격을 받아도 상처는 입지 않는다.

□ **iridescent**	무지개색의, 진주색의
[ìrədésənt]	The iridescent shine of this fabric is very pleasant. 이 천의 무지개색 광택은 매우 유쾌하다.

□ **irksome**	성가신
[ə́:rksəm]	These restrictions are irksome. 이런 규제들은 성가시다.

□ **irremediable**	불치의, 돌이킬 수 없는
[ìrəmí:diəbl]	Irremediable damage has been done. 치명상을 입고 말았다.

□ **jejune**	재미없는, 너무 단순한
[dʒidʒú:n]	This term seems to have nothing but jejune classes. 이번 학기는 재미없는 수업뿐이다.

□ **jobless**	실업 중의
[dʒábləs]	We help jobless people find new work. 우리는 실업자의 취직을 지원한다.

□ **jury**	배심, 배심원단, 심사원단
[dʒúri] ★	They dismissed the jury. 그들은 배심원을 해임했다.

□ **juvenescent**	청년기에 달한, 젊은, 회춘하는
[dʒù:vənésənt]	In his later years, he missed the juvenescent pleasures. 작년에 그는 젊은 날의 즐거움을 잃어버렸다.

□ **keen**	날카로운, 예리한, 신랄한, 열심인, 살을 에는 듯한
[kí:n] ★★	This animal is keen of scent. 이 동물은 후각이 예민하다.

□ **keepsake**	기념품, 유품

[kíːpsèik]　She gives her daughter a ring for keepsake.
그녀는 딸에게 유품으로 반지를 준다.

□ **ken**　인지, 이해

[kén]　That's not something that's in his ken.
그것은 그가 이해할 수 있는 것이 아니다.

□ **knavery**　부정, 속임수, 사기

[néivəri]　He was suspected of having done some knavery.
그는 몇 가지 부정행위를 저질렀다고 의심받았다.

□ **lachrymose**　눈물이 글썽한, 눈물이 많은

[lǽkrəmòus]　As she got older, my mother became more lachrymose.
나이가 듦에 따라 어머니는 더욱더 눈물이 많아졌다.

□ **lambent**　어른어른 흔들거리는, (눈, 하늘 등이) 부드럽게 빛나는

[lǽmbənt]　Her poetry is a lambent trickle of words.
그녀의 시는 단어가 조금씩 넘실거리듯이 흘러간다.

□ **latent**　잠재하는, 잠복하는, 잠재성의

[léitənt]　Our educational program is designed to discover latent abilities in children.
우리 교육 프로그램은 아이들의 잠재 능력을 이끌어내도록 만들어져 있다.

□ **lateral**　옆의, 측면의

[lǽtərəl]　The surgeon made a lateral incision.
★★　외과의는 측면을 절개했다.

□ **LCD (liquid crystal display)**　액정 화면　(⊙ disc 2_64)

I want to buy a flat-screen TV with LCD for the living room.
★　나는 거실용으로 사용할 평면 LCD TV를 구입하고 싶다.

□ **lenient**　관대한

[líːniənt]　She is unduly lenient toward her son.
그녀는 아들에 대해 매우 관대하다.

□ **lofty**　(산, 탑 등이) 아주 높은

[lɔ́ːfti]　She sets a lofty goal.
그녀는 대단히 높은 목표를 정한다.

□ **loquacious**　말이 많은

[loukwéiʃəs] The new cook is a **loquacious** fellow.
새로운 요리사는 말이 많다.

□ **lubricity**　매끄러움, (표면이) 반들반들함, 불안정

[lu:brísəti] Eels are known for their **lubricity**.
장어는 표면이 미끌미끌하다고 알려져 있다.

□ **lucent**　빛나는, 반투명의

[lú:sənt] The candidate's speech was very **lucent**.
그 후보자의 연설은 대단히 빛났다.

□ **lucre**　부정한 벌이

[lú:kər] This novel was written solely for **lucre**.
이 소설은 단지 벌이를 위해 쓰여졌다.

□ **lugubriously**　슬픈 듯이, 애처로운

[lu:gjú:briəsli] He mourned **lugubriously**.
그는 애처롭게 슬퍼했다.

□ **lukewarm**　미지근한

[lú:kwɔ́:rm] I feel **lukewarm** to the touch.
내가 손을 대자 미지근함이 느껴진다.

□ **lurid**　(하늘, 풍경 등이) 붉게 빛나는, 야한, 섬뜩한

[lúrəd] She got **lurid**.
그녀는 선정적이었다.

□ **lustrous**　윤기가 흐르는, 번쩍이는, 훌륭한

[lʌ́strəs] She has **lustrous** hair.
그녀의 머리카락은 윤기가 흐른다.

□ **malevolent**　악의를 가진

[məlévələnt] One of the main characters in this book is a **malevolent** old man.
그 책의 주요 등장인물 중 한 사람이 사악한 노인이나.

□ **malignant**　악의에 찬

[məlígnənt] It is an extremely **malignant** growth.
★★ 그것은 극도의 악성 종양이다.

□ **mammoth**　매머드, 거대한 것

[mǽməθ] It is a **mammoth** of an enterprise.

그것은 거대 기업이다.

☐ **marital**	부부(간)의, 결혼의	
[mérətəl]	**Marital** bliss has escaped them.	
	부부의 행복이 그들을 해방시켰다.	

☐ **maritime**	바다의, 해군의	
[mérətàim]	The new **maritime** museum is awesome.	
	새로운 해사 박물관은 멋있다.	

☐ **maternal**	어머니의	
[mətə́:rnəl]	She is a strongly **maternal** woman.	
	그녀는 모성애가 강한 여성이다.	

☐ **mauve**	연보라색	
[mɔ́:v]	She is wearing a **mauve** dress.	
	그녀는 연보라색 옷을 입고 있다.	

☐ **mediocre**	평범한, 보통의	
[mì:dióukər] ★★	He achieved a **mediocre** result.	
	그는 평범한 결과로 끝냈다.	

☐ **mirth**	환희, 웃음소리	
[məːrθ]	He evokes **mirth**.	
	그는 웃음을 자아내게 한다.	

☐ **mute**	무언의, 침묵한, 묵비의	
[mjuːt]	They **muted** their criticism of him.	
	그들은 그에 대한 비난을 삼갔다.	

☐ **native**	모국의, 토박이의, 선천적인, 자연 그대로의, (~의) 출국자, 현지인	
[néitiv] ★	She could pass for a **native** in two languages.	
	그녀는 2개 국어를 구사하는 원어민으로 통했다.	

☐ **nefarious**	극악한, 비도덕적인	⊙ disc 2_65
[nəfériəs]	He used the information for **nefarious** purposes.	
	그는 그 정보를 비도덕적인 목적으로 사용했다.	

☐ **nonchalant**	무심한	
[nànʃəlánt]	She assumes a **nonchalant** air.	
	그녀는 무심한 얼굴을 하고 있다.	

☐ **nonpartisan**	무소속의, 초당파의, 무소속의 사람
[nànpártəzən]	A **nonpartisan** group is monitoring the election. 무소속 그룹이 선거를 감시하고 있다.

☐ **novice**	초심자의
[návəs]	She is a rank **novice** at skating. 그녀는 스케이트에 관해서는 완전히 초심자이다.

☐ **nubile**	(여성이) 결혼 적령기의, 성적인 매력이 있는
[njú:bil]	Her **nubile** body filled the movie screen. 그녀의 매력적인 몸이 영화 스크린을 가득 메웠다.

☐ **obnoxious**	유쾌하지 않은, 싫은
[abnákʃəs] ★★	He make himself **obnoxious** to his neighbors. 그는 이웃에게 몹시 미움을 받고 있다.

☐ **odd**	이상한, 특이한, 잡다한, 홀수의
[ád] ★	He is growing increasingly **odd**. 그는 점점 이상해지고 있다.

☐ **officious**	참견하기 좋아하는
[əfíʃəs]	You are an **officious** character. 당신은 참견하길 좋아하는 사람이다.

☐ **offshore**	연안의
[ɔ́:fʃɔ́:r] ★	**Offshore** drilling does not endanger marine mammals. 연안의 시추 공사는 해양 포유류들을 위험에 처하게 하지는 않는다.

☐ **omnipotent**	전능의
[amnípətənt]	Do you believe in an **omnipotent** god? 당신은 전능한 신을 믿습니까?

☐ **omnipresent**	어디에나 있는
[àmnəprézənt]	The government's eyes are **omnipresent**. 정부의 눈은 어디에나 존재한다.

☐ **onerous**	아주 힘든
[ounərəs]	These are **onerous** duties. 이것들은 아주 힘든 임무이다.

☐ **opaque**	불투명한
[oupéik] ★★	An **opaque** window blocked the view. 불투명한 창에 가로막혀 경치가 보이지 않았다.

☐ **openhanded**	관대한, 손이 큰
[oupnhǽndid]	He is an **openhanded** fellow who loves to have a good time. 그는 즐겁게 일하는 것을 좋아하는 관대한 젊은이다.

☐ **opportune**	적절한, 적당한, 시의적절한
[àpərtúːn] ★★	It is highly **opportune**. 그것은 대단히 시의적절하다.

☐ **oppress**	압박하다
[əprés]	They **oppress** ordinary people. 그들은 서민을 압박한다.

☐ **opulent**	유복한, 호화로운
[ápjələnt]	He has an **opulent** yacht in a private harbor. 그것은 사유 정박소에 호화스러운 요트를 소유하고 있다.

☐ **ostensible**	표면상의
[asténsəbl]	The **ostensible** reason for his dismissal was constant tardiness. 그가 해고된 표면상의 이유는 계속되는 지각 때문이었다.

☐ **ostentatiously**	과시적으로, 허세를 부리면서
[àstentéiʃəsli]	She behaves **ostentatiously**. 그녀는 허세를 부리며 행동한다.

☐ **outlying**	밖에 있는, 도심에서 떨어진
[áutlàiiŋ]	He visited **outlying** areas. 그는 도심에서 떨어진 지역을 방문했다.

☐ **outsold**	많이 팔린
[autsóuld] ★★	The new TV game **outsold** the previous one in three weeks. 새로운 TV 게임은 3주 동안에 이전 기종의 판매량을 웃돌았다.

☐ **overt**	명백한, 공공연한
[ouvə́ːrt]	She made **overt** advances to him. 그녀는 공공연하게 그를 설득하려 했다.

| □ **painstaking** | 공들인 | ⊙ disc 2_66 |

[péinstèikiŋ]
He makes **painstaking** efforts.
그는 노력을 아끼지 않는다.

| □ **paltry** | 얼마 되지 않는 |

[pɔ́:ltri]
I receive a **paltry** salary.
나의 급여는 보잘것없다.

| □ **paramount** | 최고의 |

[pérəmàunt]
New York is **paramount** as the headquarters of international exchange and banking.
★
뉴욕은 국제 환율 시장과 은행 업무의 본거지로서 가장 중요하다.

| □ **paternalism** | 온정주의 |

[pətə́:rnəlìzm]
It is warm-over **paternalism** toward minorities.
그것은 소수자에 대한 흔한 온정주의이다.

| □ **pejorative** | 경멸적인 |

[pədʒɔ́:rətiv]
He uses the word in a **pejorative** manner.
그는 그 단어를 경멸적인 의미로 사용한다.

| □ **pernicious** | 유해한 |

[pərníʃəs]
Recreational drug use is **pernicious**.
기분 전환용으로 약물을 복용하면 몸에 해롭다.

| □ **petty** | 섬세한, 지루한, 인색한, 소규모의 |

[péti]
I was rather **petty** about the matter.
나는 그 건에 관해서는 조금 인색했다.

| □ **plausible** | 그럴듯한 |

[plɔ́:zəbl]
★
She seems perfectly **plausible**.
그녀는 아주 그럴듯하게 보인다.

| □ **poignant** | 신랄한 |

[pɔ́injənt]
She says something **poignant**.
그녀는 신랄한 말을 한다.

| □ **pompous** | 잰 체하는 |

[pámpəs]
She has an annoying expression of **pompous** concern on her face.
그녀는 잰 체하면서 귀찮은 표정을 짓는다.

☐ **precarious**	불안정한
[prikériəs]	He earns a **precarious** livelihood. 그는 수입이 불안정하다.

☐ **precipitous**	가파른, 급작스러운
[prəsípətəs]	His **precipitous** exit raised suspicion. 그의 성급한 퇴진은 의혹을 불러일으켰다.

☐ **preeminent**	탁월한
[priémənənt]	She is **preeminent** in cleverness. 그녀는 머리가 대단히 좋다.

☐ **preemptive**	선매의, 선매권이 있는
[priémptiv]	The president chose to launch a **preemptive** war. 대통령은 선제공격으로 전쟁을 시작하는 것을 선택했다.

☐ **pressing**	임박한, 절박한
[présiŋ] ★★	They participate in the **pressing** assignments. 그들은 긴급을 요하는 업무 계획에 참여한다.

☐ **prevailing**	주류의, 가장 일반적인
[privéiliŋ] ★★	I want to be paid a **prevailing** wage. 나는 일반적인 수준의 급료를 받고 싶다.

☐ **primary**	주요한, 최초의, 근원의, 제1의
[práimeri] ★	Feeding my family is my **primary** concern. 가족을 먹여 살리는 것이 나의 주요 관심사이다.

☐ **pristine**	신품의, 오염되지 않은
[prístin]	The island is covered with **pristine** forest. 그 섬은 원시림으로 뒤덮여 있다

☐ **prodigious**	굉장한
[prədídʒəs]	Mozart was a **prodigious** composer. 모차르트는 훌륭한 작곡가이다.

☐ **profane**	불경한
[prouféin]	When asked about the allegations, the senator made a **profane** gesture. 의혹에 대해서 질문했을 때 상원의원은 불경한 동작을 취했다.

☐ **profound**	심오한	
[proufáund]	Her book raises **profound** questions.	
	그녀의 책은 심오한 문제를 제시한다.	

☐ **profuse**	풍부한	
[prəfjúːs]	He is **profuse** in ideas.	
	그는 아이디어가 풍부하다.	

☐ **prominent**	눈에 잘 띄는, 중요한	⊙ disc 3_01
[prámənənt] ★	He was briefly **prominent**.	
	그는 잠시 동안 사람의 눈길을 끌었다.	

☐ **promising**	전도유망한, 촉망되는, 조짐이 좋은	
[práməsiŋ] ★	He has an extremely **promising** academic career.	
	그는 학자로서 대단히 유망한 경력을 가지고 있다.	

☐ **quaint**	예스럽고 아취 있는, 고풍스런	
[kwéint]	He lives in a **quaint** house.	
	그는 고풍스런 집에서 살고 있다.	

☐ **quickening**	되살아나게 하는, 활발하게 하는	
[kwíkəniŋ]	Her pulse was **quickening** when the actor walked in.	
	그 배우가 들어온 순간 그녀의 맥박이 빨라졌다.	

☐ **quick-eyed**	눈이 밝은	
[kwík áid]	The **quick-eyed** police officer spotted the criminal in the crowd.	
	눈이 밝은 경찰관은 인파 속에서 범인을 발견했다.	

☐ **quintessence**	진수	
[kwintésəns]	This is the **quintessence** of the chess game.	
	이것이 체스 게임의 진수이다.	

☐ **quintessential**	진수의, 전형적인	
[kwìntəséntʃəl]	He is the **quintessential** playboy.	
	그는 전형적인 플레이보이다.	

☐ **rackety**	소란한	
[rǽkiti]	A **rackety** crowd was waiting for the concert to start.	
	소란스러운 관중은 콘서트가 시작되기를 기다리고 있었다.	

☐ **rampant**	격렬한	

| [rǽmpənt]
★★ | We have to reign in **rampant** corruption.
우리는 엄청난 부패 속에서 주권을 잡아야 한다. |

□ ramshackle — 금방이라도 무너질 듯한

| [rǽmʃæ̀kəl]
★ | They live in a **ramshackle** house.
그들은 금방이라도 무너질 듯한 집에서 산다. |

□ recondite — 난해한, 심원한

| [rékəndàit] | He is a **recondite** author.
그는 난해한 작가이다. |

□ refractory — 다루기 힘든

| [rəfrǽktəri] | During **refractory** period, no new nerve pulses can be transmitted.
불응기 동안에는 그 어떤 새로운 신경 맥박도 전달될 수 없다. |

□ refutable — 논박할 수 있는

| [rifjúːtəbl] | These claims are easily **refutable**.
이 클레임들은 간단히 논박할 수 있다. |

□ reminiscent — 추억에 잠긴 듯한

| [rèmənísənt]
★★ | I listened to the old man speaking, quietly **reminiscent**.
나는 조용히 추억에 잠겨서 그 노인이 말하는 것을 들었다. |

□ repugnant — 싫은

| [rəpʌ́gnənt] | You are **repugnant** to me.
나는 당신이 정말 싫다 |

□ repulsive — 싫은

| [ripʌ́lsiv] | Her behavior was downright **repulsive**.
그녀의 행동은 완전히 불쾌했다. |

□ requisite — 필수인

| [rékwəzət]
★ | He performed a **requisite** task.
그는 필요한 작업을 수행했다. |

□ resolvable — 해결할 수 있는, 분해할 수 있는, 용해성의

| [rizálvəbl] | This is a difficult but **resolvable** problem.
이것은 어렵지만 해결할 수 있는 문제이다. |

□ rigid — 단단한

| [rídʒəd] | She is **rigid** in her opinions. |

| ★★ | 그녀는 자신의 의견을 굽히지 않는다. |

□ **ruthless**	냉혹한
[rúːθləs]	The master had a **ruthless** personality. 주인은 냉혹한 성격이었다.

□ **salient**	두드러진
[séiliənt] ★	Frequent urination is one of the **salient** symptoms of a urinary tract infection. 빈뇨는 요로 감염증의 두드러진 증상 중에 하나이다.

□ **salutary**	유익한	⊙ disc 3_02
[sǽljətèri]	Failing the quiz had a **salutary** effect on his study habits. 간단한 테스트로 낙제점을 받은 것이 좋은 자극이 되어 그는 공부하는 습관을 들였다.	

□ **sarcastic**	비꼬는
[sɑrkǽstik]	Her reply was crudely **sarcastic**. 그녀는 노골적으로 비꼬며 대답했다.

□ **satirical**	풍자적인
[sətírikəl]	People are upset with the **satirical** cartoon. 사람들은 그 풍자 만화에 동요한다.

□ **secular**	세속의
[sékjələr]	I'm tired of his **secular** thinking. 나는 그의 세속적인 생각에 지쳤다.

□ **sedate**	차분한
[sədéit]	He maintained a **sedate** manner. 그는 차분한 태도를 유지했다.

□ **seductive**	유혹적인
[sədʌ́ktiv] ★★	She looks **seductive**. 그녀는 유혹적이다.

□ **senile**	노망
[síːnàil]	He is slightly **senile**. 그는 노망기가 약간 있다.

□ **shabby**	다 낡은, 해진

20

[ʃǽbi]	She looks **shabby**.
★★	그녀는 초라한 행색을 하고 있다.

□ **shortcoming**	결점
[ʃɔ́:rtkʌ̀miŋ]	He admitted his **shortcomings**.
★★	그는 자신의 결점을 인정했다.

□ **shrewd**	상황 판단이 빠른
[ʃruːd]	He is **shrewd** in business.
	그는 장사를 할 때 상황 판단이 빠르다.

□ **sinister**	사악한
[sínəstər]	She is **sinister** in everything she does.
	그녀가 하려는 모든 일이 사악하다

□ **skeptical**	의심 많은, 신용하지 않는, 무신론적인
[sképtəkəl]	He is **skeptical** about the prospects for detente.
★	그는 긴장 완화 가능성에 회의적이다.

□ **skimpy**	빈약한
[skímpi]	Her **skimpy** dress caused a stir.
	그녀가 노출이 심한 옷을 입어 소동이 일어났다.

□ **slack**	느슨한, 늘어진, 부주의한, (장사 등이) 활기가 없는, 불경기의
[slǽk]	He took up the **slack**.
	그는 (로프 등의) 느슨함을 바싹 죄었다.

□ **sleazy**	아주 얄팍한
[slíːzi]	This actor tends to play **sleazy** characters.
	이 배우는 보잘것없는 역할을 맡는 경향이 있다.

□ **sly**	교활한
[slái]	He is **sly** as a fox.
	그는 여우처럼 교활하다.

□ **solitary**	혼자 하는
[sálətèri]	I hate to live a **solitary** life all alone.
	나는 혼자서 고독한 생활을 하는 것이 싫다.

□ **somber**	암울한
[sámbər]	The **somber** mood in the meeting surprised him.
	그 회의의 암울한 분위기에 그는 놀랐다.

| ☐ **sparse** | 드문 |
| [spáɑrs] | I prefer **sparse** furnishings in my apartment.
나는 아파트에 가구가 별로 없는 상태를 선호한다. |

| ☐ **spell** | 주문 |
| [spél] | I was acting as if I were under a **spell**.
나는 주문에 걸린 듯이 행동했다. |

| ☐ **spellbound** | 넋을 잃은 |
| [spélbàund] | **Spellbound** by her beauty, he could not utter a world.
그는 미녀에게 넋을 잃어 아무런 말도 할 수가 없었다. |

| ☐ **spiteful** | 심술궂은 | ⊙ disc 3_03 |
| [spáitfəl] | My **spiteful** attitude earned me the teacher's rebuke.
나는 심술궂은 태도로 선생님의 꾸지람을 들었다. |

| ☐ **splotchy** | 반점이 있는 |
| [splátʃi] | Our dog got **splotchy** after playing in the mud.
우리 집 개는 진흙에서 놀고 난 뒤에 반점이 생겼다. |

| ☐ **spontaneity** | 자발적임, 자연스러움 |
| [spàntəníːəti] | She displays lighthearted **spontaneity**.
그녀는 자연스럽게 쾌활함을 보인다. |

| ☐ **sporadic** | 이따금 발생하는, (병 등) 돌발성의 |
| [spərǽdik]
★★ | He made **sporadic** attempts to contact his brother.
그는 때때로 동생과 연락을 취하려 한다. |

| ☐ **staunch** | 독실한 |
| [stɔ́ːntʃ] | He is surrounded by **staunch** supporters.
그는 독실한 지지자들에게 둘러싸여 있다. |

| ☐ **stinging** | 신랄한 |
| [stíŋiŋ] | The minister made some **stinging** remarks in her speech.
의장은 그녀의 연설을 신랄하게 비판했다. |

| ☐ **stolid** | 둔감한 |
| [stáləd] | Her **stolid** demeanor disguised her true feeling.
그녀의 둔감한 태도는 그녀의 진짜 기분을 숨겼다. |

☐ **stout**	튼튼한

[stáut]

He took a stout rope and tied it to a tree.
그는 튼튼한 밧줄로 나무를 묶었다.

☐ **stringent**	엄격한

[stríndʒənt]

Stringent new laws are needed to reign in corruption.
엄격한 새 법률은 부정행위를 통제하는 데 필요하다.

☐ **suavity**	온화, 상냥함, 정중함, 온화한 태도

[swá:vəti]

The suavity of this actor makes his female fans weak.
이 배우의 정중한 태도는 여성 팬의 혼을 빼놓는다.

☐ **swallow**	삼키다, (자원을) 소모하다, (경멸 등을) 참다, (조직, 국가가) 합병되다

[swálou]
★

He had another swallow of beer.
그는 맥주를 한 모금 마셨다.

☐ **swiftly**	신속히, 즉시

[swíftli]

I swiftly deleted all relevant computer files.
나는 관련이 있는 컴퓨터 파일을 신속히 모두 삭제했다.

☐ **tart**	신랄한, 시큼한

[tárt]

Tart apples make the best pies.
시큼한 사과 쪽이 맛있는 파이가 된다.

☐ **tedious**	지루한

[tí:diəs]

It is a pretty tedious task.
그것은 꽤나 지루한 업무다.

☐ **tempest**	폭풍

[témpəst]

He stirred up a tempest.
그는 소동을 일으켰다.

☐ **trepidation**	두려움, 공포

[trèpidéiʃən]

She eyed the gun with trepidation.
그녀는 불안한 눈으로 그 총을 바라보았다.

☐ **uptight**	긴장한, 성이 난, 경제적으로 궁지에 빠진

[əptáit]

She was rather uptight about the interview.
그녀는 그 인터뷰에 대해 화가 났다.

☐ **vacant**	비어 있는, 사용되지 않는, 결원의

| [véikənt]
★ | Do you have any **vacant** rooms for two people this evening?
오늘 밤에 두 사람이 머물 빈방이 있습니까? |

□ **vacuity** 　공허, 멍청함

| [vækjúːəti]
★ | I can't stand the **vacuity** of this relationship any more.
나는 이 공허한 관계를 더 이상 참을 수 없다. |

□ **vacuous** 　아무것도 없는, 공허한, 얼빠진, 무의미한

| [vækjuəs]

★ | The **vacuous** expression on his face suggested that he was on drugs.
그의 얼빠진 표정은 그가 약물을 복용하고 있음을 나타냈다. |

□ **vain** 　헛된, 무익한, 소용없는, 허영심이 강한　　⊙ disc 3_04

| [véin]
★★ | All her efforts were in **vain**.
그녀의 노력은 모두 물거품이 되었다. |

□ **vast** 　거대한

| [vǽst]
★ | It was **vast** in extent.
그것은 거대한 크기였다. |

□ **vehement** 　강렬한

| [víːəmənt]
★★ | They are **vehement** in their criticism of the new system.
그들은 새 방식을 격렬하게 비판하고 있다. |

□ **veritable** 　진정한

| [vérətəbl] | This restaurant is a **veritable** gold mine to its owners.
오너들에게는 이 레스토랑이 말 그대로 금광과 같다. |

□ **versatile** 　다재다능한

| [vɔ́ːrsətəl]
★ | She is very **versatile** at sports.
그녀는 스포츠에 다재다능하다. |

□ **virile** 　남자다운, 남성적인, 힘찬, 강건한

| [vírəl] | Despite his eighty years, he still had much **virile** charms.
그는 여든 살이지만 여전히 남성적 매력을 유지하고 있다. |

□ **vociferously** 　소리 높여 외치는

| [vəsífərəsli] | They **vociferously** objected to the new restrictions.
그들은 소리를 높여 새로운 규제에 반대했다. |

□ **volatile**	변덕스러운
[válətəl]	In this volatile stock market, it is best to stay well diversified.
★★	이 변화무쌍한 주식시장에서는 분산 투자를 하는 것이 제일이다.

□ **wane**	약해지다, 감소하다
[wéin]	Greece begins to wane in influence.
	그리스는 세력이 약해지기 시작한다.

□ **whimsical**	기발한
[hwímzikəl]	The store sold many whimsical decorative items.
	그 가게에서는 기발하게 장식된 많은 상품을 팔았다.

□ **willy-nilly**	싫든 좋든, 닥치는 대로, 되는대로
[wíliníli]	Willy-nilly all participated.
	싫든 좋든 모두 참가했다.

□ **yellowish**	노르스름한
[jélouiʃ]	A now born baby's skin often looks yellowish.
	신생아의 피부색은 노르스름한 경우가 많다.

□ **yielding**	유연한, 잘 구부러지는, 순종적인
[jíːldiŋ]	We need a more yielding material.
	우리는 더 잘 구부러지는 재료가 필요하다.

□ **zillions**	무수의, 엄청난 수
[zíljən]	I saw zillions of stars in the sky.
	나는 하늘에 떠 있는 무수한 별을 보았다.

부정적인 면을 강조하는 어휘입니다. 일상생활에서 우리가 되도록 사용하지 않아야 하지만 반드시 알아두어야 하는 표현이므로 함께 공부해보도록 합시다.

☐ **abhor**　　증오하다　　⊙ disc 3_05

[æbhɔ́ːr]

She **abhors** writing thank-you letters.
그녀는 감사의 편지를 쓰는 것을 매우 싫어한다.

☐ **abjure**　　포기하다

[æbdʒúər]

She **abjured** her religion.
그녀는 신앙을 포기했다.

☐ **abscond**　　도망가다

[əbskánd]
★★

The cashier **absconded** from the bank.
출납원은 은행에서 자취를 감췄다.

☐ **adversity**　　불행, 재난

[ædvə́ːrsəti]

They have to learn to endure **adversity**.
그들은 역경에 견디는 법을 배워야만 한다.

☐ **afflict**　　(정신적 · 육체적으로) 괴롭히다, 들볶다

[əflíkt]

We are all greatly **afflict**ed by this news.
우리는 모두 이 뉴스로 매우 괴로워한다.

☐ **aggrieve**　　(사람을) 괴롭히다, (권리 침해 등으로 사람을) 부당하게 고통을 주다

[əgríːv]

She felt very **aggrieved** at this unjust treatment.
그녀는 이런 부당한 취급을 받게 되어 대단히 괴로워했다.

☐ **anguish**	고뇌

[ǽŋgwiʃ]
★★

Nothing could assuage her **anguish**.
그녀의 고뇌를 누그러뜨릴 것은 아무것도 없었다.

☐ **animadversion**	비난의 말, 혹평

[æ̀nəmədvə́:rʒən]

We found the customary **animadversions** of a newspaper reviewer.
우리는 신문에서 비평가의 관례적인 혹평들을 보았다.

☐ **attenuate**	(힘, 효력을) 줄이다, 작게 하다, 가늘어지다, 약화되다

[əténjuːèit]

Radio waves **attenuate** quickly in sea water.
라디오의 전파는 해수 속에서 급속히 약화된다.

☐ **barb**	(화살촉 · 낚싯바늘의) 미늘, 가시 돋친 말

[bɑ́rb]

He aimed a **barb** at her.
그는 그녀에게 가시 돋친 말을 던졌다.

☐ **bawdy**	야한

[bɔ́:di]

Bawdy behavior is usually frowned upon.
외설적인 행위는 대개 눈살을 찌푸리게 한다.

☐ **befuddle**	혼란시키다

[bəfʌ́dəl]

The concierge looked rather **befuddled** when I told him my complaint.
안내인에게 불만을 토로하자 그는 상당히 혼란스러운 것 같았다.

☐ **beguile**	구슬리다

[bigáil]

He **beguiled** her into a trap.
그는 그녀를 잘 구슬려 함정에 빠뜨렸다.

☐ **bemoan**	한탄하다

[bəmóun]

He **bemoans** his ill fortune.
그는 자신의 불운을 한탄한다.

☐ **bestial**	짐승 같은, 추락한

[béstʃəl]

There were some **bestial** rituals, too.
야만스러운 관례도 있었다.

☐ **bizarre**	기이한

[bəzɑ́r]
★★

He was killed in a **bizarre** accident.
그는 기묘한 사고로 사망했다.

□ **bleak**	암울한	⊙ disc 3_06
[blíːk]	We face a **bleak** future.	
	우리는 암울한 미래와 마주하고 있다.	

□ **bloated**	부은, 부푼, 배가 터질 듯한
[blóutəd]	The costs are **bloated**.
	비용이 늘어났다.

□ **blunder**	대실수
[blʌ́ndər]	I made a **blunder**.
★★	나는 큰 실책을 했다.

□ **bootless**	무익한
[búːtlis]	I think it is a **bootless** effort.
	나는 그것이 무익한 노력이라고 생각한다.

□ **bust**	부수다, 고장 내다, 조작하다, 체포하다
[bʌ́st]	He **busted** his knuckles.
	그는 자신의 손가락 관절을 부러뜨렸다.

□ **casualty**	사상자, 피해자, 대사고, 참사
[kǽʒuəlti]	The accident caused many **casualties**.
	그 사고로 많은 희생자가 나왔다.

□ **cavil**	트집을 잡다
[kǽvəl]	His boss **cavils** at everything.
	그의 상사는 무엇이든지 트집을 잡는다.

□ **chastise**	꾸짖다
[tʃæstáiz]	I **chastise** him for his faults.
	나는 그의 과실에 대해서 벌을 준다.

□ **commandeer**	(사람을) 징병하다, 빼앗다
[kàməndír]	We **commandeered** an airplane.
	우리는 비행기를 공중 납치했다.

□ **compunction**	양심의 가책, 마음의 거리낌
[kəmpʌ́ŋkʃən]	Do you have no **compunction** about doing it?
	당신은 그렇게 하면 양심의 가책을 느끼지 않습니까?

□ **condemn**	비난하다

| [kəndém] | I **condemned** him harshly. |
| ★★ | 나는 그를 엄격히 야단쳤다. |

☐ **condescend** 잘난 체하다, 거들먹거리다, 자신을 낮추다

[kɑ̀ndəsénd] She **condescends** to no one.
그녀는 누구에게도 거들먹거리는 일이 없다.

☐ **condole** 조문하다

[kəndóul] We **condoled** with her on her husband's death.
우리는 그녀의 남편의 죽음에 대해 애도를 표했다.

☐ **confound** 어리둥절하게 만들다, 혼동하다

[kɑnfáund] This difficulty quite **confounded** him.
이러한 곤경에 그는 완전히 당황했다.

☐ **contort** 뒤틀리다

[kəntɔ́:rt] Her face **contorted** in horror.
★ 그녀의 얼굴은 공포로 일그러졌다.

☐ **coquette** 바람둥이 여자, 요부

[koukét] What a **coquette** young lady she is.
어찌나 그녀는 젊고 바람둥이인지.

☐ **crotchety** 짜증을 내는, 화를 내는

[krɑ́tʃəti] What a **crotchety** old man he is!
그는 어찌나 화를 잘 내는 할아버지인지!

☐ **cruel** 잔혹한

[krú:əl] You are mercilessly **cruel**.
★★ 당신은 무자비하게 잔혹하다.

☐ **cupidity** 금전욕, 탐욕

[kju:pídəti] He gratified his **cupidity**.
그는 금전욕을 만족시켰다.

☐ **curmudgeon** 괴팍한 사람, 성마른 사람

[kərmʌ́dʒən] Over the years my uncle turned into a veritable
curmudgeon.
세월이 흐름에 따라 나의 삼촌은 완전히 괴팍한 사람이 되었다.

☐ **curse** 욕, 골칫거리, 악담, 저주

[kə:rs] They lay a **curse** on him.

그들은 그에게 저주를 퍼부었다.

☐ **cynical**	냉소적인, 부정적인
[sínikəl] ★	He gives a **cynical** smile. 그는 냉소의 웃음을 지었다.

☐ **daunt**	위압하다, 으르다, 기를 죽이다 (⊙ disc 3_07)
[dɔ́:nt]	She was not **daunted**. 그녀는 기죽지 않았다.

☐ **debase**	(사람, 일이 품격 등을) 떨어뜨리다, (화폐의 가치를) 절하하다
[dəbéis] ★★	Their actions have quite **debased** them in our eyes. 우리에게는 그들의 행동이 품위를 떨어뜨리는 것처럼 보였다.

☐ **debauch**	타락시키다
[dibɔ́:tʃ]	He **debauched** himself by intemperance. 그는 술을 너무 많이 마셔서 난봉을 피웠다.

☐ **defalcate**	횡령하다, 착복하다
[difǽlkeit]	He confessed that he had **defalcated** money from his company. 그는 회사 돈을 횡령했다고 고백했다.

☐ **defile**	더럽히다, 불결하게 하다, 모독하다
[difáil]	He **defiles** a holy place by a sacrilegious act. 그는 불경한 행위로 성지를 모독한다.

☐ **deflect**	(사람이나 물건을 진로에서) 비끼게 하다, 편향시키다
[dəflékt]	He **deflects** an arrow from its course. 그는 화살을 코스에서 빗나가게 쏜다.

☐ **deleterious**	유해한
[dèlətíriəs]	It is **deleterious** to health. 그것은 건강에 해롭다.

☐ **demoniac**	귀신의(같은), 잔인한
[dimóuniæk]	The inquisitors invented **demoniac** tortures. 조사관들은 잔인한 고문들을 고안했다.

☐ **deplete**	소모시키다
[dəplí:t]	We feel **depleted** of energy. 우리는 에너지가 고갈됐음을 느낀다.

□ **depravity**	타락, 악행
[dəprǽvəti]	He submitted her to terrible **depravities**. 그는 그녀에게 끔찍한 악행을 저질렀다.

□ **depredation**	약탈, 파괴
[dèprədéiʃən]	**Depredation** often happens after a disaster. 재해 후에는 약탈 행위가 자주 발생한다.

□ **deprivation**	박탈, 탈취
[dèprəvéiʃən]	The tribe lived in **deprivation**. 그 부족은 약탈로 생계를 이었다.

□ **derision**	조롱, 조소
[dəríʒən]	He called forth **derision**. 그는 조롱을 당했다.

□ **derogatory**	경멸하는, 비판하는
[dərágətɔ̀:ri]	She spoke about you using an extremely **derogatory** word. 그녀는 당신에 대해 (명예 등을) 극단적으로 경멸하는 단어를 써서 이야기했다.

□ **desecrate**	훼손하다, 모독하다
[désəkrèit]	The actions of the soldiers **desecrated** the graves. 병사들의 행위는 죽음을 모독했다.

□ **despicable**	비열한, 야비한
[dìspíkəbl]	He falls victim to a **despicable** criminal act. 그는 비열한 범죄 행위의 표적이 된다.

□ **destitute**	극빈한, 궁핍한
[déstətù:t]	He is completely **destitute**. 그는 매우 궁핍한 상태이다.

□ **detriment**	유해한
[détrəmənt]	PCB is a great **detriment** to your health. 폴리염화비페닐(PCB)은 인체에 대단히 유해하다.

□ **devour**	걸신들린 듯이 먹다
[diváuər]	They hungrily **devoured** their hamburgers. 그들은 햄버거를 걸신들린 듯이 먹었다.

☐ **dilapidation**　　황폐

[dilæpədéiʃən]　I fell into a state of **dilapidation**.
나는 황폐한 상태에 빠졌다.

☐ **dire**　　대단히 심각한, 불길한, 엄청난

[dáiər]　My husband's company is in such a **dire** situation and they may lay off many employees.
남편의 회사는 심각한 상황이기 때문에 많은 종업원을 해고해야 할지도 모른다.

☐ **disclaim**　　(책임, 관계 등을) 부인하다, (요구, 권한 등을) 거부하다

[dìskléim]　He **disclaims** involvement in any wrongdoing.
★★　그는 어떤 부정에 대한 관련도 부인한다.

☐ **disconsolate**　　대단히 슬픈, 암담한　　(⊙ disc 3_08)

[diskánsələt]　She was extremely **disconsolate** about her son's failure in the examination.
그녀는 아들이 시험에 떨어져서 큰 절망에 빠졌다.

☐ **disparage**　　폄하하다

[dìspéridʒ]　I have no intention to **disparage** you.
나는 당신을 폄하할 의도는 아니다.

☐ **dissemble**　　(본질, 사상, 계획 등을) 숨기다

[dìsémbl]　He **dissembled** embarrassment by smiling.
그는 당혹스러움을 웃음으로 숨겼다.

☐ **dissolute**　　방종한, 타락한

[dísəlù:t]　She is **dissolute** in conduct.
그녀의 행실은 방종하다.

☐ **duress**　　(불법적인) 강요, 협박, 감금

[dures]　I confessed myself guilty under **duress**.
나는 강요를 받아 범행을 자백했다.

☐ **eerie**　　섬뜩한, 오싹하는

[íri]　I have an **eerie** feeling.
★★　나는 오싹함을 느낀다.

☐ **effeminate**　　여자 같은, 연약한

[ifémənət]　He is an **effeminate** man.
그는 여자 같은 남자다.

☐ **egregious**　지독한, 터무니없는

[igríːdʒəs]　It is an **egregious** claim.
그것은 터무니없는 주장이다.

☐ **embezzle**　(회사, 기금 등에서) 횡령하다, 착복하다

[embézəl]　He **embezzled** money from her.
그는 그녀에게서 돈을 착복했다.

☐ **enormity**　엄청남, 극악

[enɔ́ːrməti]　He reflected on the **enormity** of the task that lay ahead of him.
그는 향후의 막대한 과제에 대해 곰곰이 생각했다.

☐ **epithet**　별칭, 별명, 모욕적 언사

[épəθèt]　She is not hesitant to bandy **epithets** with anyone.
그녀는 상대가 누구든 거리낌 없이 욕설을 한다.

☐ **estrange**　사이를 멀어지게 하다, (장소에서) 멀리하다

[estréindʒ]　She **estranged** her friends by her bizarre behavior.
그녀는 기괴한 행동을 하여 스스로 친구들과 멀어졌다.

☐ **estranged**　소원해진, 멀어진

[estréindʒd]　She was **estranged** from her friends.
그녀는 친구들과 소원해졌다.

☐ **evict**　쫓아내다

[ivíkt]　I was **evicted** for nonpayment of rent.
나는 임대료를 내지 않아서 쫓겨났다.

☐ **eviscerate**　내장을 제거하다, 요점을 빼버리다, 골자를 빼버리다

[əvísərèit]　The hyenas quickly **eviscerated** the carcass of the zebra.
하이에나는 얼룩말의 시체를 눈 깜짝할 새에 뼈만 남겨두고 먹어치웠다.

☐ **excoriate**　피부가 벗겨지게 하다, 찰과상을 입히다, 맹비난하다

[ekskɔ́ːrièit]　He is **excoriated** by the media.
그는 미디어로부터 맹비난을 받고 있다.

☐ **excrete**　배출하다

[ikskríːt]　He **excretes** excess water.
그는 여분의 물을 배출한다.

□ **execrable** | 저주할

[égzékrəbl]

It is an **execrable** crime.
그것은 저주할 범죄이다.

□ **exhume** | (시체를) 발굴하다, 공개하다

[ekshjú:m]

They **exhumed** a body.
그들은 사체를 발굴했다.

□ **exonerate** | 면제하다

[igzánərèit]

He was completely **exonerated** from blame.
그는 비난을 완전히 모면했다.

□ **expletive** | 욕설, 보충적인

[éksplətiv]

He uttered an **expletive**.
그는 욕설을 내뱉었다.

□ **fester** | 곪다, 곪아터지다, (마음이) 몹시 아프다

[féstər]

It is a **festering** crisis.
그것은 곪아터질 위기에 있다.

□ **fetid** | 악취가 진동하는   ⊙ disc 3_09

[fétəd]

A **fetid** smell is coming from the basement.
악취는 지하실에서 풍기고 있다.

□ **filch** | 좀도둑질을 하다, (대단치 않은 것을) 훔치다

[filtʃ]

She **filched** a couple of dollars from her friend's purse.
그녀는 친구의 지갑에서 몇 달러를 훔쳤다.

□ **flaccid** | 축 늘어진, 탄력 없는

[flǽksəd]

She is concerned about her **flaccid** at the body.
그녀는 탄력이 없는 자신의 몸을 신경 쓰고 있다.

□ **flinch** | 주춤하다, 기가 꺾이다, 위축되다

[flintʃ]

I **flinched** at the thought.
나는 그 생각에 움찔했다.

□ **foist** | (가짜 등을) 억지로 떠맡기다

[fɔist]

He tried to **foist** off a forged bank note on me.
그는 나에게 위조지폐를 억지로 떠맡기려 했다.

□ **foment** | (불화, 반란 등을) 조장하다, 찜질하다, 덥게 하다

| [foumént] | They **foment** an insurrection. |
| | 그들은 반란을 일으킨다. |

☐ **frivolous**	보잘것없는
[frívələs]	He blows money on **frivolous** knickknacks.
	그는 자질구레한 장신구에 돈을 낭비한다.

☐ **frustrate**	실망시키다, 좌절감을 주다, 불만스럽게 만들다
[frʌ́strèit]	She is not easily **frustrated** as that.
★	그녀는 그렇게 쉽게 좌절하지 않는다.

☐ **fulminate**	맹렬히 비난하다
[fúlmənèit]	He **fulminates** against her behavior.
	그는 그녀의 행동을 맹렬히 비난한다.

☐ **hapless**	불행한, 불운한
[hǽpləs]	She finds herself in a **hapless** situation.
	그녀는 곤경에 처해 있음을 깨닫는다.

☐ **havoc**	대혼란, 큰 손해
[hǽvək]	He raises **havoc** in class.
	그는 수업에 혼란을 일으킨다.

☐ **hinder**	방해하다
[híndər]	They **hindered** me from doing this.
★	그들은 내가 이것을 하지 못하게 방해했다.

☐ **hypercritical**	과도하게 비판하는
[hàipərkrítikəl]	She is always **hypercritical** of her friends' clothes.
	그녀는 언제나 친구들의 옷에 대해 과도하게 비판한다.

☐ **ignoble**	비열한, 품위가 없는
[ignóubl]	Their concern was entirely **ignoble**.
	그들이 관심을 가지는 일은 모두 품위가 없었다.

☐ **ignominious**	수치스러운, 불명예스러운
[ìgnəmíniəs]	He suffers an **ignominious** defeat.
	그는 참패를 당한다.

☐ **imbrue**	(피 등으로) 더럽히다
[imbrú:]	He **imbrued** his sword with blood.
	그는 검을 피로 물들였다.

□ **impoverish**	빈곤하게 하다
[ìmpávriʃ]	They live in culturally **impoverished** times. 그들은 문화적으로 빈곤한 시대에 살고 있다.

□ **imprecate**	(저주 등을 ~에게) 빌다, 저주하다
[ímprəkèit]	She **imprecates** evil on him. 그녀는 그가 불행해지기를 빈다.

□ **incriminate**	죄를 씌우다, 유죄로 만들다
[ìnkrímənèit]	He **incriminated** himself. 그는 스스로에게 죄를 씌웠다.

□ **infringe**	(법률, 계약 등을) 위반하다, (권리 등을) 침해하다
[ìnfríndʒ] ★★	They **infringe** on a nation's sovereignty. 그들은 국가의 주권을 침해한다.

□ **ingratiate**	환심을 사다, 비위를 맞추다
[ingréiʃièit]	He **ingratiates** himself into their favor. 그는 환심을 사서 그들의 마음에 들었다.

□ **insensate**	감각이 없는, 생명이 없는, 잔인한
[insénseit]	Laughing at the funeral was extremely **insensate**. 장례식에서 웃는 것은 대단히 무례한 일이다.

□ **instigate**	부추기다 ⊙ disc 3_10
[ínstəgèit]	They **instigated** the two boys to quarrel. 그들은 두 소년들이 싸움을 하도록 부추겼다.

□ **inveigle**	감언이설로 구슬리다
[invéigl]	He **inveigles** a donation out of them. 그는 감언이설로 구슬려 그들에게서 기부를 받아낸다.

□ **jeremiad**	(아주 길게 늘어놓는) 비탄
[dʒèrəmáiəd]	Today's sermon was a **jeremiad**. 오늘 (교회의) 설교는 슬픈 이야기였다.

□ **jinx**	불행을 가져오다, 재수 없는 것, 불길한 것, 불운
[dʒiŋks]	There seems to be a **jinx** on him. 그는 아무래도 운이 나쁜 듯하다.

□ **jolt**	충격을 주다

[ʤóult]

He was rudely jolted out of his meditations.
그는 갑작스런 충격을 받아서 명상에서 깨어났다.

☐ **lackluster**   활력이 없는, 밋밋한

[lǽklʌstər]

He does a lackluster job.
그는 따분한 일을 한다.

☐ **laconically**   간결하게, 말수가 적게

[lɑkánikəli]

He says laconically.
그는 간결하게 말한다.

☐ **lag**   뒤떨어지다

[lǽg]

She lagged behind in her work.
그녀는 업무 처리가 뒤처졌다.

☐ **lament**   슬퍼하다

[ləmént]
★★

She sadly lamented her hard fate.
그녀는 괴로운 운명을 몹시 슬퍼했다.

☐ **lascivious**   음탕한, 선정적인

[ləsíviəs]

He casts lascivious glances.
그는 음탕한 시선으로 흘겨본다.

☐ **lecherous**   호색의, 음란한

[létʃərəs]

He is a lecherous man.
그는 음란한 남자다.

☐ **lechery**   호색, 음탕

[létʃəri]

The lechery of this man is readily apparent.
그 남자의 음탕함은 쉽게 나타난다.

☐ **lewd**   음탕한, 비열한

[lúːd]

He sends lewd e-mail messages.
그는 음란한 메일을 보낸다.

☐ **libel**   명예 훼손, 비방 문서

[láibl]

They publish a libel against him.
그들은 그에 대한 비방 문서를 공표한다.

☐ **libelous**   중상하는

[láibələs]

These are libelous reports.
이것들은 중상적인 보도다.

□ **libidinous**	호색의
[libídənəs]	Her libidinous advances were not well received. 그녀의 육욕적인 접근은 그다지 받아들여지지 않았다.

□ **licentious**	음탕한, 부도덕한
[laisénʃəs]	The article described the licentious behavior of college students on spring break in Mexico. 그 기사는 멕시코에서 봄방학을 보내고 있는 대학생의 부도덕한 행실을 기술했다.

□ **ludicrous**	터무니없는
[lú:dəkrəs]	It is absolutely ludicrous. 그것은 완전히 터무니없다.

□ **macabre**	섬뜩한, 으스스한
[məkábrə]	Stop those macabre jokes! 그런 섬뜩한 농담은 그만둬!

□ **maladroit**	솜씨 없는, 서툰
[mæ̀lədrɔ́it]	He is socially maladroit. 그는 사교적이지 않다.

□ **mawkish**	매스꺼운, 감상적인
[mɔ́:kiʃ]	The punch has a mawkish taste. 그 펀치(음료)는 구역질이 날 것 같은 맛이다.

□ **nibble**	(물가의 상승 등이) 가계를 갉아먹다, 잠식하다　⊙ disc 3_11
[níbl]	He is nibbling away at his savings. 그는 저축을 조금씩 없애고 있다.

□ **nonsensically**	실없이
[nɑnsénsikəli]	He talks nonsensically. 그는 실없는 이야기를 한다.

□ **obfuscate**	애매하게 만들나, 혼란시키다
[ɑbfəskèit]	He obfuscated the situation. 그는 사태를 애매하게 만들었다.

□ **obstruct**	(길이나 입구 등을) 막다, ~을 방해하다
[əbstrʌ́kt]	He obstructs business activity. 그는 기업 활동을 방해한다.

☐ **ominous**	불길한, 조짐이 나쁜
[ámənəs]	I have an ominous dream. 나는 불길한 꿈을 꾼다.

☐ **oscillate**	진동시키다, 동요하다, (가격을) 올리고 내리다
[ásəlèit]	He oscillated wildly. 그는 크게 동요했다.

☐ **proselytize**	개종하다, 변절시키다
[prásələtàiz]	I hate it when people try to proselytize me. 나는 나를 개종시키려는 사람을 싫어한다.

☐ **punish**	처벌하다, 변절시키다
[pʌniʃ]	I was deservedly punished. 나는 당연히 벌을 받았다.

☐ **queasy**	불쾌한, 메스꺼운
[kwíːzi]	He was feeling increasingly queasy. 그는 메스꺼움이 더욱 심해졌다.

☐ **rash**	발진, 무분별한, 성급한
[ræʃ] ★★	I was rash to fire him. 나는 성급히 그를 해고했다.

☐ **ravage**	황폐하게 만들다
[rǽvidʒ]	We were economically ravaged. 우리는 경제적 손해를 입었다.

☐ **raze**	완전히 파괴하다, 무너뜨리다
[réiz]	The houses were razed to the ground by the fire. 집이 화재로 인해 완전히 파괴되었다.

☐ **recede**	물러가다
[rəsíːd]	He recedes from a contract. 그는 계약에서 손을 뗐다.

☐ **recoil**	(공포나 혐오를 느껴) 움찔하다, 흠칫 놀라다, 움츠러들다, 후퇴하다
[rikɔ́il]	She recoiled at seeing a snake in her path. 그녀는 길에 뱀이 있는 것을 보고 흠칫 놀랐다.

☐ **refute**	~을 논파하다, (사람의 발언 등을) 부정하다

| [rəfjúːt] | He **refuted** the theory. |
| | 그는 그 이론을 논파했다. |

☐ **regress** — 후퇴하다, 퇴화하다, 평균값에 가까운 경향을 가지다

| [rígrés] | Let's not **regress** to yesterday's topic. |
| | 어제의 화제로 돌아가지 말자. |

☐ **relegate** — 격하시키다

| [réləgèit] | They **relegated** him to a lower position. |
| | 그들은 그의 지위를 격하시켰다. |

☐ **relentless** — 가차 없는

| [rəléntləs] | They are **relentless** in business. |
| | 그들은 거래에서는 가차 없다. |

☐ **relinquish** — 버리다

| [rəlíŋkwiʃ] | He **relinquished** a bad habit. |
| | 그는 나쁜 버릇을 고쳤다. |

☐ **renegade** — 변절하다

| [rénəgèid] | When he revolted against the oppressors, he was **renegaded**. |
| ★ | 박해자에 대해 반란을 일으켰을 때, 그는 변절했다. |

☐ **restrict** — 제한하다

| [ristríkt] | She is **restricted** by time. |
| ★ | 그녀에게는 시간적인 여유가 없다. |

☐ **retract** — 철회하다

| [ritrǽkt] | He **retracts** a declaration of safety. |
| | 그는 안전 선언을 철회한다. |

☐ **revoke** — 취소하다　（⊙ disc 3_12）

| [rivóuk] | Her registration as a commodities-futures trader was **revoked** for 5 years. |
| ★★ | 그녀의 상품선물거래 트레이더로서의 등록이 5년간 정지되었다. |

☐ **rile** — 귀찮게 하다, 짜증나게 하다

| [ráil] | Her speech had us all **riled** up. |
| | 그녀의 이야기는 우리 모두를 짜증나게 했다. |

☐ **sensual** — 관능적인

[sénʃuəl] ★★	He is a **sensual** person. 그는 관능적인 사람이다.

□ **shun**	피하다
[ʃʌn]	She **shunned** publicity altogether. 그녀는 언론의 관심을 완전히 피했다.

□ **singe**	표면을 태우다, 지지다, ~을 상처 입히다
[síndʒ]	The heat of the stove **singed** his hair. 스토브에서 나는 열이 그의 머리카락을 태웠다.

□ **subversive**	전복시키는, 파괴적인, 파괴 분자
[səbvə́:rsiv]	The views are **subversive** of traditional values. 그 견해는 전통적인 가치관을 파괴하는 것이다.

□ **suffer**	시달리다, 고통 받다, 손해를 입다, 나빠지다
[sʌ́fər]	He **suffered** greatly from guilt. 그는 죄의식 때문에 몹시 고통 받았다.

□ **suffocate**	질식시키다
[sʌ́fəkèit] ★	He was **suffocating** from all the smoke. 그는 엄청난 연기 때문에 숨이 막혔다.

□ **surly**	무례한
[sə́:rli]	You must be aware of her **surly** past. 당신은 무례함을 저질렀던 그녀의 과거를 인식해야만 한다.

□ **taint**	추락시키다, 더럽히다, 오염시키다
[téint]	The scandal **tainted** his image for good. 그 스캔들은 그의 좋은 이미지를 추락시켰다.

□ **ungainly**	어색한, 볼품없는
[ʌngéinli]	The teenager was concerned about his **ungainly** appearance. 그 젊은이는 자신의 볼품없는 모습을 걱정했다.

□ **ungracious**	무뚝뚝한, 불친절한, 불쾌한
[ʌngréiʃəs]	His behavior at the awards ceremony was **ungracious** and astonishingly rude. 수상식에서 그의 태도는 불쾌했고 매우 무례했다.

□ **unsettle**	(사람을) 불안하게 하다

[ənsétəl]	Our sudden move to the United States **unsettled** our daughter. 갑자기 미국으로 이민을 가자 딸이 (정신적으로) 불안정해졌다.

☐ **unsuited**	부적합한
[ənsú:təd]	My aunt was **unsuited** for motherhood. 나의 숙모는 어머니와 맞지 않았다.

☐ **vanish**	(불가사의하게) 사라지다, 소멸하다, (희망, 공포, 통증 등이) 없어지다
[vǽniʃ] ★★	Because of the shortages, bread has **vanished** completely from the shops. (입하) 부족으로 가게에 빵이 하나도 없었다.

☐ **verge**	지다, (상태, 방향 등으로) 기울어지다, 향하다, 변해가다
[və:rdʒ] ★★	He was now **verging** on middle age. 그는 현재 중년으로 향하고 있다.

☐ **vituperate**	혹평하다, 호통 치다
[vaitjú:pərèit]	The preacher **vituperates** against homosexuals. 그 목사는 호모섹슈얼(동성애)에 대하여 질책한다.

☐ **voluptuous**	육감적인, 관능적인
[vəlʌ́ptʃuəs]	The artist liked to paint **voluptuous** women. 그 예술가는 육감적인 여성을 그리기를 좋아했다.

☐ **vomit**	토하다, 게우다
[vámət] ★	She **vomited** violently. 그녀는 심하게 토했다.

☐ **woe**	비통, 고뇌, 재난
[wóu]	This compounded her **woes**. 이것이 그녀의 재난을 한층 더 가혹하게 만들었다.

☐ **womanize**	여색에 빠지다
[wúmənàiz]	The young soccer player liked to **womanize**. 그 젊은 축구선수는 여색에 빠졌다.

☐ **wretch**	불행한 사람 ⊙ disc 3_13
[rétʃ]	Nothing they did could save the **wretch**. 그들은 무엇을 해도 그 불행한 남자를 구할 수 없었다.

☐ **wrongdoing**	범법 행위, 범죄

[rɔ́:ŋdu:iŋ]
There were suspicions, but no **wrongdoing** on his part was ever proven.
혐의는 있지만 그가 불법 행동을 한 것은 증명되지 않았다.

☐ **yaw**	침로에서 벗어나다

[jɔ́:]
The helicopter begins to **yaw** left.
헬리콥터는 왼쪽 침로를 벗어나기 시작한다.

긍정

미국에서는 양극적인 표현(음과 양, 명과 음, 선과 각, 천과 지, 천사와 악마)을 즐겨 사용합니다. 특히 논문과 같이 자신의 생각을 논리적으로 서술해야 하는 문장에서는 중요한 표현 방법입니다. 또 긍정적인 점을 강조하고자 할 때는 부정적인 점도 조금 기술하여 논리 전개에 균형을 유지하는 것이 더욱 효과적입니다.

☐ **acquit** — 무죄를 선고하다   (⊙ disc 3_14)

[əkwít]
★
He was **acquitted** of the charge.
그는 무죄를 선고받았다.

☐ **adapt** — 적응하다, 맞추다

[ədǽpt]
★
She **adapted** easily to her new life.
그녀는 새로운 생활에 쉽게 적응했다.

☐ **assuage** — 누그러뜨리다

[əswéidʒ]
He felt somewhat **assuaged** by my apology.
나의 사과는 그의 분노를 어느 정도 누그러뜨렸다.

☐ **avuncular** — 삼촌 같은

[əvʌ́ŋkjələr]
I was moved by his **avuncular** behavior.
나는 그의 자애 가득한 행동에 감동했다.

☐ **balmy** — 아늑한, 온화한, 마음을 가라앉히는

[báːmi]
We enjoyed the **balmy** weather during our holiday.
휴가 동안 온화한 기후 덕분에 우리는 상쾌했다.

☐ **beatific** — 더없이 행복해하는   (⊙ disc 3_15)

[biːətífik]
The young woman wore a **beatific** smile.
그 젊은 여성은 기쁨이 넘치는 미소를 띠었다.

□ **benevolent**	자애로운, 친절한, 호의적인
[bənévələnt] ★	He is **benevolent** toward her. 그는 그녀에게 친절하다.

□ **bestow**	(명예, 상 등을) 수여하다
[bəstóu] ★★	You **bestowed** many kindnesses on me. 당신은 나에게 많은 친절을 베풀어주었다.

□ **buttress**	지지하다, 강화하다, 지지
[bʌ́trəs]	He **buttressed** his argument with new evidence. 그는 새로운 근거로 자신의 논리를 뒷받침했다.

□ **chaste**	순수한, 순결한
[tʃéist]	She remains **chaste**. 그녀는 정절을 지킨다.

□ **colossal**	거대한, 어마어마한
[kəlásəl]	He has a **colossal** amount of money. 그는 어마어마한 부자이다.

□ **commodious**	(집, 방 등이) 널찍한
[kəmóudiəs]	I like this house because of the **commodious** storage space. 내가 이 집을 좋아하는 이유는 널찍한 수납공간이 있기 때문이다.

□ **complaisant**	공손한
[kəmpléisənt] ★★	She is a **complaisant** young woman. 그녀는 친절한 젊은 여성이다.

□ **conciliate**	달래다, 회유하다
[kənsílièit]	She **conciliated** us with a smile. 그녀는 미소를 지으며 우리를 회유했다.

□ **condone**	용납하다
[kəndóun] ★★	I **condoned** a continuation of the condition. 나는 그 상태가 지속되는 것을 용납했다.

□ **console**	위로하다
[kənsóul]	He was **consoled** by his children. 그는 아이들에게 위로를 받았다.

□ **consummate**	완성하다
[kánsəmèit]	We **consummated** a business deal. 우리는 거래를 종료했다.

□ **disabuse**	바로잡아주다
[dìsəbjú:s]	She **disabused** him of his romantic inclinations. 그녀는 그의 로맨틱한 성향이 잘못되었음을 깨닫게 해주었다.

□ **docile**	고분고분한, 순한
[dásəl]	This rabbit is very **docile**. 이 토끼는 매우 순하다.

□ **doughty**	강한, 용맹한
[dɔ́:ti]	They are **doughty** knights. 그들은 용맹한 기사들이다.

□ **dulcet**	아름다운, 감미로운
[dʌ́lsət]	She speaks in **dulcet** tones. 그녀는 감미로운 어조로 말한다.

□ **effulgent**	빛나는
[ifʌ́ldʒənt]	The diamonds shone in **effulgent** splendor. 다이아몬드는 화려하게 빛났다.

□ **effusive**	심정을 토로하는
[efjú:siv]	He made **effusive** apologies, but to no avail. 그는 감정을 드러내놓고 사죄했으나 소용이 없었다.

□ **encomiastic**	칭찬하다, 추종의
[enkóumiæstik]	The **encomiastic** speech was well received. 추종 연설은 호평을 받았다.

□ **encompass**	둘러싸다, 포함하다
[enkʌ́mpəs] ★	It is a castle **encompassed** with lofty walls. 그것은 높은 성벽에 둘러싸인 성이다.

□ **epicure**	미식가
[épikjùr]	She is a fastidious **epicure**. 그녀는 까다로운 미식가이다.

□ **equitable**	공정한

| [ékwətəbl] | We arrange a distribution **equitable** to all concerned. |
| ★ | 우리는 관계자 전원에게 공평히 배분되도록 준비한다. |

□ esteem
존중하다, 존중, 명성   ⊙ disc 3_16

| [əstíːm] | We **esteem** his advice highly. |
| ★★ | 우리는 그의 충고를 대단히 높게 평가한다. |

□ exculpate
무죄로 하다, 무죄를 밝히다

| [èkskʌ́lpeit] | She was completely **exculpated**. |
| | 그녀는 죄에서 완전히 벗어났다. |

□ extenuate
(죄, 벌을) 경감하다, 정상을 참작하다

| [iksténjuːèit] | He **extenuated** his losses. |
| | 그는 손실을 경감했다. |

□ extricate
해방하다, 탈출시키다.

| [ékstrəkèit] | They **extricated** themselves from a crisis. |
| | 그들은 위기에서 해방되었다. |

□ facilitate
촉진하다, 용이하게 하다

| [fəsílətèit] | He **facilitated** a business process. |
| ★ | 그는 비즈니스 과정을 용이하게 했다. |

□ fain
기꺼이 (~하고 싶어 하지만), 오히려 (~하고 싶다)

| [féin] | We are **fain** to face the difficulties. |
| | 우리는 이 어려움에 기꺼이 맞선다. |

□ fortify
강화하다

| [fɔ́ːrtəfài] | The enemy camp **fortifies** itself against attack. |
| ★ | 적진은 공격에 대비해 방어를 강화한다. |

□ frolicsome
즐겁게 뛰노는

| [frάliksəm] | The puppies engaged in **frolicsome** play. |
| | 강아지들은 즐겁게 뛰어 놀고 있었다. |

□ fructify
(식물이) 열매를 맺다, (토지가) 비옥하게 되다, 노력이 열매를 맺다

| [frʌ́ktəfài] | The farm land was **fructified** with compost. |
| | 농지는 퇴비로 비옥해졌다. |

□ gain
얻다, 획득하다, (가치가) 증가하다, (시계가) 빠르다

| [géin] | She **gained** gradually in reputation. |
| ★ | 그녀는 점점 명성을 얻었다. |

| □ **geniality** | 상냥함, 친절 |
| [ʤìːniǽləti] | She showed great geniality.
그녀는 상당히 친절한 면을 보여주었다. |

| □ **germane** | 밀접한 관계가 있다 |
| [ʤərméin] | Please omit details that are not germane to the discussion.
토론에 관계없는 세부 사항은 생략하십시오. |

| □ **germinate** | 싹트다, 성장하다, 시작되다 |
| [ʤə́rmənèit] | The seeds will germinate within two weeks.
씨앗은 2주 이내에 싹틀 것이다. |

| □ **glamorize** | 매력 있게 하다, 미화하다, 로맨틱하게 그리다 |
| [glǽməràiz] | The old soldier glamorizes the war.
나이 든 병사는 전쟁을 미화한다. |

| □ **gloat** | 고소해하다, 흡족해하다 |
| [glóut] | He gloats secretly over her bad luck.
그는 그녀의 불운을 몰래 고소해한다. |

| □ **gratify** | 만족시키다 |
| [grǽtəfài] | I was most gratified to hear it.
나는 그것을 듣고 매우 기뻤다. |

| □ **hilarious** | 아주 재미있는, 유쾌한 |
| [həlériəs] ★ | He makes hilarious claims.
그는 유쾌한 주장을 한다. |

| □ **hilarity** | 유쾌, 즐거움 |
| [həlérəti] ★ | The hilarity of her remarks took a moment to sink in.
한순간에 그녀의 유쾌한 연설에 빠져들었다. |

| □ **incubate** | (인공으로) 부화하다, (계획 등을) 세우다, (세포 등을) 배양하다 |
| [ínkjəbèit] ★★ | He incubates cells in a medium.
그는 배양기에서 세포를 배양한다. |

| □ **launch** | 신제품을 팔다, 사업을 시작하다 |
| [lɔ́ːntʃ] ★ | The company has launched a new enterprise.
그 회사는 새로운 사업에 착수했다. |

| □ **mollify** | 달래다, 진정시키다 |

22

[máləfài]　　　　He sends flowers to **mollify** his wife.
그는 아내의 기분을 달래기 위해서 꽃을 보낸다.

☐ **optimize**　　(~을) 최대한으로 이용하다

[áptəmàiz]　　　He **optimizes** an operation.
★　　　　　　　그는 조작을 최적화한다.

☐ **pervade**　　보급하다　　　　　　　　　　　⊙ disc 3_17

[pərvéid]　　　Corruption is **pervading** the country.
★　　　　　　　부패가 나라에 퍼져 있다.

☐ **preclude**　　방지하다

[priklú:d]　　　He **precludes** all misunderstandings.
그는 모든 오해를 배제한다.

☐ **recompense**　　(손해 등의) 보상을 하다, 배상하다, 답례하다, 보수

[rékəmpèns]　　This payment constitutes an ample **recompense**.
이 지불금은 보수로 충분하다.

☐ **refurbish**　　재단장하다, 쇄신하다, 새로 꾸미다

[rifə́:rbiʃ]　　He **refurbished** a house.
★　　　　　　　그는 집을 재단장했다.

☐ **rejoice**　　크게 기뻐하다, 기쁘게 생각하다

[ridʒɔ́is]　　She **rejoiced** at the news of her son's success.
★　　　　　　　그녀는 아들이 성공했다는 소식을 듣고 기뻐했다.

☐ **retain**　　계속 지니다, 유지하다, 기억해두다

[rətéin]　　　She has **retained** a clear memory of him until today.
그녀는 오늘날까지 그를 선명하게 기억한다.

☐ **revel**　　한껏 즐기다

[révəl]　　　She **revels** in music.
그녀는 음악을 즐긴다.

☐ **root**　　(스포츠 팀 등에) 응원하다, 근절하다

[rú:t]　　　He **rooted** up the cause of dissension.
그는 분쟁의 원인을 근절했다.

☐ **sophisticate**　　세련되다, (기계 · 기술이) 고도화되다, 궤변으로 속이다, 닳고 닳은 사람

[səfístikeit]　　His son has become fairly **sophisticated** in the use of
★　　　　　　　word processors.

그의 아들은 워드프로세서 사용이 대단히 능숙해졌다.

□ **sustain**	**살아가게 하다, 유지하다, 지속하다**
[səstéin] ★	He **sustained** himself on a vegetarian diet. 그는 채소 식단으로 생명을 유지했다.

□ **transpire**	**생기다**
[trænspáiər]	He knows what **transpired** after the meeting. 그는 회의 후에 무슨 일이 일어났는지를 알고 있다.

□ **underpin**	**(토론 등을) 지지하다, 실증하다**
[ʌ́ndərpìn]	Data from their recent study **underpins** their argument. 최근의 연구 데이터가 그들 주장의 근거가 되고 있다.

□ **withstand**	**이겨내다, 견뎌내다**
[wiθstǽnd] ★★	These buildings could easily **withstand** the force of magnitude 6 earthquake. 이 건물들은 진도 6의 지진에도 쉽게 견뎌낼 수 있었다.

미국은 다양화를 추구하는 나라입니다. 따라서 기업과 사회에서 커뮤니티의 중요성이 더욱 커지고 있습니다. 인종과 직업이라는 범위에서 벗어나 자신이 소속된 조직과 생활을 지키겠다는 의식이 매우 강해 지역사회에서 인간관계를 구축하는 것을 대단히 중요하게 여깁니다.

☐ **abash**　　무안하게 하다, 당황하게 하다　　⊙ disc 3_18

[əbǽʃ]　We were **abashed** when our mistakes were pointed out in our presentation.
우리는 프레젠테이션에서 잘못을 지적받아 당황했다.

☐ **allege**　　주장하다

[əlédʒ]　The news repeatedly **alleged** that the Prime Minister was guilty.
뉴스는 수상의 유죄를 반복해서 주장했다.

☐ **alleviate**　　완화하다

[əlíːvièit]
★★　We did our best to **alleviate** her suffering.
우리는 그녀의 고통을 전력을 다해 완화하려 했다.

☐ **amenity**　　오락시설, 정중한 말

[əménəti]
★　He enjoyed the **amenities** of the hotel.
그는 호텔의 오락시설을 즐겼다.

☐ **amiable**　　쾌활한, 호의적인

[éimiəbl]
★★　She has always been **amiable** to him.
그녀는 그에게 항상 호의적이었다.

☐ **amuck**　　go amuck (잘 풀리지 않는), run amuck (죽일 듯이) 미쳐 날뛰다

[əmʌ́k]
Her heart was running **amuck**.
그녀의 심박수가 이상하게 올라갔다.

□ **analogous** 유사한

[ənǽləgəs]
The two processes were closely **analogous**.
이 두 과정은 매우 유사했다.

□ **animosity** 강한 적대감

[æ̀nəmɑ́səti]
She displayed **animosity** toward her relatives.
그녀는 친척들에게 강한 적대감을 나타냈다.

□ **appease** 달래다

[əpíːz]
★★
He will not be easily **appeased**.
그를 쉽게 진정시킬 수 없을 것이다.

□ **artifice** 교묘한 책략, 계략

[ɑ́rtəfis]
She uses a little **artifice** to persuade him.
그녀는 약간의 책략을 사용해서 그를 설득한다.

□ **beef** (~에 대해) 불평을 하다, ~을 확충하다, 증강하다

[bíːf]
He is **beefing** about that now.
그는 지금 그 일에 대해 불평하고 있다.

□ **berate** 질책하다

[biréit]
★★
He **berates** his coworkers.
그는 동료를 비난한다.

□ **boast** 자만하다, 뽐내다

[bóust]
He **boasts** loudly of his business acumen.
그는 자신의 경영 재능을 소란스럽게 뽐낸다.

□ **braggadocio** 허풍, 허풍선이

[bræ̀gədóuʃiòu]
What a **braggadocio** he is!
그는 어찌나 허풍스러운지!

□ **brusque** 무뚝뚝한, 퉁명한

[brʌ́sk]
He spoke to the troops in a **brusque** manner.
그는 대원들에게 퉁명한 태도로 말을 걸었다.

□ **buffoonery** 익살, 광대짓

[bəfúːnəri]
Knockabout **buffoonery** sometimes is a welcome thing
at a dull gathering.

지루한 모임에서는 때로 과장스러운 광대짓이 환영받기도 한다.

☐ **bumptious** 잘난 체하는, 건방진 ⊙ disc 3_19

[bʌ́mpʃəs]
He should correct his **bumptious** attitude.
그는 건방진 태도를 고쳐야 한다.

☐ **calumniate** 중상하다

[kəlʌ́mnièit]
★★
She **calumniated** him.
그녀는 그를 비방했다.

☐ **calumny** 중상

[kǽləmni]
★★
They heap **calumny** upon him.
그들은 그에게 비방을 퍼부었다.

☐ **codify** 성문화하다

[kóudəfài]
The verbal agreement later became **codified** into law.
구두 협정은 후에 성문화된 법률이 되었다.

☐ **collaborate** 협력하다

[kəlǽbərèit]
We **collaborated** on a novel.
우리는 소설을 공저했다.

☐ **complicity** 공모, 공범

[kəmplísəti]
★★
They were accused of **complicity** in a crime.
그들은 범죄를 공모하여 기소되었다.

☐ **consanguinity** 혈족관계, 밀접한 관계

[kὰnsæŋgwínəti]
They have a high rate of **consanguinity**.
그들은 혈연관계일 비율이 높다.

☐ **contemn** 경멸하다

[kəntém]
★
I don't know why he always has to **contemn** me.
어째서 그는 항상 나를 경멸하는지를 모르겠다.

☐ **controvert** 논쟁하다, 부정하다

[kάntrəvə̀ːrt]
★
He **controverts** a proposition.
그는 제안에 반론을 편다.

☐ **contumacious** 반항적인

[kὰntjuméiʃəs]
His attitude is very **contumacious**.
그의 태도는 매우 반항적이다.

☐ **correlation**	상관
[kɔːrəléiʃən] ★	There are not enough data yet to prove a **correlation**. 상관관계를 증명하는 데이터가 아직 불충분하다.

☐ **counteract**	반항하다
[kàuntərǽkt]	This law is supposed to **counteract** the ill effects of tax evasion. 이 법률은 탈세의 폐해를 없애기 위해 마련되었다.

☐ **deride**	조롱하다
[diráid] ★	They **derided** me. 그들은 나를 조롱했다.

☐ **disarray**	혼란시키다
[dìsəréi]	He falls into **disarray**. 그는 혼란 상태에 빠진다.

☐ **disavow**	부정하다
[dìsəváu]	He **disavows** the rumor. 그는 소문을 부정한다.

☐ **disavowal**	부정, 부인
[dìsəváual]	I have made a public **disavowal** of my responsibility for the firm's bankruptcy. 나는 회사의 도산에 대한 책임이 나에게는 없다고 공언한다.

☐ **disprove**	반증하다
[dìsprúːv] ★★	She has satisfactorily **disproved** your criticism. 그녀는 당신의 비판에 대해 흡족해하며 반증했다.

☐ **disputatious**	논쟁적인, 논쟁을 좋아하는
[dìspjutéiʃəs]	My brother is **disputatious**. 나의 형은 논쟁을 좋아한다.

☐ **dispute**	논쟁하다, 토론하다, 반론하다
[dìspjúːt] ★	They **disputed** angrily. 그들은 화를 내는 듯이 토론했다.

☐ **disregard**	무시하다
[dìsrigáːrd] ★	She has consistently **disregarded** my advice. 그녀는 지금까지 항상 나의 충고를 무시해왔다.

| ☐ **distraught** | 마음이 산란해진, 곤혹스러운 |

[dìstrɔ́:t]

She was **distraught** with grief.
그녀는 슬픔에 빠져 마음이 산란해져 있다.

| ☐ **droll** | 우스운, 어릿광대 |

[dróul]

Sometimes he acts like a **droll** in front of girls.
그는 종종 여자들 앞에서 어릿광대처럼 행동한다.

| ☐ **ecstasy** | 무아의 경지, 황홀경, 도취, 황홀 상태 | ⊙ disc 3_20 |

[ékstəsi]
★★

She is in absolute **ecstasy**.
그녀는 완전히 황홀경에 빠져 있다.

| ☐ **edify** | 교화하다, 훈도하다 |

[édəfài]

The preacher **edified** them with a powerful speech.
그 목사는 감동적인 연설로 그들을 교화했다.

| ☐ **egalitarian** | 평등주의의 |

[igæ̀lətériən]

His education made him aware of the **egalitarian** rights of all.
그는 모든 사람이 평등한 권리를 가진다는 것을 교육을 통해 알고 있다.

| ☐ **egoism** | 이기주의 |

[í:gouìzəm]
★★

In her **egoism**, she neglected her husband's needs.
이기주의적인 그녀는 남편이 필요로 하는 것을 무시했다.

| ☐ **enamor** | 반하게 하다 |

[inǽmər]

He gets **enamored** of her.
그는 그녀에게 반했다.

| ☐ **enchant** | 매료하다 |

[entʃǽnt]

He was utterly **enchanted** with her self-possession.
그는 그녀의 침착함에 완전히 매료되었다.

| ☐ **equanimity** | 평정, 침착 |

[ì:kwəníməti]

He maintained his **equanimity**.
그는 평정함을 유지했다.

| ☐ **equivocal** | (진술 등이) 다의성의, (태도, 결과 등이) 분명하지 않은 |

[ikwívəkəl]
★★

She was **equivocal** about her intentions.
그녀는 자신의 의도에 대해 불분명한 태도를 취했다.

| □ **equivocate** | (진실을 숨기기 위해) 애매한 말을 쓰다, 얼버무리다 |

[ikwívəkèit]

★

He seemed to **equivocate** when the policeman asked him about his missing wife.
경찰이 행방불명인 그의 아내에 대해 물었을 때 그는 말을 얼버무리는 듯이 보였다.

| □ **euphonious** | 음조가 좋은, 듣기 좋은 |

[ju:fóuniəs]

★

Many people consider whale songs **euphonious**.
많은 사람은 돌고래의 울음소리를 듣기 좋은 소리라고 생각한다.

| □ **execrate** | 혐오하다, 저주하다 |

[éksəkrèit]

The new taxes were **execrated** by many.
많은 사람이 새로운 세금을 싫어했다.

| □ **expostulation** | 충고, 충언 |

[ikspàstʃuléiʃən]

Our **expostulation** against smoking in the office led to a total ban.
우리가 사내 흡연에 대해 항의한 뒤로 전면 금연이 되었다.

| □ **expound** | 자세히 설명하다 |

[ikspáund]

She **expounded** on her theory at length.
그녀는 자신의 이론을 장황하게 설명했다.

| □ **extort** | 갈취하다, 착취하다, 우려내다 |

[ikstɔ́:rt]

He **extorted** money by blackmail from her.
그는 그녀에게서 돈을 갈취했다.

| □ **facetious** | (말 등이) 경박한, (사람 등이) 까부는 |

[fəsí:ʃəs]

Her **facetious** remarks hurt him deeply.
그녀가 농담으로 한 말이 그에게는 큰 상처가 되었다.

| □ **fallacious** | 틀린, 잘못된 |

[fəléiʃəs]

It is **fallacious**.
그것은 잘못된 생각이다.

| □ **fidget** | 가만히 못 있다 |

[fídʒət]

She **fidgeted** uneasily in her chair.
그녀는 의자에 앉아서 불안한 듯이 꼼지락거렸다.

| □ **flippancy** | 경박, 경솔 |

[flípənsi]

She sows all sorts of seeds of trouble with her **flippancy**.

그녀의 경솔한 언동이 모든 소동의 씨를 뿌린 셈이다.

□ flounder | 고생하며 나아가다

[fláundər]
I **flounder** on an important issue.
나는 중요한 문제로 고생하고 있다.

□ foolhardy | 무모한, 터무니없는

[fú:lhàrdi]
He embraces a **foolhardy** resolution.
그는 무모한 결심을 한다.

□ fray | 싸움 · disc 3_21

[fréi]
He was drawn into a **fray**.
그는 싸움에 말려들었다.

□ friction | 마찰, 불화

[fríkʃən]
★★
They lessened trade **frictions**.
그들은 무역 마찰을 완화시켰다.

□ gibber | 횡설수설하다

[dʒíbər]
He **gibbered** unintelligibly.
그는 이해하기 어렵게 횡설수설했다.

□ gratuity | 팁, 축의금

[grətú:əti]
She accepts a **gratuity**.
그녀는 축의금을 받는다.

□ grievous | 슬프게 하는, 중대한, 지독한, (상처 등이) 고통스러운

[grí:vəs]
He made a **grievous** error.
그는 중대한 잘못을 저질렀다.

□ gullible | 잘 속는

[gʌ́ləbl]
He is a **gullible** customer.
그는 잘 속아 넘어가는 손님이다.

□ harry | 거듭 공격하다, 괴롭히다, 못살게 굴다

[héri]
The guide was **harrying** us through the museum.
안내인은 우리를 박물관의 이곳저곳으로 바쁘게 끌고 다녔다.

□ hireling | 돈만 주면 일하는 사람, 부하, 돈이면 마음대로 할 수 있는

[háiərliŋ]
Look at the boss's new **hireling**.
상사의 새로운 부하를 봐라.

□ **hoodwink**	사람을 속여서 ~시키다
[húdwìŋk]	He was **hoodwinked** out of life's savings. 그는 일생을 걸려 모은 돈을 속임수에 넘어가서 뺏겼다.

□ **humility**	겸손, 비하
[hju:míləti] ★★	She tried to demonstrate **humility**. 그녀는 겸손함을 보이려 했다.

□ **impalpable**	손으로 만지거나 느낄 수 없는, 대단히 이해하기 어려운
[impǽlpəbl]	Her **impalpable** arguments made her a less attractive speaker. 그녀의 이해하기 어려운 주장은 강연자로서 매력이 없어 보였다.

□ **impolitic**	현명하지 못한, 무분별한
[impɔ́:litìk]	Her **impolitic** remarks were reason enough to get her fired. 그녀의 현명하지 못한 소견은 해고 사유로 충분했다.

□ **indulge**	응석을 받아주다
[indʌ́ldʒ] ★	Children must not be **indulged**. 아이의 응석을 다 받아줘서는 안 된다.

□ **indulgent**	멋대로 하게 하는, 너그러운, 관대한
[indʌ́ldʒənt] ★★	He is **indulgent** toward minor errors. 그는 작은 실수에 관대하다.

□ **infamous**	불명예의, 악명이 높은
[ínfəməs]	He gains an **infamous** reputation. 그는 나쁜 평판을 듣는다.

□ **ingrate**	은혜를 모르는
[íngreit]	She is an **ingrate** and needs to be told off. 그녀는 은혜를 모르기 때문에 야단맞아야 한다.

□ **introspect**	자기반성을 하다
[ìntrəspékt]	After her divorce, she found it was time for her to **introspect**. 이혼 후에 그녀는 자기반성을 할 시간이라는 것을 깨달았다.

□ **introvert**	안으로 향하게 하다, 내성적인 사람, 내향성의, 내향적인
[íntrevə̀:rt] ★★	She is an **introvert** little girl. 그녀는 내성적인 소녀이다.

☐ **invective**	욕설, 악담, 맹렬한 비난
[ìnvéktiv]	They replied to his charge with invective. 그들은 그의 비난에 악담으로 응했다.

☐ **inveigh**	통렬히 비난하다, 독설을 퍼붓다
[invéi]	They inveigh against militarism. 그들은 군국주의를 통렬히 비난한다.

☐ **irascible**	화를 잘 내는, 성마른
[iræsəbl]	She affects an air of irascible impatience. 그녀는 걸핏하면 성질을 내서 성마른 분위기를 자아낸다.

☐ **ironical**	비꼬는, 풍자적인, 비꼬기 좋아하는
[airánikəl] ★	He speaks ironically. 그는 비꼬아 말한다.

☐ **irreconcilable**	해소할 수 없는, 타협할 수 없는　⊙ disc 3_22
[irékənsàiləbl] ★	Our positions on the issue are utterly irreconcilable. 그 문제에 대해서는 우리의 견해와 전혀 타협할 수 없다.

☐ **irrelevant**	관계가 없는, 부적절한, 상관없는
[iréləvənt] ★	Her remarks are totally irrelevant. 그녀의 발언은 완전히 부적절하다.

☐ **irreparable**	회복할 수 없는, 바로잡을 수 없는
[irépərəbl]	You did irreparable harm to her relationship. 당신은 되돌릴 수 없을 정도로 그녀와의 관계를 악화시켰다.

☐ **irrevocable**	변경할 수 없는
[irévəkəbl]	He requests her to open an irrevocable L/C in his favor as soon as possible. 그는 그녀에게 가능한 한 빨리 자신의 이름으로 취소 불능 신용장을 개설하도록 요청한다.

☐ **jingo**	호전적 애국주의자(의), 앗!(마술사 등이 부르는 소리))
[dʒíŋgou]	By jingo, I have lost my wallet! 앗! 지갑이 없어졌어!

☐ **jingoism**	호전적 애국주의
[dʒíŋgòuizm]	The foreign policy these days seem to be driven by jingoism.

최근의 외교는 호전적 애국주의에 의해 진행되고 있는 것 같다.

□ **lavish**	후한, 낭비벽이 있는, 풍부한, 호화로운
[lǽviʃ] ★	He is too lavish with his money. 그는 돈을 너무 많이 쓴다.

□ **liberalism**	자유주의
[líbərəlìzm] ★★	He adopts liberalism as a political philosophy. 그는 정치철학으로서 자유주의를 채용한다.

□ **meddlesome**	참견하길 좋아하는, 간섭하길 좋아하는
[médəlsəm]	He is unduly meddlesome. 그는 필요 이상으로 참견하길 좋아한다.

□ **meek**	온순한, 온화한
[míːk]	She is meek in spirit. 그녀는 온순하다.

□ **misleading**	오해의 소지가 있는, 갈피를 못 잡게 하는
[mìslíːdiŋ] ★	He gave a totally misleading account of our meeting. 그는 우리 회의에 관해 오해를 불러일으키는 설명을 했다.

□ **mitigate**	경감시키다, 완화시키다
[mítəgèit] ★	They mitigated damage. 그들은 피해를 경감시켰다.

□ **munificence**	아낌없이 줌, 관대함
[mjuːnífəsns]	His munificence is unsurpassed. 그의 관대함을 따를 자가 없다.

□ **narcissus**	자기애, 자기도취, 나르시시즘
[nɑrsísəs]	She is full of narcissus. 그녀는 자기도취에 빠져 있다.

□ **ogle**	(여성에게) 추파를 던지다
[óugl]	He ogled her lasciviously. 그는 그녀에게 음란하게 추파를 던졌다.

□ **pamper**	소중히 보살피다
[pǽmpər]	You pamper yourself. 당신은 스스로를 애지중지한다.

☐ **petulantly**	화를 잘 내어, 안달하여	
[pétʃələntli]	She speaks **petulantly**. 그녀는 안달하며 말한다.	

☐ **plight**	곤경	
[pláit]	They helped the **plight** of the poor. 그들은 곤경에 처한 가난한 사람을 도왔다.	

☐ **poseur**	잘난 체하는 사람	
[pouzə́:r]	He pretends to be a **poseur** when he is with strangers. 그는 처음 만나는 사람 앞에서 잘난 체한다.	

☐ **presumptuous**	주제넘은, 건방진	
[prəzʌ́mptʃuəs]	She is unbearably **presumptuous**. 그녀는 견디기 힘들 정도로 건방지다.	

☐ **proclaim**	선언하다	
[proukléim] ★★	He **proclaimed** the country to be a democracy. 그는 그 나라를 민주주의 국가라고 선언했다.	

☐ **procrastinate**	질질 끌다	⊙ disc 3_23
[prəukrǽstənèit]	These day's I am **procrastinating** a lot. 요즘 나는 많은 일을 질질 끌고 있다.	

☐ **profess**	공언하다, 명언하다, ～인 체하다, 치장하다	
[prəfés]	He doesn't **profess** to be an expert. 그는 전문가라고 자칭할 의도는 없다.	

☐ **purport**	주장하다	
[pərpɔ́:rt]	The movie **purports** to be based on facts. 그 영화는 사실을 토대로 만들어졌다고 주장한다.	

☐ **rebuke**	비난하다	
[ribjú:k]	He sternly **rebukes** me. 그는 엄격하게 나를 비난한다.	

☐ **rebuttal**	반박	
[ribʌ́tl]	He delivered an angry **rebuttal**. 그는 분노에 가득 차서 반론을 했다.	

☐ **reprehend**	강하게 비난하다, 책망하다	

[rèprihénd]   He **reprehended** her conduct.
그는 그녀의 행위를 책망했다.

☐ **reprehensible**   비난받을 만한

[rèprəhénsəbl]   It is a **reprehensible** behavior.
그것은 비난받을 만한 행동이다.

☐ **reproach**   비난하다

[ripróutʃ]   He **reproached** her for her carelessness.
그는 그녀의 부주의를 나무랐다.

☐ **repudiate**   거절하다, 연을 끊다, 부인하다

[ripjú:dièit]   She **repudiated** unequivocally the possibility of reconciliation.
그녀는 화해의 가능성을 단호하게 부인했다.

☐ **restless**   가만히 못 있는

[réstləs]
★   He is **restless** and gets tired of things quickly.
그는 침착하지 못하고 싫증을 잘 낸다.

☐ **riddance**   제거, 없애기, 일소

[rídəns]   Her sudden departure was a happy **riddance**.
그녀가 갑자기 떠나서 후련했다.

☐ **scathe**   상처를 입히다, 혹평하다. 손해

[skéið]   Scorn comes commonly with **scathe**.
경멸은 일반적으로 혹평을 수반한다.

☐ **scornful**   경멸하여

[skɔ́:rnfəl]   She was **scornful** of his efforts.
그녀는 그의 노력을 비웃었다.

☐ **shudder**   떨리다

[ʃʌ́dər]   He was **shuddering** all over.
그는 전신을 떨고 있었다.

☐ **slander**   중상

[slǽndər]   He sued the publisher for **slander**.
그는 출판사를 명예 훼손으로 고소했다.

☐ **sneer**   냉소하다, 비웃다

[snír]   They **sneer** at his speech.

그들은 그의 연설을 비웃는다.

□ **sop**	비위 맞추기, 감언, 뇌물, ～를 적시다, 함빡 젖게 하다

[sáp]

It was merely a sop.
그것은 단지 비위를 맞추는 것에 지나지 않았다.

□ **stutter**	말을 더듬다

[stʌ́tər]

He stuttered out an explanation.
그는 더듬거리면서 설명했다.

□ **sublimate**	승화시키다

[sʌ́bləmèit]

He sublimates his lust by throwing himself into his work.
그는 업무에 열중함으로써 정욕을 승화시킨다.

□ **sullen**	시무룩한

[sʌ́lən]

She wore a sullen expression on her face.
그녀는 시무룩한 표정을 하고 있었다.

□ **surveillance**	감시

[sərvéiləns]
★★

We conduct surveillance.
우리는 감시를 한다.

□ **susceptible**	영향을 받기 쉬운

[səséptəbl]

The company is extremely susceptible to influences from the outside.
그 회사는 외부로부터 영향을 받기 대단히 쉽다.

□ **tantalize**	감질나게 하다	⊙ disc 3_24

[tǽntəlàiz]

Dieters are tantalized by the smell of donuts.
다이어트를 하는 사람들은 도넛 냄새에 감질나게 된다.

□ **thrilling**	오싹하는, 스릴 만점의

[θríliŋ]

The mere sight of it is thrilling to me.
나는 그것을 보는 것만으로도 오싹하다.

□ **treachery**	배반

[trétʃəri]

He engaged in treachery.
그는 배반을 했다.

□ **treason**	반역

[tríːzən]

He committed treason.

그는 모반에 관계했다.

□ **trendy**	최신 유행의, 최신 유행을 좇는 사람
[tréndi] ★	She always wears trendy clothes. 그녀는 언제나 유행하는 옷을 입고 있다.

□ **umbrage**	분하게 여김, 불쾌한 감정
[ʌ́mbridʒ]	He took umbrage at what she said. 그는 그녀가 말한 것을 불쾌하게 생각했다.

□ **unanimous**	만장일치의, 같은 의견의
[juːnǽnəməs] ★★	The meeting is unanimous as to the policy to be followed. 그 집회에 모인 사람들은 따라야 할 방침에 대해 같은 의견이다.

□ **uncouth**	예의를 모르는, 상스러운
[ʌnkúːθ]	Her son is rather uncouth. 그녀의 아들은 무례하다.

□ **undermine**	해치다
[ʌ̀ndərmàin] ★	Please don't undermine my efforts. 나의 노력을 더럽히지 마세요.

□ **unleash**	해방하다, 폭발시키다
[ənlíːʃ] ★	We unleash an attack on the enemy. 우리는 적에게 공격을 퍼붓는다.

□ **unnerve**	기력을 빼앗다, 약하게 하다, 무기력하게 하다
[ənə́ːrv]	The ups and downs of the stock market are unnerving. 그 주식시장의 오르내림은 약해지고 있다.

□ **vague**	어렴풋한, 희미한, 모호한, 애매한, 흐릿한, 막연한
[véig] ★★	She was intentionally vague in her reply. 그녀는 외도적으로 대답을 모호하게 했다.

□ **vengeful**	집념이 강한
[véndʒfəl]	I don't like him because he is too vengeful. 내가 그를 좋아하지 않는 이유는 그가 집념이 너무 강하기 때문이다.

□ **verbose**	장황한
[vəːrbóus]	I didn't enjoy today's lecture because the speaker was

verbose.
오늘의 강연자는 말을 장황하게 많이 해서 재밌지가 않았다.

□ **vindictive**	보복을 하려는

[vìndíktiv] It was rather **vindictive** of her to remind everyone of the scandal.
그녀가 모두에게 그 스캔들을 상기시킨 것에는 약간의 복수심이 들어 있었다.

□ **wanton**	까닭 없는

[wάntən] The slum houses were razed in **wanton** disregard for the people living there.
악의적으로 그곳에 사는 사람을 경시함으로써 슬럼가는 완전히 파괴되었다.

□ **wistful**	아쉬워하는, 애석해하는

[wístfəl] With a **wistful** expression on his face, he paid the bill.
그는 아쉬워하는 얼굴로 청구서를 지불했다.

□ **wit**	지력, 이해력

[wít] We appreciate the **wit** and style of many of the firm's TV advertisements.
우리는 텔레비전의 많은 광고에서 볼 수 있는 그 회사의 기지와 스타일에 감탄한다.
★

□ **woo**	구혼하다, 간청하다

[wú:] She did not attempt to **woo** him back to her.
그녀는 그에게 한 번 더 자신에게 돌아와줬으면 좋겠다고 간청하지 않았다.

□ **wrangle**	언쟁을 벌이다

[rǽŋgl] She **wrangled** with the phone company over who was at fault.
그녀는 전화 회사와 누가 잘못했는지를 두고 언쟁을 벌였다.

□ **yawn**	하품하다, 크게 벌어지다	(⊙ disc 3_25)

[jɔ́:n] The gap between market price and target price was **yawning** wide.
★
시장 가격과 목표 가격 사이의 차이가 크게 벌어졌다.

□ **yawnful**	하품 나게 하는, 지루하게 하는

[jɔ́:nfəl] The movie was **yawnful**.
영화는 하품이 날 정도로 지루했다.

☐ **yawning**	하품을 하는, (틈이) 크게 벌어져 있는
[jɔ́ːniŋ]	There was a **yawning** gap between the house and its foundation.
	집과 그 (건물의) 기초는 격차가 극심하다.

☐ **yokel**	촌놈
[jóukl]	He's such a **yokel**.
	그는 완전히 촌놈이다.

☐ **zeal**	열의, 열성
[zíːl]	I detect little **zeal** for change among the local people.
	지역 사람들에게서 변혁에 대한 열의는 거의 찾을 수 없다.

과학

미국은 미취학 아동부터 의무 교육을 실시합니다. 유소년 아동들을 대상으로 하는 대부분의 커리큘럼은 자연과 함께하면서 과학을 접할 수 있는 기회를 가능한 한 많이 마련하도록 구성되어 있습니다.

☐ **adamant** (재질로서) 철석같은, 요지부동의   (⊙ disc 3_26)

[ǽdəmənt]

He was **adamant** about them coming home before midnight.

그는 한밤중이 되기 전까지는 그들이 집에 오지 않을 것이라며 요지부동이었다.

☐ **anthropoid** 유인의, 유인원

[ǽnθrəpɔ̀id]

Fossils found at this site belong to some **anthropoid** ape species.

이 장소에서 발견된 화석은 유인원의 것이었다.

☐ **arable** 경작에 적합한, 경작지

[érəbl]

I have recently bought an **arable** property near the mountains.

★ 최근에 나는 경작에 적합한 산 근처의 토지를 구입했다.

☐ **arid** 건조한

[ǽrəd]

This plant grows in an **arid** area of the country.

이 식물은 이 나라의 건조한 지대에서 자란다.

☐ **aromatic** 향이 좋은, 방향식물, 향료

[érəmǽtik]

Aromatic teas are popular this year.

올해는 향기 있는 차가 인기다.

| □ **astral** | 별의 | |

[ǽstrəl]

We observed the **astral** body.
우리는 천체를 관측했다.

| □ **atavism** | 격세유전 |

[ǽtəvìzm]

Some illness appears in the form of **atavism**.
병에 따라서는 격세유전으로 나타나는 것도 있다.

| □ **auroral** | 오로라의 |

[ərɔ́:rəl]

I have never seen an **auroral** light.
나는 오로라의 빛을 본 적이 없다.

| □ **auxiliary** | 보조의 |

[ɔ:gzíliəri]
★★

He commands a troop of **auxiliary**.
그는 (외국에서 온) 원군을 지휘한다.

| □ **awry** | 구부러진, 비뚤어진 |

[ərái]

Her plan has gone **awry**.
그녀의 계획은 실패했다.

| □ **badger** | 오소리 |

[bǽdʒər]

Like a **badger**, he preferred to live life alone and shied
away from others.
그는 오소리처럼 혼자 생활하는 것을 좋아하여 타인을 멀리했다.

| □ **baleful** | 유해한 |

[béilfəl]

The dog gave its owner a **baleful** look and then
returned to its cushion.
그 개는 주인에게 사악한 눈길을 보내며 쿠션을 되돌려놓으려
고 했다.

| □ **bifurcated** | (길, 강, 나뭇가지 등이) 두 갈래로 나뉜 |

[báifərkèitəd]

Snakes have **bifurcated** tongues.
뱀의 혀는 두 갈래로 나뉘어져 있다.

| □ **buoyant** | 부력이 있는 |

[bɔ́iənt]
★★

We threw the **buoyant** life preserver to them.
우리는 부력 구명구를 그들에게 던졌다.

| □ **callow** | 아직 깃털이 나지 않은, 미숙한 |

[kǽlou]

That was a **callow** act.
그것은 미숙한 연기였다.

☐ **calorific**　　열을 발생하는

[kæ̀lərífik]　　It has a high **calorific** value.
그것은 칼로리가 높다.

☐ **carnivore**　　육식동물

[kɑ́rnivɔ̀ːr]　　Lions are the best example of **carnivores**.
사자는 육식동물의 대표적인 예이다.

☐ **carnivorous**　　육식성의, 식충성의

[kɑrnívərəs]　　Humans are also **carnivorous**.
인간도 육식동물이다.

☐ **celestial**　　천공의

[səléstʃəl]　　There are nine **celestial** bodies orbiting our sun.
★　　태양 주위에 9개의 천체가 돌고 있다.

☐ **Centaur**　　켄타우로스

[séntɔ̀ːr]　　This is the statue of a **Centaur**.
이것은 켄타우로스 상이다.

☐ **centigrade**　　섭씨

[séntəgrèid]　　The temperature dropped to four degrees **centigrade**.
기온이 섭씨 4도로 내려갔다.

☐ **cephalopod**　　두족류(오징어, 문어류)

[séfələpɑ̀d]　　Squids and octopuses are **cephalopod**.
오징어와 문어는 두족류이다.

☐ **chameleon**　　카멜레온

[kəméliən]　　They say **chameleons** are difficult to keep as pets.
그들은 카멜레온을 기르기가 어렵다고 말한다.

☐ **chimerical**　　상상의, 환상 속의

[kimérikəl]　　My son likes to make up stories about **chimerical** creatures.
내 아들은 상상 속의 생물에 관한 이야기를 만드는 것을 좋아한다.

☐ **cilia**　　솜털

[síliə]　　The **cilia** in the inner ear are easily destroyed by loud noise.
내이(內耳)의 솜털은 큰 소리에 의해 쉽게 파괴되기도 한다.

| ☐ **ciliated** | 섬모가 있는, 섬모충, 섬모충의 |
| [síliətəd] | Pond water is populated by microscopic **ciliated** animals.
연못에는 미시적 섬모가 있는 생물이 생식하고 있다. |

| ☐ **clairvoyant** | 천리안, 투시력   ⊙ disc 3_28 |
| [klɛrvɔ́iənt] | We would need **clairvoyant** powers to read his mind.
그의 마음을 읽기 위해 투시 능력이 필요할 것이다. |

| ☐ **cluster** | (밀집한 사람, 동물, 물건의) 집단, 무리, 군중, 연속적으로 일어난 일 |
| [klʌ́stər] | His pupils formed a little **cluster** around him.
그의 주위로 학생들이 작은 무리를 이루었다. |

| ☐ **cognate** | 조상이 같은, 같은 어원의 |
| [kɑ́gneit] | English and German can be considered as **cognate** languages.
영어와 독일어의 어원은 같다고 볼 수 있다. |

| ☐ **combustible** | 가연성의, 흥분하기 쉬운 |
| [kəmbʌ́stəbl] | We must separate **combustible** from noncombustible garbage.
우리는 가연성 쓰레기와 불연성 쓰레기를 구분해야 한다. |

| ☐ **conch** | 고둥 |
| [kɑ́ntʃ] | He blows a **conch** horn.
그는 고둥을 분다. |

| ☐ **concurrent** | 동시에 발생하는, 일치의 |
| [kənkə́:rənt]
★ | These events were **concurrent** with the accident.
이 사건들은 사고와 동시에 발생했다. |

| ☐ **conifer** | 침엽수 |
| [kɑ́nəfər] | Northern forests consist mainly of **conifers**.
북부의 숲은 주로 침엽수로 이뤄져 있다. |

| ☐ **convolute** | 회선형의, 포선형의 |
| [kɑ́nvəlù:t] | This plant is **convolute**.
이 식물은 포선형이다. |

| ☐ **crustacean** | 갑각류 |
| [krəstéiʃən] | Crabs and shrimp are among the edible **crustacean**.
게와 새우는 식용 갑각류에 속한다. |

☐ **cyto–**	세포의

[sáitou]

The **cyto**-skeleton of plants is made mostly of cellulose.
식물세포의 골격은 주로 섬유소로 구성되어 있다.

☐ **degradable**	분해성의

[digréidəbl]

Please throw **degradable** materials into the compost.
분해성 물질을 퇴비 안에 넣어주세요.

☐ **degraded**	품질이 저하된, 품위가 떨어진

[digréidəd]

The sauce had to be recalled because **degraded** oils were used in its production.
품질이 떨어지는 기름이 사용되었으므로 그 소스를 회수해야만 했다.

☐ **dehydration**	건조

[dì:haidréiʃən]

He drinks lots of water to stop **dehydration**.
그는 탈수증을 방지하기 위해 물을 많이 마신다.

☐ **delineation**	윤곽 묘사, 스케치, 도형

[dəlìniéiʃən]
★★

She makes a clear **delineation**.
그녀는 뚜렷하게 윤곽을 묘사한다.

☐ **detergent**	세제

[dətə́:rdʒənt]

★

My company developed an environmentally friendly **detergent** to add to the existing line of products.
회사에서는 현재의 상품 라인에 환경 친화적인 세제를 개발해 내놓았다.

☐ **detonation**	폭발

[dètənéiʃən]

That is a disastrous **detonation**.
저것은 참담한 폭발이다.

☐ **dioxide**	이산화물

[daiɑ́ksàid]
★

CO_2 stands for carbon **dioxide**.
CO_2는 이산화탄소의 기호이다.

☐ **discernible**	분간할 수 있는

[dìsə́:rnəbl]

Her motives are readily **discernible**.
그녀의 진의는 쉽게 분간할 수 있다.

☐ **empyreal**	최고천의, 하늘의

[èmpairí:əl]

My brother says that listening to classical music is an

empyreal pleasure.
남동생은 클래식 음악을 듣는 것이 최고의 즐거움이라고 한다.

| ☐ **encroachment** | 침식, 침략, 침입 |

[enkróutʃmənt]
It is an encroachment on personal privacy.
그것은 사생활 침해다.

| ☐ **equinox** | 주야 평분시, 춘분, 추분 | ⊙ disc 3_29 |

[í:kwənɑ̀ks]
★
There are observances held on the day of the equinox.
춘분의 날에 여러 행사가 열린다.

| ☐ **floe** | (해상에 떠 있는) 빙원, 부빙 |

[flóu]
She prances on ice floes.
그녀는 빙원 위를 뛰어다닌다.

| ☐ **flora** | 식물군 |

[flɔ́:rə]
★
They study the flora of the Amazon basin.
그들은 아마존 강 유역의 식물군을 연구한다.

| ☐ **forensic** | 범죄과학의, 법정의 |

[fɔ̀:rénsik]
My brother studied forensic psychology.
내 남동생은 범죄심리학을 공부했다.

| ☐ **frond** | 엽상체, (잘게 갈라진) 잎 |

[fránd]
The shack was covered with bamboo fronds.
그 오두막은 대나무 잎으로 덮여 있었다.

| ☐ **fulcrum** | 지주 |

[fúlkrəm]
When the fulcrum broke, the kids fell off the teetertotter.
그 지주가 쓰러졌을 때, 아이들은 시소에서 떨어졌다.

| ☐ **fusion** | 융해, 융합, 융합물 |

[fjú:ʒən]
They are total fusion.
그것들은 완벽한 융합물이다.

| ☐ **galaxy** | 은하, 소우주 |

[gǽləksi]
★
He observes distant galaxies.
그는 멀리 떨어진 은하를 관찰한다.

| ☐ **glutinous** | 점착성의, 끈적끈적한 |

[glú:tənəs]
We pound glutinous rice into rice cake.

그들은 떡을 찧었다.

□ **granite**	화강암
[grǽnət]	This is a message carved in **granite**. 이것은 화강암에 새겨진 메시지다.

□ **gregarious**	군생하는, 사교적인
[grəgériəs]	I am quite the **gregarious** fellow. 나는 꽤 사교적인 사람이다.

□ **habitat**	거주 환경
[hǽbətæt]	We assure a stable **habitat**. 우리는 안정된 거주 환경을 보장한다.

□ **harbinger**	선구자, 전조
[hárbəndʒər]	This is an ominous **harbinger**. 이것은 불길한 전조다.

□ **hawser**	(해사) 닻줄, 굵은 밧줄
[hɔ́:zər]	A **hawser** was fixed to the ship for towing. 예인하기 위해 굵은 밧줄로 배를 고정시켰다.

□ **hermetically**	밀폐해서
[hərmétikəli]	The room was **hermetically** sealed. 그 방은 밀폐되어 있었다.

□ **hieroglyphic**	상형문자의, 그림문자의, 상형문자, 그림문자
[hàirouglífik]	He deciphers **hieroglyphics**. 그는 상형문자를 해독한다.

□ **hinge**	돌쩌귀, 요점, 간접, 중심점
[híndʒ] ★	He removes the **hinges**. 그는 돌쩌귀를 빼낸다.

□ **horde**	군중, 떼
[hɔ́:rd]	We confront **hordes** of mosquitoes. 우리는 모기떼에 맞선다.

□ **humid**	다습한
[hjú:məd] ★	The air is **humid**. 습기 찬 공기이다.

□ **hummock**	언덕, (늪지대의) 수림지대
[hʌ́mək]	I will build a house on this **hummock**. 나는 이 언덕 위에 집을 지을 것이다.

□ **humus**	부식, 부엽토
[hjúːməs]	I let my lawn clippings turn into **humus**. 나는 깎아낸 잔디를 부엽토로 바꿨다.

□ **husk**	껍질, 외피
[hʌ́sk]	They remove **husks** from Indian corn. 그들은 옥수수의 외피를 제거한다.

□ **igneous**	화성의, 불같은	⊙ disc 3_30
[ígniəs]	This island consists of **igneous** rock. 이 섬은 화성암으로 되어 있다.	

□ **impervious**	불침투성의, 둔감한
[ìmpə́ːrviəs]	He becomes **impervious** to everything around him. 그는 주위의 모든 것에 대해 무감각해진다.

□ **inert**	활발하지 못한, 비활성의
[inə́ːrt]	These chemical compounds are **inert** and will react with nothing. 이 화합물들은 비활성이며 어떤 것에도 반응하지 않을 것이다.

□ **ingredient**	구성 요소, 원재료
[iŋgríːdiənt] ★	It is an essential **ingredient** in fertilizer. 그것은 비료에 필요불가결한 성분이다.

□ **internecine**	서로 죽이는, 너 죽고 나 죽고 식의, 피비린내 나는
[ìntəːrnəsíːn]	**Internecine** feuds are tearing the country apart. 동족간의 싸움은 국가를 갈라놓는다.

□ **isotope**	아이소토프, 동위원소
[áisətòup] ★★	They create an **isotope** in a reactor. 그들은 원자로에서 동위원소를 만든다.

□ **kerosene**	등유
[kérəsìːn] ★	She got a whiff of **kerosene**. 그녀는 등유 냄새를 맡았다.

□ **lagoon**	초호, 저수지

	[ləgúːn]	Sea turtles tend to mate in lagoons.
		바다거북은 초호(환초로 둘러싸인 해면)에서 교미하는 경향이 있다.

☐ **latitude** 위도

[lǽtətùːd]
★

They measure the latitude.
그들은 위도를 측정한다.

☐ **limpid** (액체, 기체가) 투명한, 명쾌한, 걱정이 없는

[límpid]

There is a limpid lake.
투명한 호수가 있다.

☐ **lipid** 지질

[lípəd]

Mineral oil is a mixture of lipids.
광물유는 지질의 혼합물이다.

☐ **lode** 광맥, 풍부한 원천

[lóud]

We dig a mother lode.
우리는 주맥을 채굴한다.

☐ **maggot** 구더기, 변덕

[mǽgət]

They are crawling with maggots.
구더기가 우글거리고 있다.

☐ **mammal** 포유동물

[mǽməl]
★

They are higher mammals.
그들은 고등 포유동물이다.

☐ **marsupial** 유대동물의, 유대동물

[mɑrsúːpiəl]

Kangaroos are marsupials.
캥거루는 유대동물이다.

☐ **membrane** 막

[mémbrèin]
★★

It is a semi permeable membrane.
그것은 반투과성 막이다.

☐ **multilayered** 중층의, 다층의

[mʌltiléiərd]

They deploy multilayered missile defense networks around the world.
그들은 세계 곳곳에 중층 미사일 방어망을 배치하고 있다.

☐ **musty** 곰팡내 나는, 진부한

[mʌsti]　This smells **musty**.
이것은 곰팡내가 난다.

| ☐ **nacre** | 진주층, 진주층으로 덮인 |

[néikər]　Pearls are made from **nacre**.
진주는 진주층에서 만들어진다.

| ☐ **nascent** | 발생기의, 초기의 |

[néisənt]　They affected the **nascent** economic recovery.
그들은 초기 경기 회복에 영향을 주었다.

| ☐ **nitrate** | 질산염 |

[náitrèit]　This field needs **nitrate** fertilizer.
이 밭에는 질산 비료가 필요하다.

| ☐ **occult** | 비밀의, 마술적인, 숨기다 |

[əkʌ́lt]　He **occults** a bright object.
그는 빛나는 물체를 숨긴다.

| ☐ **ocular** | 눈의, 시각상의 | ⊙ disc 3_31 |

[ákjulər]　The **ocular** piece of this microscope is broken.
이 현미경의 접안렌즈가 부서져 있다.

| ☐ **offal** | 동물의(내장), 썩은 고기 |

[ɔ́:fəl]　Smelly **offal** littered the street.
악취를 풍기는 동물의 내장이 도로에 널려 있었다.

| ☐ **oolite** | 어란상 석회암 |

[óuəlàit]　We discovered a large amount of **oolite**.
우리는 대량의 어란상 석회암을 발견했다.

| ☐ **ore** | 광석, 원석, 금 |

[ɔ́:r]　They melt **ore**.
그들은 광서을 용해한다.

| ☐ **ornithologist** | 조류학자 |

[ɔ̀:rnəθáləʤist]　Peter is an **ornithologist**.
피터는 조류학자이다.

| ☐ **ovulate** | 배란하다 |

[ávjulèit]　It is about to **ovulate**.
곧 배란할 것이다.

24

☐ **oxidation**　　산화

[àksədéiʃən]
Oxidation of iron is also called 'rust'.
철의 산화는 '녹'이라고도 불린다.

☐ **paramecium**　　짚신벌레

[pèrəmíːsiəm]
If you want to see the paramecium, you need a microscope.
만약 당신이 짚신벌레를 관찰하고 싶다면 현미경이 필요하다.

☐ **photovoltaic**　　광전지의

[fòutəvòultéiik]
Photovoltaic cells allow one to gain electricity from sunlight.
광전지는 태양광에서 전기를 가져온다.

☐ **plumage**　　날개

[plúːmədʒ]
This is a bird with glossy black plumage.
이것은 윤이 나는 검은 날개를 가진 새이다.

☐ **pollination**　　수분(受粉)

[pàlənéiʃən]
Without bees there would be little pollination of crops.
꿀벌이 없다면 곡물 수분은 거의 불가능할 것이다.

☐ **positron**　　양전자

[pázətràn]
Scientists have found the first proof of the existence of positrons.
과학자들은 양전자가 존재하는 첫 증거를 발견했다.

☐ **precipitation**　　강우량, 강수

[prəsìpətéiʃən]
Precipitation fell over most of the country yesterday.
어제 대부분의 지역에서 비가 내렸다.

☐ **predation**　　포식

[pridéiʃən]
★
The young of many animals are decimated by predation.
동물의 새끼 대부분은 포식으로 인해 죽는다.

☐ **primate**　　영장류

[práimèit]
They are fossil remains of early primates
그것들은 초기 영장목 동물의 화석이다.

☐ **primordial**　　근본 원리의

[prìmɔ́ːrdiəl]
Life is supposed to have arisen from a 'primordial soup'.

생명체는 '원시 스프(원시의 바다에서 펼쳐지는 아메바들의
생존 경쟁)'에서 발생한 것으로 추정된다.

☐ **prokaryotic**	원핵세포의
[proukæriátik]	Bacteria are **prokaryotic** cells. 세균은 원핵세포이다.

☐ **protozoan**	원생생물(의), 원충
[pròutəzóuən]	Malaria is caused by a parasitic **protozoan** in the blood. 말라리아는 혈액에 들어간 기생성 원충에 의해 발생한다.

☐ **quail**	메추라기
[kwéil]	He hunts **quail**. 그는 메추라기를 사냥한다.

☐ **quantum**	양자, 다량, 획기적인
[kwántəm]	The new invention is a **quantum** leap of technology. 그 새로운 발명품은 (과학 기술의) 획기적인 비약이다.

☐ **raw**	날것의, 원료 그대로, 미숙한, 다듬어지지 않은 ⊙ disc 3_32
[rá] ★★	A year later he has still **raw** from the rejection he had suffered. 일 년이 지났어도 그는 거부된 상태 그대로이다.

☐ **resin**	송진
[rézìn]	You have to mix the two **resins** to activate the glue. 접착제를 활성화시키려면 두 개의 수지를 섞어야만 한다.

☐ **ruminant**	반추동물
[rú:mənənt]	Cows and sheep are **ruminants**. 소와 양은 반추동물이다.

☐ **sediment**	침전물
[sédəmənt] ★	Please carefully examine the **sediments** of the river. 강의 침전물을 주의 깊게 조사해보세요.

☐ **seismic**	지진
[sáizmik] ★★	A **seismic** scale measures the strength of an earthquake. 지진계는 지진의 강도를 측정한다.

☐ **slush**	진창이 된 눈, 윤활유
[slʌʃ]	Freezing **slush** hardened into ice.

젖은 눈은 굳어서 얼음이 된다.

☐ **snare**	(작은 동물이나 새 등을 잡는) 덫, (사람을 빠뜨리는) 함정, 유혹
[snér]	They avoided the **snare** he so craftily set. 그들은 그가 교묘하게 장치한 덫을 피했다.

☐ **solar cell**	태양전지
[sóulər sél] ★	The market for **solar** cells is hot this year. 올해 태양전지 시장은 활발하다.

☐ **specimen**	견본, 표본
[spésəmən] ★	We labeled each **specimen** with a number. 우리는 각 표본에 번호 라벨을 붙였다.

☐ **spectrum**	스펙트럼, 범위
[spéktrəm] ★	He measures the ultraviolet **spectrum** of Halley's comet. 그는 핼리혜성의 자외선 스펙트럼을 측정한다.

☐ **spore**	포자
[spɔːr]	Mold **spores** can cause allergies. 곰팡이의 포자는 알레르기의 원인이 될 수 있다.

☐ **spruce**	가문비나무 [소나무과]
[sprúːs]	Our cabin is surrounded by **spruce** trees. 우리의 작은 집은 가문비나무로 둘러싸여 있다.

☐ **stagnant**	정체된
[stǽgnənt] ★	**Stagnant** water is a breeding ground for mosquitoes. 고여 있는 물은 모기의 생육지가 된다.

☐ **stamen**	(식물의) 수술
[stéimən]	Tulip flowers have six **stamens**. 튤립 꽃에는 6개의 수술이 있다.

☐ **stench**	악취
[sténtʃ]	We tried unsuccessfully to wave away the **stench**. 우리는 그 악취를 없애려고 했으나 잘 되지 않았다.

☐ **strata**	지층
[strǽtə]	These **strata** are deposited by the sea. 이 지층들은 바다에 의해 퇴적된다.

□ **tactile**	촉각의	
[tǽktəl]	Silk shirts are worn partly for the **tactile** pleasure they provide.	
★★	감촉이 좋다는 이유로 실크 셔츠를 착용한다.	

□ **tantalum**	탄탈룸 [원소]	
[tǽntələm]	**Tantalum** is a metal element and it's symbol is Ta.	
	탄탈룸은 금속 원소로 기호는 Ta이다.	

□ **tepid**	(액체가) 미지근한, 열의 없는	
[tépəd]	He gave a **tepid** endorsement of the product.	
	그는 열의 없이 그 제품에 보증서를 붙였다.	

□ **ultrasound**	초음파	
[ʌ̀ltrəsáund]	The **ultrasound** shows no abnormality.	
	초음파 검사 결과에 이상은 없다.	

□ **vacuum-packed**	진공 포장된	⊙ disc 3_33
[vǽkjuːm pǽkt]	We export **vacuum-packed** fish to foreign countries.	
	우리는 진공 포장된 생선을 외국에 수출하고 있다.	

□ **vermin**	해충	
[vɚ́ːrmìn]	The building swarms with **vermin**.	
	그 건물에는 해충이 우글거린다.	

□ **xanthic**	황색의, 크산틴의	
[zǽnθik]	**Xanthic** flowers tend to smell bed.	
	노란 꽃들은 대개 향이 좋지 않다.	

전략

전략(Strategy)이란 경영 방침을 세울 때 필요한 중요한 시책이며 구체적인 방침을 말합니다. MBA에서는 주로 케이스 스터디를 통해 전략 컨설팅처럼 기업을 분석합니다. 넓은 의미에서는 전술이나 장래 전망을 포함하기도 합니다. 기업 활동뿐만 아니라 인간의 의지가 작용하는 곳에서 폭넓게 응용할 수 있는 어휘입니다.

☐ **accelerate**　　가속하다　　　　　　　　　　　⊙ disc 3_34

[æksélərèit]

★

Production has **accelerated** sharply in the last two decades.
과거 20년 동안에 생산 속도는 급속히 빨라졌다.

☐ **accretion**　　증대

[əkríːʃən]

The **accretion** of small differences led eventually to the creation of different species.
작은 차이가 모이면 최후에는 작은 다른 종들이 창조된다.

☐ **achievement**　　달성, 성취

[ətʃíːvmənt]

★

He accomplished a great **achievement**.
그는 위업을 달성했다.

☐ **acrimonious**　　신랄한

[æ̀krəmóuniəs]

★★

It is an **acrimonious** argument.
그것은 신랄한 주장이다.

☐ **actuarial**　　보험 통계상의

[æ̀ktʃuɛ́əriəl]

It is not easy to understand **actuarial** statistics.
보험 통계를 이해하는 것은 쉽지 않다.

☐ **adulterated**　　불량한, 불순한　　　　　　　　⊙ disc 3_35

Adulterated wine was the cause of widespread poisoning.
혼합물이 섞인 와인이 광범위하게 퍼진 중독의 원인이었다.

□ adversary 적, 경쟁 상대

[ǽdvərsèri]

We are business **adversaries**, but we are friends in private life.
우리는 업무상으로는 적이지만 사생활에서는 친구다.

□ advocate 주장자, 지지자

[ǽdvəkèit]
★

The union was an able **advocate** for the workers.
조합은 종업원들의 유능한 대변자였다.

□ aegis 보호, 후원

[íːdʒəs]

The school operated under the **aegis** of the British Council.
그 학교는 영국 문화협회의 후원을 받아 경영되고 있다.

□ affray 난투, 소동

[əfréi]

There was an **affray** after the game.
시합 후, 소동이 있었다.

□ align 정렬시키다, 제휴하다

[əláin]

Please make sure that the titles are **aligned** at the top of the page.
타이틀이 페이지의 상단에 일직선으로 놓여 있는지를 확인하십시오.

□ alliance 동맹, 협정

[əláiəns]
★

Gradually, an **alliance** developed between them.
그들 사이에 서서히 협정이 진행되었다.

□ ambiguity 불명확함, 다의성, 양면성

[æmbigjúːəti]
★★

I can avoid **ambiguity** by rephrasing the sentence.
내가 그 문장을 고치면 모호함을 없앨 수 있다.

□ ambiguous 애매한

[æmbígjuːəs]
★

Her position is increasingly **ambiguous**
그녀의 입장은 점점 더 모호해진다.

□ ameliorate 개선하다

[əmíːljərèit]

He may be able to **ameliorate** the problem a little.

25

★★   그는 그 문제를 조금 개선할 수 있을지도 모른다.

□ **amenable**	유순한

[əmíːnəbl]

He is **amenable** to reason.
그는 도리를 안다.

□ **amend**	수정하다, 개량하다

[əménd]
★

The regulations must be **amended** slightly to permit it.
그것을 허가하기 위해서는 규제를 다소 완화해야만 한다.

□ **amicable**	우호적인

[ǽmikəbl]
★★

The two countries signed an **amicable** agreement.
두 나라는 우호적인 협정을 맺었다.

□ **analogy**	유사, 비슷함, 공통점, 유추

[ənǽlədʒi]

The relationship of Chinese to Korean is often compared to that of Latin to the Romance languages, but the **analogy** should not be carried too far.

★

중국어와 한국어와의 관계는 종종 라틴어와 로망스어와의 관계에 비교되지만, 그 유사성을 극단적으로 관철시켜서는 안 된다.

□ **analysis**	분석, 검토, 분석 결과

[ənǽləsəs]

After careful **analysis** of the painting, the experts declared it a fake.

★

전문가는 주의 깊게 그 그림을 분석한 후 그것이 가짜라고 발표했다.

□ **antithesis**	정반대, 대립

[æntíθəsəs]

She was the absolute **antithesis** of the aggressive modern woman.
그녀는 적극적인 현대 여성과는 확실히 정반대였다.

□ **arbiter**	중재자, 결정자

[árbətər]

They consider her the supreme **arbiter** of fashion.
그들은 그녀를 패션의 최고 권위자로 보고 있다.

□ **aspirant**	큰 뜻을 품은 사람, 대망을 품은

[ǽspərənt]

They are young **aspirants** to a career in medicine.
그들은 의학을 지망하는 젊은이들이다.

□ **atheistic**	무신론의, 무신론자 특유의

[èiθiístik]

Atheistic thought is becoming more common in modern society.

현대 사회에서의 무신론 사상은 더욱 일반적인 것이 되고 있다.

□ **averse**	반대하는, 싫어하는	⊙ disc 3_36
[əvə́:rs] ★★	My mother was **averse** to taking any risks. 내 어머니는 여러 가지 위험 요소를 감수하는 것을 싫어하셨다.	

□ **basis**	근거, 기본, 원칙, 주성분
[béisis] ★	I explain the **basis** for my reasoning. 나는 자신의 추론 근거를 설명한다.

□ **bellicose**	호전적인, 싸움을 잘하는
[béləkòus] ★★	Your **bellicose** behavior is not gaining you any sympathy. 적의에 가득 찬 당신의 행위는 어떤 동정도 얻지 못한다.

□ **belligerent**	싸움을 좋아하는
[bəlídʒərənt]	She is **belligerent** toward him. 그녀는 그에게 시비조이다.

□ **besiege**	포위하다
[bəsí:dʒ] ★★	The press **besieged** her for an opinion. 의견을 구하기 위해 보도 관계자가 그녀를 에워쌌다.

□ **bewilder**	어찌할 바를 모르게 하다
[bəwíldər]	I am still hopelessly **bewildered**. 나는 아직도 절망적이어서 어찌할 바를 모르고 있다.

□ **bland**	부드러운, 담백한, 온화한
[blǽnd]	It's **bland**. 그것의 맛은 담백하다.

□ **bureaucracy**	관료, (기업의) 관료적인 사람, 관료정치, 관료주의
[bjurɑ́krəsi] ★	He entered the **bureaucracy**. 그는 관료가 되었다.

□ **capitulate**	굴복하다
[kəpítʃu:lèit]	They **capitulated** in the issue. 그들은 그 문제에 대해 저항하는 것을 그만두었다.

□ **cartel**	카르텔, 기업연합
[kɑrtél]	These companies got together to form an industrial **cartel**.

| ★ | 이 회사들이 모여서 산업 카르텔을 형성했다. |

□ **cataclysmic** — 대홍수의, (사회적 · 정치적) 대변동의

[kǽtəklìsəmik]
★★
He made a **cataclysmic** gaffe.
그는 큰 실수를 저질렀다.

□ **centralization** — 집중, 기능의 집중화

[sèntrələzéiʃən]
★
The **centralization** of power is worrying me.
나는 중앙집권 때문에 걱정된다.

□ **chaotic** — 무질서의

[keiátik]
★
After this shorts rang out a **chaotic** scene unfolded.
권총 소리가 울린 후 무질서 상태가 되었다.

□ **coherence** — 밀착, 조화, 일관성

[kouhírəns]
★
I lost **coherence**.
나는 논리의 일관성을 잃어버렸다.

□ **compliant** — 고분고분한, 순종하는, 시키는 대로 하는, 비굴한

[kəmpláiənt]
★★
She is always **compliant** with him.
그녀는 그에게 계속 순종하고 있다.

□ **comport** — 처신하다, 행동하다

[kəmpɔ́ːrt]
He **comports** himself well.
그는 잘 처신한다.

□ **compromise** — 타협, 타협안, 타협하다, 양보하다

[kámprəmàiz]
★★
We drew up a **compromise**.
우리는 타협안을 작성했다.

□ **concatenate** — 쇠사슬 모양을 잇다, 연결하다

[kɑnkǽtənèit]
He **concatenate** fragments of data into contiguous blocks.
그는 단편화된 데이터를 통합해 연속된 블록으로 만든다.

□ **concord** — 조화

[kánkɔ̀ːrd]
We must live in **concord** with others.
우리는 타인과 조화롭게 살아야 한다.

□ **concordat** — (공식의) 협정

[kɑnkɔ́ːrdæt]
They drew up a **concordat** with the Church.
그들은 교회와의 협약을 작성했다.

☐ **configuration**	사정, 상대 위치	
[kənfìgjəréiʃən] ★	We had a strong **configuration** of players downfield. 우리는 상대 골 근처에 선수를 공격적으로 배치시켰다.	

☐ **conformity**	일치, 적합, 유사, 복종
[kənfɔ́ːrməti]	I require absolute **conformity**. 나는 완전한 의견 일치를 요구한다.

☐ **conglomerate**	컨글로머릿, 복합기업	⊙ disc 3_37
[kənglámərət] ★★	They form a multinational **conglomerate**. 그들은 다국적 복합기업을 조직한다.	

☐ **conglomeration**	복합, 복합기업 형성
[kənglàməréiʃən]	We move away from **conglomeration** toward a core-focused organization. 우리는 복합기업의 형성에서 핵 중심의 조직으로 이동한다.

☐ **contention**	논점
[kənténʃən]	His **contention** was disallowed. 그의 주장은 인정되지 않았다.

☐ **contentious**	토론을 좋아하는
[kənténʃəs]	He kept **contentious** issues off the agenda. 그는 논쟁을 불러일으키는 문제를 의제에서 제외시켰다.

☐ **crux**	난문, 난제, 급소, 핵심
[krʌ́ks]	The **crux** of the whole difficulty lies in him. 가장 곤란한 문제는 그에게 있다.

☐ **cul-de-sac**	막다른 골목, 궁지
[kʌ́ldəsæ̀k]	The live in a quiet **cul-de-sac**. 그들은 조용한 막다른 골목에 살고 있다.

☐ **cyclical**	주기적인, 순환의
[sáiklikəl]	The stock market has always been **cyclical**. 주식시장은 언제나 주기적으로 움직인다.

☐ **decadence**	퇴폐, 쇠퇴기, 타락
[dékədəns]	He rose out of **decadence**. 그는 타락에서 빠져나왔다.

☐ **decadent**	퇴폐적인
[dékədənt]	They are deplorably **decadent**.
	그들은 개탄스러울 정도로 퇴폐적이다.

☐ **defeatist**	패배주의자, 패배주의자의
[dəfíːtist]	He made a host of **defeatist** remarks that evening.
	그는 그날 밤에 패배주의자적인 발언을 많이 했다.

☐ **defection**	결점, 결함, 변절, 감퇴, 의무 불이행, 부족
[difékʃən]	He faces more **defections** in the near future.
	그는 가까운 미래에 변절을 더욱 많이 겪을 것이다.

☐ **demagogue**	선동가, 선동 정치인
[déməgɑ̀g]	He is mere **demagogue**.
★	그는 단지 선동가에 불과하다.

☐ **demographic**	인구 통계의
[dèməgræfik]	I study **demographic** change in the region.
	나는 그 지역의 인구 추이를 조사한다.

☐ **depreciate**	가치를 저하시키다, 구매력을 저하시키다, 경시하다
[dəpríːʃièit]	The yen has **depreciated** in value against the dollar.
★★	달러에 대한 엔의 가치가 하락하고 있다.

☐ **depreciation**	가격 저하, 감가상각
[dəprìːʃiéiʃən]	The company wrote off $2 million in **depreciation**.
	그 회사는 200만 달러를 감가상각분으로 했다.

☐ **desolate**	황폐한
[désələt]	We found the land indescribably **desolate**.
	우리는 그 토지가 말로 다 할 수 없을 정도로 황폐하다는 것을 깨달았다.

☐ **deterrence**	제지
[dətə́ːrəns]	We maintain **deterrence**.
★★	우리는 억제력을 유지한다.

☐ **devious**	우회하는, 에두르는, 상도를 벗어난
[díːviəs]	He lives in a **devious** world.
	그는 부정한 세계에서 살고 있다.

☐ **dichotomy**	대립, 이분	
[daikátəmi]	I can see a **dichotomy** in the argument. 나는 그 토론에 대립이 있다는 것을 알 수 있다.	

☐ **digressive**	주제를 벗어나기 쉬운
[digrésiv]	His lectures are sometimes **digressive**. 그의 수업은 이따금 주제에서 벗어날 때가 있다.

☐ **divulge**	폭로하다
[daivʌ́ldʒ]	He **divulges** information. 그는 정보를 폭로한다.

☐ **downsize**	(차, 컴퓨터를) 소형화하다, (인력 따위를) 축소하다
[dáunsàiz] ★	They **downsize** a large number of employees. 그들은 대량의 인원을 감축한다.

☐ **drawback**	결점	⊙ disc 3_38
[drɔ́:bæ̀k] ★★	This is a great **drawback**. 이것은 큰 결점이다.	

☐ **duplicity**	표리부동, 이중성
[du:plísəti] ★	Discovering his **duplicity** shocked his followers. 그의 불성실한 행위를 알게 된 추종자들은 충격을 받았다.

☐ **eclecticism**	절충법의 사용
[ikléktəsìzm]	In his profession he displays much **eclecticism**. 그는 전문 분야에서 여러 절충법의 사용을 보여준다.

☐ **effete**	(제도, 조직 등이) 시대에 뒤떨어진, 퇴폐적인
[ifí:t]	We are trying to change the **effete** nature of our executive team. 우리는 시대에 뒤떨어진 집행위원회의 체제를 바꾸기 위해 노력하고 있다.

☐ **entrepreneur**	기업가, 실업가
[ὰntrəprənə́:r] ★	He is a fledgling **entrepreneur**. 그는 신출내기 실업가이다.

☐ **exemplary**	전형적인, 좋은 예가 되는
[igzémpləri]	He established an **exemplary** system. 그는 모범적인 제도를 제정했다.

| ☐ **expansion** | 확대, 발전, 팽창, 증가량 |
| [ikspǽnʃən] ★ | We control the **expansion** of industry.
우리는 산업 확대를 억제한다. |

| ☐ **facet** | (다면체의) 일면, (문제, 성격 등의) 국면, 양상 |
| [fǽsət] | This will affect society in every **facet** of our lives.
이 일은 우리 생활의 모든 면에서 사회에 영향을 끼칠 것이다. |

| ☐ **feasible** | 실행할 수 있는, 가능성 있는, 알맞은 |
| [fíːzəbl] ★ | It is **feasible** for me to do the work by March.
나는 이 일을 3월까지 할 수 있다. |

| ☐ **forte** | 특기, 강점 |
| [fɔ́ːrtèi] | Signing is not really my **forte**.
노래는 그다지 내 특기가 아니다. |

| ☐ **grant** | 허락하다, 장학금, 보조금 |
| [grǽnt] ★ | He can get a **grant** for your research.
그는 당신의 연구를 위해 보조금을 받을 수 있다. |

| ☐ **hub** | (수레바퀴 등의) 바퀴통, 중심, 중추 |
| [hʌb] | Her friend can always be found at the **hub** of any activity.
어떤 활동이라도 그녀의 친구가 반드시 그 중심에 있다. |

| ☐ **hypocritical** | 위선적인, 위선자 같은 |
| [hìpikrítikəl] | He is totally **hypocritical**.
그는 완전히 위선적이다. |

| ☐ **imbue** | (사상, 야심 등을) 불어넣다, 고취하다 |
| [ìmbjúː] | He **imbues** an idea into students.
그는 사상을 학생들에게 주입시킨다. |

| ☐ **impregnable** | 난공불락의, 견고한 |
| [ìmprégnəbl] | He was sheltered in an **impregnable** fortress.
그는 난공불락의 요새로 피난했다. |

| ☐ **impromptu** | 준비 없는, 즉석의, 즉흥곡, 즉흥 연주 |
| [ìmprámptuː] ★★ | He gives an **impromptu** interview.
그는 긴급 기자회견을 연다. |

☐ **improvident**	선견지명이 없는, 앞일을 생각지 않는
[imprávədənt]	My father was **improvident** and when he died, my mother struggled to feed us children. 아버지가 앞일을 생각지 않고 살다가 돌아가시자, 어머니는 우리를 기르기 위해 필사적으로 노력하셨다.

☐ **incompatible**	맞지 않는
[ìnkəmpǽtəbl] ★★	They are **incompatible** with each other. 그들은 서로 맞지 않는다.

☐ **incongruity**	부조화, 불일치
[ìŋkɔːŋgrúːeti]	He points out an **incongruity**. 그는 불일치를 지적한다.

☐ **incongruous**	부조화의, 일치하지 않는
[ìnkɔ́ːŋgruəs]	Her private opinions were **incongruous** with her public statements. 그녀의 개인적 견해는 공적인 발언과 일치하지 않았다.

☐ **ineffective**	무효의
[ìnəféktiv] ★	He proves **ineffective**. 그는 효과가 없음을 입증한다.

☐ **inopportune**	시기를 놓친 ⊙ disc 3_39
[ìnàpərtúːn]	You arrived in an **inopportune** moment. 당신은 좋지 않은 시기에 도착했다.

☐ **kernel**	낟알, (문제의) 핵심
[kə́ːrnəl]	I like to eat raw wheat **kernels**. 나는 생밀의 낟알을 먹는 것을 좋아한다.

☐ **lethal**	치명적인
[líːθəl] ★★	The closure of the mine gave a **lethal** blow to the town. 탄광이 폐쇄되어 마을은 치명적인 타격을 입었다.

☐ **levity**	경망, 가벼움, 변덕
[lévəti]	He treats a serious subject with **levity**. 그는 심각한 화제를 가볍게 취급한다.

☐ **machinations**	모략
[mæ̀ʃənéiʃənz]	He exposes her **machinations**. 그는 그녀의 모략을 폭로한다.

☐ **menace**	위협
[ménəs] ★★	It is a big **menace**. 그것은 큰 위협이다.

☐ **model**	모형, 형식
[mάdəl] ★	He assembles a plastic **model**. 그는 플라스틱 모형을 조립한다.

☐ **municipal**	지방 자치의, 도시의, 내정의
[mju:nísəpəl] ★	The **municipal** government is elected every three years. 시의회는 3년마다 선출된다.

☐ **performance**	실행, 공적, 성과, 실행력
[pərfɔ́:rməns] ★	He appreciates her **performance**. 그는 그녀의 연기를 높이 평가한다.

☐ **pragmatic**	실용적인, 실용주의의
[præɡmǽtik] ★★	They adopt **pragmatic** policies. 그들은 실용적인 정책들을 도입한다.

☐ **pragmatism**	실용적인 생각, 실용주의
[prǽɡmətìzəm] ★★	He is showing great **pragmatism**. 그는 탁월한 실용주의를 발휘하고 있다.

☐ **procure**	조달하다
[proukjúr] ★	He **procures** the necessities from the local dealers. 그는 토지 업자에게서 필수품을 손에 넣는다.

☐ **purview**	범위
[pə́:rvjù:] ★★	This is not in the **purview** of my investigation. 이것은 내 조사 범위가 아니다.

☐ **realm**	영역
[rélm] ★★	We expand the **realm** of the company's activities. 우리는 회사 영업의 영역을 확장한다.

☐ **reduce**	감소시키다, 축소시키다, 희석하다
[rədú:s] ★★	I drastically **reduced** my social life, restricting it to weekends only. 나는 사교생활을 과감하게 줄여 주말로만 한정시켰다.

□ rejuvenate	활성화시키다
[ridʒúːvənèit]	He rejuvenates a system. 그는 제도를 활성화시킨다.

□ reparation	배상
[rèpəréiʃən]	He demands reparation for the injury. 그는 상해에 대한 보상을 요구한다.

□ repel	쫓아버리다
[rəpél]	They repelled an enemy. 그들은 적을 쫓아버렸다.

□ reroute	다른 길로 수송하다, 여정을 변경하다
[riráut]	They rerouted traffic. 그들은 운송을 다른 길로 변경했다.

□ retaliate	보복하다
[rətǽlièit]	I retaliated against these attacks with sarcasm. 나는 이 비난들에 야유로 보복했다

□ retaliation	보복
[ritæliéiʃən]	They invite retaliation. 그들은 보복을 초래한다.

□ retaliatory	보복의
[ritǽljətɔ̀ːri]	They take a retaliatory action. 그들은 보복적인 행동을 취한다.

□ role	역할, 임무, 직무　⊙ disc 3_40
[róul] ★	He took no interest in the role assigned him. 그는 자신에게 배정된 역에 조금의 흥미도 없었다.

□ root cause	근본적 원인
[rúːt kɔ́ːz] ★★	He addressed various root causes. 그는 여러 가지 근본 원인에 대해 고심했다.

□ scheme	계획
[skiːm] ★★	We administer a scheme. 우리는 사업 계획을 집행한다.

□ scope	범위, 기회, 여지

| [skóup] ★★ | We broadened the **scope** of an inquiry.
우리는 조사의 범위를 넓혔다. |

| □ **strategic** | 전략상의, 전략적인, 중요한, 효과적인 |
| [strətí:dʒik] ★ | We made some **strategic** mistakes.
우리는 몇 가지 전략적인 과오를 저질렀다. |

| □ **strategy** | 전략, (진중한) 계획, 방책 |
| [strǽtədʒi] ★ | We developed a new **strategy**.
우리는 새로운 전략을 개발했다. |

| □ **synergy** | 공동, 상승작용 |
| [sínərdʒi] ★ | Fusing the two departments will provide new **synergy**.
두 개의 매장을 결합하는 것은 새로운 상승 효과를 가져다줄 것이다. |

| □ **tactic** | 전법, 배열의, 순서의 |
| [tǽktik] ★ | The treaty aimed to reduce the number of **tactic** nuclear weapons.
그 조약은 전술 핵병기를 감축할 목적을 가지고 있었다. |

| □ **ubiquitous** | 도처에 존재하는 |
| [ju:bíkwətəs] ★ | Graffiti is **ubiquitous** in German cities.
낙서는 독일의 어느 도시에서나 흔히 볼 수 있다. |

| □ **undertake** | 맡다 |
| [ʌndərtéik] ★ | Will you **undertake** to let her know what has happened?
무슨 일이 일어났는지를 그녀에게 알리는 역할을 맡아주시겠습니까? |

| □ **unfold** | (종이, 천을) 펼치다, (비밀이나 계획 등을) 털어놓고 이야기하다 |
| [ənfóuld] | She **unfolded** her plan to him.
그녀는 그에게 계획을 털어놓았다. |

| □ **urgency** | 절박, 긴급 |
| [ə́:rdʒənsi] ★ | I recognize the **urgency** of the situation.
나는 시국의 긴급성을 인정한다. |

| □ **utilitarian** | 실용의 |
| [ju:tìlətériən] | This new airport was built under strictly **utilitarian** aspects.
이 신공항은 실용성을 엄격하게 추구하여 건축되었다. |

☐ **utility**	유용, 유익, 실용성, 공공시설, 공공사업, 공공요금

[juːtíləti]
★

It ceased to have any practical **utility**.
그것은 실용성을 완전히 잃어버렸다.

☐ **utmost**	최대의, 최고의

[ʌ́tmòust]

We'll do our **utmost** to help.
우리는 최선을 다해 도울 것이다.

☐ **viability**	실행 가능성

[vaiəbíləti]

The **viability** of this project is in doubt.
이 프로젝트의 실행 가능성이 미심쩍다.

☐ **zero-tolerance**	제로 용인(조금의 위반도 용인하지 않는 것을 일컬음)

[zírou tálərəns]

The police finally decided to deal with drunk drivers with **zero-tolerance**.
경찰은 결국 음주 운전자에게 제로 용인으로 대처할 것을 결정했다.

강조

미국에서는 무엇인가를 강조하는 표현을 즐겨 사용합니다. 의미를 강조하는 표현 종류가 많은데, 직·간접적으로 강조하는 표현을 알아두면 단조로운 문장을 피할 수 있습니다.

□ **aggrandize**   증대하다, 과장하다   (⊙ disc 3_41)

[əgrǽndàiz]

Her subjects **aggrandized** the queen.
신하들은 여왕의 권력을 강화했다.

□ **anneal**   (동, 유리 등을) 달구어 서서히 식이다, 단련하다

[əníːl]

This enzyme helps to **anneal** the DNA molecule.
이 효소는 **DNA** 분자가 강해지도록 도와준다.

□ **appall**   소름끼치게 하다

[əpɔ́ːl]

I admit that I was slightly **appalled** at the prospect of having to work with him for another 2 years.
나는 그와 함께 2년을 더 일해야 한다고 생각하니 솔직히 소름이 끼쳤음을 고백한다.

□ **ascertain**   확인하다, ~을 확실히 하다

[æsərtéin]

You must **ascertain** exactly how much it will cost.
당신은 그것에 어느 정도 비용이 드는지를 엄격히 확인해야 한다.

★

□ **assail**   마구 공격하다, 괴롭히다

[əséil]

He was perpetually **assailed** with fear.
그는 끝없는 공포에 시달렸다.

□ **asseverate**	단언하다, 단언
[əsévərèit]	She **asseverated** that she was innocent. 그녀는 자신이 결백하다고 단언했다.

□ **attest**	증명하다
[ətést] ★	I can firmly **attest** to the truth of what he says. 나는 그가 말하는 것이 진실이라고 증명할 수 있다.

□ **aver**	단언하다, 주장하다
[əvə́:r]	She **avers** firmly that he never said that. 그녀는 그가 결코 그런 말을 하지 않았다고 단언한다.

□ **baffle**	당황하게 하다, 좌절시키다
[bǽfəl]	She was completely **baffled** by his remark. 그녀는 그의 발언에 완전히 당황하고 말았다.

□ **bedizen**	야하게 치장하다
[bidáizn]	She **bedizened** herself with rouge and power. 그녀는 립스틱과 파우더로 야하게 치장했다.

□ **bedraggle**	(사람, 옷 등을) 진흙투성이로 하다, 질질 끌어 더럽히다
[bidrǽgəl]	He **bedraggled** his pants. 그는 바지를 진흙투성이로 만들었다.

□ **blemish**	손상하다, 오점, 결점, 얼룩, 흠
[blémiʃ] ★★	It is a natural **blemish**. 그것은 원래부터 있던 흠이다.

□ **bludgeon**	곤봉, 비판, 곤봉으로 때리다, 억지로 ~시키다
[blʌ́dʒən]	I was **bludgeoned** into agreeing. 나는 어쩔 수 없이 동의했다.

□ **cajole**	치켜세우다, 구워삶다
[kədʒóul] ★★	He was **cajole** some money out of his mother. 그는 어머니를 감언으로 속여 약간의 돈을 받아냈다.

□ **castigate**	~을 징벌하다, 혹평하다
[kǽstəgèit]	He was **castigated** by the press for improper word choice. 그는 부적절한 단어를 사용했기 때문에 매스컴으로부터 혹평을 받았다.

☐ **censure**	비난, 혹평	
[sénʃər]	He incurred the **censure** of the public. 그는 세간의 비난을 샀다.	

☐ **champ**	우적우적 씹다	⊙ disc 3_42
[tʃǽmp]	The horse was **champing** on its food. 그 말은 먹이를 우적우적 먹고 있었다.	

☐ **cleave**	찢다
[klíːv]	He has a deeply **cleft** chin. 그의 턱은 (중앙이) 깊게 파여 있다.

☐ **coerce**	억지로 ~시키다, 강요하다
[kouə́ːrs] ★★	He **coerces** her into submission. 그는 (협박 등으로) 그녀를 강제로 복종시킨다.

☐ **cohere**	밀착하다, 응집하다, 일관성이 있다
[kouhíər]	What you said does not **cohere** with the facts. 당신이 말한 것은 사실과 일치하지 않는다.

☐ **compress**	압축하다
[kəmprés]	We **compressed** a lot of information into a few pages. 우리는 대량의 정보를 몇 페이지로 압축했다.

☐ **concoct**	(이야기 따위를) 꾸며내다
[kənkákt]	He **concocted** a story. 그는 이야기를 꾸며냈다.

☐ **confine**	한정하다
[kənfáin] ★★	We **confined** ourselves strictly to the subject. 우리는 엄격히 그 문제에만 집중했다.

☐ **confiscate**	압수하다, 목수하다, 압수되다, 몰수되다
[kánfəskèit] ★	They **confiscated** illegal drugs from couriers who enter the country. 그들은 입국하는 밀수꾼에게서 위법 약품을 압수했다.

☐ **covet**	갈망하다
[kʌ́vət]	I won a role that many actors **covet** deeply. 나는 많은 남자 배우들이 갈망하는 역을 얻었다.

☐ **dally** 가지고 놀다, 시간을 헛되이 보내다

[dǽli]
He **dallied** away his time.
그는 시간을 헛되이 보냈다.

☐ **decimate** 파괴하다, 큰 폭으로 삭감하다

[désəmèit]
They **decimated** the financial support.
그들은 재정 지원금을 큰 폭으로 삭감했다.

☐ **delete** 삭제하다

[dəlíːt]
Her name has been **deleted** from the list.
그녀의 이름이 명부에서 삭제되었다.

☐ **demean** 품위를 떨어뜨리다

[dìmíːn]
I wouldn't apologize to her so I wouldn't **demean** myself.
나는 위신을 떨어뜨리면서까지 그녀에게 사과하지는 않을 것이다.

☐ **denigrate** 중상모략하다

[dénigrèit]
He **denigrates** her sincere efforts.
그는 그녀의 성실한 노력을 중상모략한다.

☐ **despise** 경멸하다, 몹시 싫어하다

[dìspáiz]
We utterly **despise** such behavior.
우리는 그런 행동을 진심으로 경멸한다.

☐ **despoil** 약탈하다

[dispɔ́il]
They **despoiled** her of her goods.
그들은 그녀의 재산을 약탈했다.

☐ **dilate** 팽창시키다, 자세히 설명하다

[dailéit]
He **dilated** on the horrors of nuclear weapons.
그는 핵무기의 공포를 자세히 설명했다.

☐ **discharge** 방출하다

[dìstʃɑ́rdʒ]
★
I adequately **discharged** my duties.
나는 임무를 적절히 이행했다.

☐ **discomfit** 패퇴시키다, 당황케 하다

[diskʌ́mfət]
She felt deeply **discomfited** by the news.
그녀는 그 소식을 듣고 매우 당황했다.

□ **disconcert**	어리둥절하게 하다
[dìskənsə́:rt]	Their compliments **disconcerted** me. 나는 그들의 찬사에 어리둥절했다.

□ **dissimulate**	(감정, 의사 등을) 숨기다
[disímjəlèit]	She **dissimulates** fear. 그녀는 무섭지 않은 체한다.

□ **dissipate**	(슬픔, 우울 등을) 가시게 하다, 소진시키다, 낭비하다
[dísəpèit]	Her irritation quickly **dissipated**. 그녀의 초조함이 곧 사라졌다.

□ **dissolve**	용해시키다	⊙ disc 3_43
[dìzálv]	It completely **dissolved**. 그것은 완전히 용해되었다.	

□ **dissuade**	설득하여 ~을 그만두게 하다
[dìswéid]	I **dissuaded** him from leaving school. 나는 그에게 퇴학하지 말 것을 충고했다.

□ **distend**	(내부 압력에 의해서) ~을 팽창시키다
[dìsténd]	He **distended** the bowels. 그는 장의 기관들을 확장시켰다.

□ **divest**	(남에게 옷 등을) 벗게 하다, (재산, 권리를) 박탈하다
[daivést]	He **divested** her of her position. 그는 그녀의 지위를 빼앗았다.

□ **doff**	(인사하기 위해 모자 등을) 벗다, (풍습 등을) 버리다
[dɔ́:f]	He **doffs** his hat. 그는 모자를 벗는다.

□ **dwindle**	감소하다
[dwíndl] ★	The population here is **dwindling** steadily. 여기 인구는 끊임없이 감소하고 있다.

□ **efface**	(문자 등을) 지우다, 삭제하다, (기억 등을) 지워 없애다
[əféis]	He **effaced** a false notion from his mind. 그는 잘못된 생각을 지웠다.

□ **elucidate**	해명하다, 밝히다

[əlú:sədèit]	I **elucidate** that point for him. 나는 그 점에 대해 그에게 설명한다.	

☐ **emancipate** 해방하다

[əmǽnsəpèit]
★
She **emancipated** herself altogether from him.
그녀는 그에게서 완전히 해방되었다.

☐ **embellish** 장식하다

[embéliʃ]
★★
He **embellishes** a story with details.
그는 상세한 기술을 덧붙여 이야기를 재밌게 한다.

☐ **emblazon** (방패)를 문장으로 장식하다, (화려한 색으로) 장식하다, 칭찬하다

[imbléizən]
His photographs were **emblazoned** all over the newspapers.
그의 사진은 신문 곳곳을 장식하고 있었다.

☐ **emulate** 경쟁하다

[émjəlèit]
He **emulates** his rival.
그는 라이벌과 경쟁한다.

☐ **engender** 생기다, 발생시키다

[əndʒéndər]
He **engenders** a number of problems.
그는 수많은 문제를 일으킨다.

☐ **engross** (시간, 주의를) 빼앗다, 몰두하게 만들다

[engróus]
She is thoroughly **engrossed** in her studies.
그녀는 공부에 몰두하고 있다.

☐ **enhance** 높이다, 늘리다

[enhǽns]
The book has considerably **enhanced** his reputation.
그 책에서 그의 평판은 대단히 높다.

☐ **ensconce** 몸을 숨기다, 안치하다

[ɔnskɑ́ns]
He **ensconced** himself in a wing chair.
그는 안락의자에 편안하게 앉았다.

☐ **enumerate** 열거하다

[ənú:mərèit]
★
We **enumerated** one by one our grievances against him.
우리는 그에 대한 불만을 하나씩 열거했다.

☐ **eradicate** 근절하다

| [irǽdəkèit] | They **eradicate** abuses. |
| ★ | 그들은 폐해를 근절한다. |

☐ **eschew**　피하다

| [estʃúː] | He **eschews** violence. |
| | 그는 폭력을 삼간다. |

☐ **exasperate**　격노시키다

| [igzǽspərèit] | His intransigence truly **exasperated** me. |
| | 그의 비협력적인 태도는 나를 진심으로 화나게 했다. |

☐ **exempt**　면제하다

| [igzémpt] | They **exempted** me from taxes. |
| ★ | 그들은 나에게 세금을 면제해줬다. |

☐ **exhort**　설득하다, 열심히 권하다, 충고하다

| [igzɔ́ːrt] | She **exhorts** him to be diligent. |
| | 그녀는 그에게 근면해지도록 설득한다. |

☐ **expatiate**　(~에 대해) 상세하게 말하다

| [ikspéiʃièit] | I **expatiate** on my favorite subject. |
| | 나는 좋아하는 주제에 대해 상세히 말한다. |

☐ **expatriate**　국외로 추방하다, 국적을 버리다　⊙ disc 3_44

| [ekspéitrièit] | They were permanently **expatriated** to Japan. |
| | 그들은 일본에서 영구히 추방되었다. |

☐ **explode**　폭발하다

| [iksplóud] | He **explodes** indignantly. |
| ★ | 그는 분노를 터뜨렸다. |

☐ **expunge**　(~에서) 말소하다, 삭제하다

| [ikspʌ́ndʒ] | Her name was **expunged** from the rolls. |
| | 그녀의 이름은 명부에서 지워졌다. |

☐ **extirpate**　근절하다, 절멸시키다, 적출하다

| [ékstərpèit] | He **extirpated** an evil. |
| | 그는 폐해를 근절시켰다. |

☐ **extrude**　밀어내다, 쫓아내다, 추방하다

| [ikstrúːd] | I **extrude** toothpaste from a tube. |
| | 나는 튜브에서 치약을 짜낸다. |

| □ **flabbergast** | 당황하게 하다 |

[flǽbərgæ̀st]

They were **flabbergasted** by the fulsome speech.
그들은 지나친 찬사 연설에 당황했다.

| □ **flagellate** | 채찍질을 하다, 엄중하게 벌하다 |

[flǽdʒəlèit]

The teacher **flagellated** the students who had been bullying their classmate.
그 선생님은 학급의 어느 학생을 괴롭히던 학생들을 엄중하게 벌했다.

| □ **flay** | 껍질을 벗기다, (사람을) 혹평하다, (남에게서) 금전을 강탈하다 |

[fléi]

His boss **flayed** him for his mistakes.
그의 상사는 그가 저지른 실수를 가지고 그를 혹평했다.

| □ **fluster** | 혼란시키다, 안절부절 못하게 하다 |

[flʌ́stər]

He was terribly **flustered**.
그는 몹시 당황했다.

| □ **forfeit** | 몰수되다 |

[fɔ́:rfit]
★★

His property was **forfeited**.
그의 재산은 몰수되었다.

| □ **fritter** | 조금씩 낭비하다 |

[frítər]

He **frittered** away his money.
그는 돈을 낭비했다.

| □ **gainsay** | 부정하다, 반박하다 |

[géinsèi]
★★

The witness **gainsaid** the statement of the accused.
그 증인은 피고인의 진술에 반론했다.

| □ **gasconade** | 자랑, 허풍, 자랑을 하다, 허풍을 떨다 |

[gæ̀skənéid]

The man is **gasconading** about his car.
그 남자는 자신의 차를 자랑하고 있다.

| □ **gibe** | 놀려대다, 조롱하다, 비웃다 |

[dʒáib]

He makes bitter **gibes** about her mistakes.
그는 그녀의 실패를 몹시 조롱한다.

| □ **goad** | 막대기, (동물을) 막대기로 몰아대다, (사람 등을) 선동하다, 못살게 굴다 |

[góud]

He was **goaded** by incessant pain.
그는 끊임없는 통증에 괴로워했다.

☐ **grapple**	붙잡고 싸우다
[grǽpəl]	He effectively **grapples** with the problem. 그는 그 문제를 효과적으로 처리한다.

☐ **guffaw**	시끄럽게 웃다
[gəfɔ́:]	She gives a loud **guffaw**. 그녀는 시끄럽게 웃는다.

☐ **gush**	솟구치다
[gʌ́ʃ]	Her nose was **gushing** blood. 그녀의 코에서 피가 솟구쳤다.

☐ **haul**	끌다
[hɔ́:l]	He **hauls** his son along to a barber. 그는 아들을 마루로 끌고 간다.

☐ **hew**	베다, 잘라 넘어뜨리다, 잘라내다
[hjú:]	I **hew** a log. 나는 통나무를 자른다.

☐ **immolate**	불에 태워 죽이다
[íməlèit]	He **immolated** himself at the funeral. 그는 장례식에서 분신자살했다.

☐ **impale**	(창, 핀으로) 찌르다, (핀으로) 고정하다　⊙ disc 3_45
[impéil]	His son **impaled** his adversary with his sword. 그의 아들은 검으로 적을 찔렀다.

☐ **incapacitate**	(병, 사고가 사람에게서) 능력을 뺏다, 실격시키다
[ìnkəpǽsitèit]	He is physically **incapacitated**. 그의 신체는 부자유스럽다.

☐ **incarcerate**	투옥하다
[ìnkɑ́rsərèit]	They were **incarcerated** without a trial. 그들은 재판 없이 투옥되었다.

☐ **incinerate**	소각하다
[ìnsínərèit]	Hospital waste needs to be carefully **incinerated**. 병원의 폐기물은 주의 깊게 소각할 필요가 있다.

☐ **inflict**	고통을 주다

| [ìnflíkt] | She accidentally **inflicts** an injury on a fellow worker.
그녀는 우발적으로 직장 동료에게 상처를 입힌다. |

□ insulate　격리하다

| [ínsəlèit] | The economy is not **insulated** from the price of oil.
경제는 원유 가격과 떨어지려야 떨어질 수 없는 관계다. |

□ interdict　금지하다, (적의 공격 등을) 저지하다

| [ìntərdíkt] | He is **interdicted** from action.
그는 행동하는 것을 저지당하고 있다. |

□ interrupt　방해하다

| [ìntərʌ́pt]
★ | She was frequently **interrupted** by her children.
그녀는 아이들에게 자주 방해받는다. |

□ intrude　자기 마음대로 가다, 침입하다, 침해하다

| [ìntrú:d] | He **intrudes** on my time.
그는 내 개인의 시간을 침해한다. |

□ jeer　조소하다, 조롱하다

| [dʒir] | We waited for the **jeers** to die down.
우리는 그 조롱이 가시기를 기다렸다. |

□ jerk　갑자기 힘껏 당기기, 갑자기 움직이기, 경련, (사람이 물건을) 홱 움직이다

| [dʒə́rk] | She **jerked** down the window shade.
그녀는 창의 차양을 홱 내렸다. |

□ kindle　불붙이다, 타기 시작하다

| [kíndəl]
★★ | The book **kindle** at the first touch of the flames.
책은 불길이 닿자마자 타기 시작한다. |

□ loot　약탈하다, 부정하게 이익을 얻다

| [lú:t] | The demonstrators **looted** several shops.
실물 판매자들은 몇몇 점포에서 부정한 이익을 취했다. |

□ lurch　갑자기 기울다

| [lə́:rtʃ] | He **lurches** painfully to his feet.
그는 비틀거리면서 아픈 듯이 일어난다. |

□ maim　불구로 만들다, 쓸모없게 만들다

| [méim] | He is psychologically **maimed**.
그는 정신적으로 큰 상처를 입었다. |

| ☐ **muddle** | 혼란시키다, 혼란 |
| [mʌ́dl] | She decided to ignore the whole muddle.
그녀는 모든 혼란을 무시하기로 결정했다. |

| ☐ **muster** | 소집하다 |
| [mʌ́stər] | They mustered us.
그들은 우리를 입대시켰다. |

| ☐ **mutate** | 변화하다(시키다), 돌연변이하다(시키다) |
| [mjúːtèit] | The bacteria have mutated and acquired drug resistance.
세균은 돌연변이를 하여 약에 내성이 생겼다. |

| ☐ **negate** | 무효가 되다, 취소하다, 부정하다 |
| [nigéit] | They negate his views.
그들은 그의 발언을 부정한다. |

| ☐ **obsess** | 사로잡다 |
| [əbsés] | I am utterly obsessed with him.
나는 그의 일밖에 생각할 수 없다. |

| ☐ **ordain** | 제정하다, 성직자로 임명하다 |
| [ɔːrdéin] | He is ordained into the church.
그는 성직자로 일한다. |

| ☐ **ostracize** | 배척하다 |
| [ɔ́strəsàiz] | He became ostracized.
그는 배척당했다. |

| ☐ **outdistance** | 훨씬 앞서다, 이기다 ⊙ disc 3_46 |
| [àutdístəns] | He outdistanced the pack.
그는 무리를 훨씬 앞섰다. |

| ☐ **outstrip** | 앞지르다 |
| [autstríp] | She was outstripped by his rivals.
그녀는 그의 경쟁 상대를 앞질렀다. |

| ☐ **overcome** | 극복하다 |
| [òuvərkʌ́m] ★★ | She overcomes the problem easily.
그녀는 그 문제를 간단히 극복한다. |

| ☐ **overlook** | 간과하다 |

[óuvərlùk]	He **overlooked** a flaw.
★★	그는 결함을 못 보고 넘어갔다.

☐ **override**	번복하다, 우선하다
[óuvərràid]	He **overrides** his commission.
★	그는 직권을 남용한다.

☐ **overrun**	황폐화하다, 들끓다
[óuvərrʌ̀n]	The house was **overrun** by rats.
	그 집에는 쥐가 들끓고 있었다.

☐ **overthrow**	전복하다
[òuvərθróu]	This is an attempt to **overthrow** the elected government.
	이것은 선출된 정부를 전복하려는 시도이다.

☐ **pacify**	진정시키다
[pǽsəfài]	He **pacified** the angry crowd.
	그는 화난 군중을 진정시켰다.

☐ **pilfer**	훔치다
[pílfər]	The robber **pilfered** his victim's pockets.
★★	도둑은 피해자의 주머니로부터 훔쳤다.

☐ **protrude**	튀어나오다
[proutrú:d]	A newspaper **protruded** from my pocket.
	내 주머니에서 신문이 삐져나왔다.

☐ **provoke**	도발하다, 화나게 하다
[prəvóuk]	Her father was greatly **provoked**.
★	그녀의 아버지는 매우 화가 나 있었다.

☐ **scourge**	회초리, 매, 천벌, 재앙의 원인
[skə:rdʒ]	We controlled a **scourge**.
	우리는 재앙의 원인을 제어했다.

☐ **sever**	절단하다, 끊다
[sévər]	He has completely **severed** his connections with his family.
	그는 가족과의 관계를 완전히 갈라놓았다.

☐ **slaughter**	학살, 완패, 죽이다, 학살하다, 혹평하다
[slɔ́:tər]	We investigate the **slaughter**.

우리는 그 학살 사건의 실태를 조사한다.

□ **solicit**	**애원하다, (무엇을) 구하다**

[səlísət]
★
They solicit for contributions.
그들은 기부를 부탁한다.

□ **split**	**쪼개다, 나누다, 분배하다**

[splít]
He split kindling with an axe.
그는 도끼로 불쏘시개를 쪼갠다.

□ **stun**	**기절시키다**

[stʌn]
He was stunned by a sudden blow.
그는 갑자기 맞아서 기절했다.

□ **stymie**	**방해하다**

[stáimi]
He is stymied by enemy.
그는 경쟁 상대에 의해 궁지에 몰린다.

□ **subvert**	**전복시키다**

[səbvə́:rt]
We are not trying to subvert his authority.
우리는 그의 권력을 전복시키려 하지 않는다.

□ **succumb**	**굴복하다**

[səkʌ́m]
★
He totally succumbed.
그는 완전히 굴복했다.

□ **supersede**	**대신하다**

[sù:pərsí:d]
★
The new ruling supersedes previous ones.
새 통치는 이전의 통치를 대신한다.

□ **supplant**	**대신하다**

[səplǽnt]
The internet will eventually supplant newspapers as the public's prime source of news.
인터넷은 일반 대중의 주요한 정보원으로서 최종적으로는 신문을 대신할 것이다.

□ **surge**	**쇄도하다** (⊙ disc 3_47)

[sə:rdʒ]
★
He surged with energy and anticipation.
그는 활기와 기대로 가득 차 있었다.

□ **surpass**	**초과하다**

[sərpǽs]
She surpassed all the men in sales.

| ★ | 그녀는 판매액에서 모든 남자를 능가했다. |

| □ **taunt** | 놀리다, 조롱하다, 비웃다 |
| [tɔ́ːnt] | She **taunted** him into losing his temper.
그녀는 그를 조롱하여 화나게 했다. |

| □ **terrify** | 몹시 무섭게 하다 |
| [térəfài]
★ | She was **terrified** out of her wits.
그녀는 무서워서 제정신이 아니었다. |

| □ **tilt** | 기울이다, 경사지게 하다, 공격하다 |
| [tilt]
★ | She **tilted** her head forward.
그녀는 머리를 앞으로 기울였다. |

| □ **tout** | 성가시게 권유하다, 강매하다 |
| [táut] | He **touts** for orders.
그는 성가시게 주문을 권유한다. |

| □ **underscore** | 강조하다 |
| [ʌndərskɔ̀ːr]
★★ | The current mid-East crisis **underscores** the need for a new peace process.
현재의 중동 위기는 새로운 평화 교섭의 필요성을 강조한다. |

| □ **undervalue** | 과소평가하다, 경시하다 |
| [ʌndərvǽljuː]
★★ | According to some experts, this stock is currently **undervalue**.
전문가에 의하면 이 주식은 현재 싼값으로 평가되고 있다. |

| □ **unearth** | 폭로하다 |
| [ənə́ːrθ] | Finally, the newspaper reporter **unearthed** her secret.
결국에 그 신문 기자는 그녀의 비밀을 폭로했다. |

| □ **unshakable** | 꼼짝 안 하는 |
| [ʌnʃǽikəbl] | They have an **unshakable** belief in the Bible.
그들은 성서에 확고한 신뢰를 누고 있나. |

| □ **unveil** | 비밀을 밝히다, 공표하다 |
| [ənvéil] | The TV documentary **unveiled** corruption of a famous conglomerate.
그 TV 다큐멘터리에서 유명한 복합기업 내의 부패를 밝혀냈다. |

| □ **upbraid** | 야단치다 |

| [əpbréid] | She **upbraided** me for not earning more money. |
| | 그녀는 벌이가 시원찮다며 나를 꾸짖었다. |

□ **wedge**   쐐기로 고정시키다

| [wédʒ] | The company **wedged** its way into a 20% share of the market. |
| ★★ | 그 회사는 시장 점유율을 20퍼센트까지 잠식했다. |

□ **yell**   (큰 소리로) 외치다

| [jél] | He **yelled** out my name. |
| | 그는 내 이름을 큰 소리로 외쳤다. |

□ **yelp**   날카롭게 짖다, 외치다

| [jélp] | What are they **yelping** about? |
| | 무슨 일로 그들은 비명을 내지르고 있습니까? |

교양의 동사, 명사

27

영어의 뉘앙스를 결정하는 것은 어떤 동사를 사용하는지에 달려 있습니다. 문장에서 동사는 가장 중요한 기능을 합니다. 그러므로 다양한 동사를 상황에 맞춰 세밀하게 구분해서 사용하면 표현의 폭이 넓어집니다. 이 장에서는 동사와 함께 사용하면 문장에 강한 인상을 남기는 명사도 소개하겠습니다. 알고 있는 동사와 명사의 수에 따라 단어를 활용하는 폭이 확 달라진다는 말은 결코 과언이 아닙니다.

☐ **abide**   견디다   ⊙ disc 3_48

[əbáid]
★★
We can't **abide** hearing such nonsense.
우리는 그런 의미 없는 말을 듣는 것을 견딜 수가 없다.

☐ **accouter**   (특수한 옷을) 착용하다

[əkú:tər]
The princess **accoutered** herself with a black robe.
그 공주는 검은 망토를 입었다.

☐ **adhere**   들러붙다, 밀착하다, 집착하다

[ədhíə]
★
He obstinately **adhered** to a personal agenda.
그는 자신의 계획에 집착했다.

☐ **adulterate**   (음식물, 약 등에) 섞다, ～의 품질을 떨어뜨리다, 불순한

[ədʌ́ltərèit]
It is obvious that English is becoming **adulterated** with slang.
영어에 속어가 섞이면 질이 떨어지는 것은 분명하다.

☐ **amnesty**   대사, 특사, 사면하다

[ǽmnəsti]
The President declared a general **amnesty** for prisoners.
대통령은 수감자들에게 전면 사면을 선언했다.

☐ **append**   덧붙이다, 추가하다

[əpénd]
I **append** notes to a book.

나는 책에 주석을 덧붙인다.

☐ **ascribe**	A를 B의 탓으로 하다, (신념 등을) 품다

[əskráib]
★★

He was unable to **ascribe** it to a verifiable cause.
그는 그것의 근거를 입증할 수 없었다.

☐ **barter**	물물교환을 하다, 교역하다, 물물교환, 물물 교역품

[bártər]

I received something in **barter** with him.
나는 그와 물물교환으로 물건을 수령했다.

☐ **beget**	발생시키다

[bigét]

Violence **begets** further violence.
폭력은 또 다른 폭력을 낳는다.

☐ **besmirch**	~을 더럽히다, 변색시키다

[bismə́rtʃ]

He **besmirches** his reputation.
그는 자신의 명성을 손상시킨다.

☐ **blanch**	표백하다, 바래다, 창백하게 하다

[blǽntʃ]

She **blanched** at the news.
그녀는 그 소식에 창백해졌다.

☐ **bleep**	삑삑 소리, 삑 하는 소리를 내다

[blíːp]

The watch emitted a **bleep**.
시계가 삑 하고 소리를 냈다.

☐ **burgeon**	싹트게 하다, (교외 등이) 갑작스럽게 발전하다

[bə́ːrdʒən]

The orders **burgeoned** rapidly after the introduction of the new product.
신제품 발매 후, 주문이 급격히 증가했다.

☐ **circumscribe**	~을 제한하다, ~을 선으로 둘러싸다

[sə̀ːrkəmskráib]
★★

Our activities were severely **circumscribed** by lack of funds.
우리 활동은 자금 부족으로 인해 엄격한 제약을 받았다.

☐ **clamber**	힘들여 기어오르다

[klǽmbər]

He **clambered** up to the top.
그는 정상까지 힘들게 기어 올라갔다.

☐ **clique**	파벌, 도당, 파벌을 만들다, 도당을 짜다

[klíːk]

They formed a new **clique**.

그들은 새로운 파벌을 만들었다.

☐ **clout**	손바닥으로 때리기, (정치적) 힘, 영향력	⊙ disc 3_49

[kláut]
The Senator had great **clout** in the committees.
그 상원의원은 위원회에서 큰 영향력을 가지고 있다.

☐ **coagulate** 응고시키다

[kouǽgjəlèit]
Have you ever taken a medication that **coagulates** blood?
혈액을 응고시키는 약을 먹은 적이 있습니까?

☐ **coalesce** 합체하다, 연합하다, 유착하다

[kòuəlés]
They must wait until their opinions have fully **coalesced** into a political stance.
그들은 정치 자세에 대한 의견이 완전히 일치될 때까지 기다려야 한다.

☐ **congeal** (액체 등이) 얼다, 응결하다, 응결시키다

[kəndʒíːl]
When jam cools down, it **congeals**.
잼은 식으면 응고된다.

☐ **crank** 크랭크, L자형 핸들, 기인, 괴짜, 성미가 까다로운 사람

[krǽŋk]
He turned the **crank** of a pencil sharpener.
그는 연필깎이의 핸들을 돌렸다.

☐ **crate** 나무 상자에 넣다

[kréit]
The workers **crated** the marble slabs.
작업원은 대리석 타일을 나무 상자에 넣었다.

☐ **cull** 꽃을 따다, 가려내다

[kʌ́l]
I **cull** out weaker ones.
나는 (동물 등의) 약한 것을 가려낸다.

☐ **curry** (말 등을) 빗질하다, 손질하다

[kʌ́ri]
He **curried** favor with his boss by always agreeing with his opinion.
그는 언제나 상사의 의견에 동의하며 상사의 비위를 맞췄다.

☐ **curtail** 삭감하다

[kərtéil]
★
Their budget has been drastically **curtailed**.
예산은 대폭 삭감되었다.

☐ **dawdle** 빈둥거리며 시간을 낭비하다

| [dɔ́:dl] | He **dawdled** away the morning.
그는 아침 시간을 빈둥거리며 낭비했다. |

☐ **decant** (와인 등을) 디켄트에 옮겨 따르다, (와인 등을) 붓다

| [dəkǽnt] | One has to slowly **decant** the red wine before serving it.
레드 와인은 잔에 따르기 전에 천천히 디켄트에 옮겨 따라야 한다. |

☐ **defrost** 해동하다

| [dəfrɔ́:st] | I **defrosted** some meat for dinner.
나는 저녁 식사용으로 약간의 고기를 해동했다. |

☐ **delineate** 선으로 그리다

| [dəlínièit] | Could you please **delineate** the problem?
그 문제를 (말로) 묘사해주시겠습니까? |

☐ **demarcate** 경계를 정하다

| [dimá:rkeit] | A neutral zone was **demarcated**.
중립 구역을 경계로 정했다. |

☐ **deposit** 놓다, 걸터앉다, 예금하다, 예금, 보증금, 착수금

| [dəpázət]
★ | I **deposit** money in a bank.
나는 돈을 은행에 예금한다. |

☐ **desiccate** 건조시키다

| [désikèit] | We started selling **desiccated** fruits as a healthy snack for children.
우리는 건조시킨 과일을 어린이용 건강 과자로 팔기 시작했다. |

☐ **dilute** 희석하다

| [dailú:t]
★ | He must **dilute** it with water to the required consistency.
그는 그것이 요구한 농도가 되기까지 물로 희석해야 한다. |

☐ **effervescence** (탄산수 등이) 거품이 읾

| [éfərvésəns] | This champagne possesses a natural **effervescence**.
이 샴페인은 자연적으로 거품이 일어난다. |

☐ **emanate** 발산하다

| [émənèit] | Joy **emanated** from her face.
그녀의 얼굴은 기쁨으로 넘쳤다. |

☐ **embalm**	미라로 만들다	

[embá:m]

In ancient Egypt, corpses of people and some animals were **embalmed** and prepared as mummies.
고대 이집트에서 사람과 동물의 사체는 부패 처리를 한 후 미라로 만들어졌다.

☐ **embroil**	끌어들이다	⊙ disc 3_50

[embrɔ́il]
★★

They become **embroiled** in a boardroom power struggle.
그들은 중역회의 권력 싸움에 휘말렸다.

☐ **emend**	교정하다

[iménd]

He **emends** a manuscript.
그는 원고를 교정한다.

☐ **emollient**	부드럽게 하는, (분위기를) 누그러뜨리는

[imáljənt]

This plastic is too hard for our purposes, we need to add an **emollient**.
이 플라스틱은 우리의 목적을 실현하기에는 너무 딱딱하므로 연화제를 첨가할 필요가 있다.

☐ **encumber**	방해하다

[enkʌ́mbər]

Her movements were **encumbered** by her heavy coat.
그녀의 두꺼운 코트는 움직이는 데 방해가 되었다.

☐ **endue**	(재능, 자질 등을) 주다

[indjú:]

Upon receiving citizenship one is **endued** with rights and duties.
시민권을 취득한 사람에게는 권리와 의무가 부여된다.

☐ **gambol**	뛰놀기, 뛰어다니다, 장난치다

[gǽmbl]

The dog is **gamboling** about on the hill.
개가 언덕 위에서 뛰놀고 있다.

☐ **glaze**	유리창을 달다, 광택제를 바르다, 윤기가 나게 하다

[gléiz]

He **glazes** pottery in a kiln.
그는 가마에서 도기에 유약을 칠한다.

☐ **gnaw**	씹다

[nɔ́:]

The dog **gnaws** furiously at a bone.
그 개는 맹렬한 속도로 뼈를 물어뜯는다.

☐ **graft**	부정 이득, 수뢰, ~을 부정으로 얻다

27

[græft] The politician resigned because of his involvement in the **graft**.
그 정치가는 부정 이득에 관여되었기 때문에 사임했다.

□ **grandstand**   그랜드스탠드, 정면 특별 관람석, 인기를 노린 경기, 화려한 플레이를 하다

[grǽndstæ̀nd] He plays to the **grandstand**.
그는 관중을 의식한 플레이를 한다.

□ **harness**   동력화하다, 마구를 채우다

[hɑ́rnəs] They **harnessed** the horses.
그들은 그 말에 마구를 채웠다.

□ **heed**   주의를 기울이다

[híːd] He **heeds** a warning.
그는 경고에 주의를 기울인다.

□ **imbibe**   (술 등을) 마시다, (남의 의견, 주장을) 흡수하다

[ìmbáib] Her husband **imbibed** heavily throughout the evening.
그녀의 남편은 저녁 동안에 술을 많이 마셨다.

□ **impair**   (가치, 힘 등이) 줄다, 악화되다, (건강 등을) 해치다

[ìmpér]
★ Her reactions had been **impaired** by her exhaustion.
그녀의 반응은 피로로 둔해졌다.

□ **import**   수입하다

[ìmpɔ́ːrt]
★ He **imports** freely.
그는 자유롭게 수입한다.

□ **improvise**   즉석에서 만들다, 뭐든 있는 것으로 처리하다

[ímprəvàiz] She **improvises** brilliantly.
그녀는 멋지게 즉흥연주를 한다.

□ **incite**   격려하다, 선동하다

[ìnsáit] He **incites** a disturbance.
그는 소동을 선동한다.

□ **infest**   들끓다

[ìnfést] Mice have **infested** my barn.
내 헛간에는 쥐들이 들끓고 있다.

□ **kibble**   (곡식 등을) 굵게 빻다

| [kíbl] | We are feeding our dog **kibbled** biscuits. |
| | 우리는 개에게 굵게 빻은 비스킷을 먹이로 준다. |

□ kidnap — (사람, 특히 아이를 돈을 노리고) 납치하다, 유괴하다, 유괴

| [kídnæ̀p] | Her son was **kidnapped** for ransom. |
| ★ | 그녀의 아들은 몸값을 요구할 목적으로 유괴되었다. |

□ launder — 씻다

| [lɔ́:ndər] | The stain **laundered** out. |
| ★★ | 세탁으로 얼룩이 지워졌다. |

□ leer — 곁눈질하다   ⊙ disc 3_51

| [líər] | He **leers** at her. |
| | 그는 그녀에게 추파를 던진다. |

□ lope — 겅중겅중 잘리다, 겅중겅중 달리기

| [lóup] | He ran at a steady **lope** for several miles. |
| | 그는 몇 마일을 겅중겅중 달렸다. |

□ maroon — 무인도에 버려진 사람, 고립시키다, 빈둥거리다

| [mərú:n] | He was **marooned** on an island by the tide. |
| | 그는 조수로 인해 섬에 고립되었다. |

□ meander — 정처 없이 걷다, 두서없는 이야기를 하다

| [miǽndər] | He **meanders** along. |
| | 그는 정처 없이 걷는다. |

□ meddle — 간섭하다, 말참견하다

| [médl] | He **meddles** constantly. |
| | 그는 끊임없이 간섭한다. |

□ naturalize — (외국인을) 귀화시키다, 시민권을 주다

| [nǽtʃərəlàiz] | He became a **naturalized** British subject. |
| | 그는 귀화하여 영국인이 되었다. |

□ obliterate — 지우다

| [əblítərèit] | The event was **obliterated** from her memory. |
| | 그 사건은 그녀의 기억에서 지워졌다. |

□ obviate — 제거하다

| [ábvièit] | He **obviated** a claim. |
| | 그는 요구를 회피했다. |

□ **osmotic**	침투하다
[ɑzmátik] ★★	Osmotic pressure makes plant leaves stand up. 식물은 삼투압에 의해 직립한다.

□ **plunge**	추락하다, 뛰어들다
[plʌ́ndʒ] ★	He plunged boldly into unknown waters. 그는 무모하게도 미지의 바다에 뛰어들었다.

□ **preamble**	머리말, 서론, 서론을 말하다
[priǽmbl]	She plunged into the conversation without preamble. 그녀는 서론 없이 갑자기 그 대화를 시작했다.

□ **preen**	(업무, 능력 등에) 우쭐거리다
[príːn]	She preened herself on having closed the deal. 그녀는 거래를 잘 해결한 것에 우쭐해했다.

□ **probe**	조사하다, 철저한 조사, 적발 조사
[próub] ★	He probes deeply into their feelings. 그는 그들의 감정을 철저하게 살핀다.

□ **proliferate**	증식하다
[proulífərèit] ★	They proliferate fast. 그것들은 급속하게 증식한다.

□ **reimporte**	역수입하다, 재수입, 역수입품
[rìːmpɔ́ːrt]	The parts are exported for assembly and then reimported as a finished product. 부품은 조립용으로 수출되어 완성된 상품으로 역수입된다.

□ **render**	주다
[réndər] ★★	He renders a bill for payment to a customer. 그는 고객에게 지불 청구서를 건넨다.

□ **repatriate**	본국으로 송환하다
[ripéitrièit]	They repatriated from overseas to Japan. 그들은 해외에서 일본으로 송환되었다.

□ **replenish**	보급하다
[ripléniʃ] ★	I replenished my pipe with tobacco. 나는 파이프에 담배를 새로 채워넣었다.

□ **replete**	가득한, 포식한

| [riplí:t] | Replete with good food and drink, I called for coffee. |
| | 좋은 음식과 음료를 실컷 먹고 나는 커피를 주문했다. |

□ **resolder**	**재결합하다**
[risádər]	Please **resolder** the loose cables.
	느슨한 케이블을 다시 연결해주세요.

□ **resolicit**	**재간청하다**
[risəlísət]	There is no point in **resoliciting** the treaty.
	조약을 재간청해도 의미가 없다.

□ **revolve**	**회전하다, 궁리하다**	⊙ disc 3_52
[riválv]	He **revolved** the problem in mind.
★★	그는 그 문제를 여러 가지로 생각해봤다.

□ **rewrite**	**다시 쓰다**
[riráit]	He **rewrites** a poem over and over.
	그는 시를 몇 번이고 다시 썼다.

□ **rig**	**~을 정비하다, 준비하다, ~을 치장하다**
[ríg]	He is **rigged** out in his best finery.
	그는 소중히 간직해둔 화려한 옷으로 차려입고 있다.

□ **sear**	**그슬다**
[sír]	She is **seared** by fire.
	그녀는 화상을 입고 있다.

□ **segment**	**부분, 단편, 구분, 계층, 분할하다**
[ségmənt]	We cut out a brief **segment** of a tape.
	우리는 테이프의 극히 일부를 삭제한다.

□ **slash**	**~을 깊이 베다, 난도질하다, (예산 등을) 크게 삭감하다**
[slǽʃ]	They desperately **slash** employee costs.
	그들은 인건비를 필사적으로 삭감한다.

□ **slate**	**후보자 명부, 후보로 내세우다, ~를 혹평하다, 꾸짖다**
[sléit]	He is **slated** for the office.
	그는 그 자리에 취임하기로 되어 있다.

□ **smear**	**바르다**
[smír]	She **smeared** butter on his toast.
	그녀는 토스트에 버터를 발랐다.

☐ **smolder**	(노여움 등이) 속에 맺히다

[smóuldər]

Her anger **smoldered** for years.
그녀의 노여움은 몇 년이나 마음속에 맺혀 있었다.

☐ **sprawl**	손발을 쭉 뻗다

[sprɔ:l]

He **sprawls** out on a bed.
그는 침대에서 쭉 뻗은 채 드러누워 있다.

☐ **squander**	돈을 낭비하다

[skwándər]

He **squanders** his savings on ill-advised investments.
그는 무분별한 투자로 저금을 쏟아넣는다.

☐ **squash**	짓누르다

[skwáʃ]
★★

He **squashed** his cigarette in the ashtray.
그는 재떨이에 담배를 찌부러뜨렸다.

☐ **squirme**	몸을 꼼지락대다

[skwə́:rm]

The child **squirmed** through a small hole.
그 아이는 몸을 꼼지락거리면서 작은 구멍을 통과했다.

☐ **stampede**	쇄도하다

[stæmpí:d]

The problem **stampeded** shareholders into selling.
그 문제로 주주들은 (주식을) 한꺼번에 팔았다.

☐ **stash**	(돈 등을) (비밀 장소에) 숨겨두다, 숨겨둔 장소, 숨어 사는 집

[stǽʃ]

I **stashed** away a fortune in numbered Swiss bank accounts.
나는 재산을 번호만 등록해둔 스위스 은행 계좌에 숨겨두었다.

☐ **stifle**	억압하다

[stáifl]

The White House tried to **stifle** dissent.
백악관은 반대 의견을 억압하려 했다.

☐ **strain**	잡아당기다

[stréin]

He **strained** a rope to the breaking point.
그는 밧줄이 끊길 정도로 잡아당겼다.

☐ **strut**	뽐내며 걷다

[strʌt]

She **struts** along.
그녀는 뽐내며 걷는다.

□ **stumble**	넘어질 듯이 비틀거리다.
[stʌ́mbl]	He **stumbled** forward.
	그는 비틀거리며 앞으로 걸어갔다.

□ **tarnish**	변색시키다, (평판, 명예를) 더럽히다, 변색, 흐림, 오점, 흠
[tɑ́rniʃ]	The metals **tarnish** easily.
	그 금속은 변색되기 쉽다.

□ **triangulation**	(토지의) 삼각 측량
[traiæ̀ŋgjəléitʃən]	By **triangulation** you can locate the source of the transmission.
★	당신은 삼각 측량으로 송신 지점을 특별히 지정할 수 있다.

□ **truncate**	(인용문 등을) 짧게 하다 ⊙ disc 3_53
[trʌ́ŋkèit]	You have to **truncate** this part of the manuscript.
	당신은 초고에서 이 부분을 짧게 해야 한다.

□ **upend**	~을 거꾸로 세우다, ~을 완전히 패배시키다
[apénd]	The strike **upended** the efforts to reach a new contract.
	그 파업은 신규 계약을 획득한 노력을 수포로 돌아가게 했다.

□ **upgrade**	업그레이드, 개량하다, (가격 · 형식 등을) 격상하다, 가치를 높이다
[əpgréid]	They **upgraded** my seat on the flight to Tokyo.
★	그들은 도쿄행 비행기 좌석을 업그레이드했다.

□ **varnish**	니스, 니스를 칠하다
[vɑ́rniʃ]	She applied **varnish** to the finished painting.
	그녀는 완성된 그림에 니스를 칠했다.

□ **vault**	(손이나 막대기를 지지대로 삼아) 도약하다, (~에) 도달하다
[vɔ́:lt]	The thief **vaulted** over the wall and disappeared.
	그 도둑은 손을 짚고 도약해 벽을 뛰어넘어 사라졌다.

□ **vermillion**	주홍색, ~을 선홍색으로 칠하다
[vərmíljən]	The bird has a **vermillion** crest on its head.
	그 새는 머리에 주홍색 볏이 있다.

□ **vow**	맹세, 서약하다, 단언하다
[váu]	She **vowed** to retaliate.
	그녀는 복수를 맹세했다.

27

☐ **wag**	(몸을) 요동하다, 부지런히 나불거리다
[wǽg]	His tongue **wags** a bit too freely. 그는 입이 너무 가볍다.

☐ **wallow**	(동물 등이 진흙탕, 물속에서) 뒹굴다, (쾌락 등에) 빠져 있다
[wálou]	The pig likes to **wallow** in mud. 돼지는 진흙탕 속에서 뒹구는 것을 좋아한다.

☐ **warrant**	보증하다
[wɔ́:rənt] ★	This material was **warranted** to be real silk. 이 옷감은 틀림없이 진짜 실크이다.

☐ **watchdog**	감시인, 경비견, 경비견 노릇을 하다
[wátʃdɔ̀:g] ★	Amnesty International is a **watchdog** organization for human rights. 국제사면위원회는 인권 보호의 파수꾼 같은 조직이다.

☐ **whicker**	(말이) 울부짖다, 울부짖기, 키득거리기
[hwíkər]	The girls started **whickering** when they saw me. 소녀들은 나를 보고 키득거리기 시작했다.

☐ **whisk**	(먼지 등을) 털어내다, 잽싸게 움직이다, 재빨리 가져가다
[hwísk]	He **whisked** another paper from her file. 그는 그녀의 파일에서 다른 서류를 잽싸게 꺼냈다.

☐ **winnow**	(곡식 등을) 키질하다, 가려내다
[wínou]	We had to **winnow** the facts from the allegations. 그녀는 진술에서 사실을 가려내야 했다.

☐ **withdraw**	물러나다, 철수하다, (예금을) 인출하다, (통화, 물품을) 회수하다
[wiðdrɔ́:] ★★	She had to **withdraw** all my savings from the bank. 그녀는 은행에서 예금을 전부 인출해야만 했다.

☐ **wither**	시들다
[wíðər]	Democratic ideas seem to have **withered** away. 민주적인 생각도 이미 시들어버린 듯이 보인다.

☐ **wring**	(빨래 등을) 짜다, 비틀다, (비밀이나 재산을) 억지로 빼앗다
[ríŋ]	He dipped a cloth into the water and **wrung** it out. 그는 천을 물에 담근 후에 짰다.

물론 여기 나오는 단어를 잘 모른다고 해도 엄격하게 지적받을 일은 없습니다. 그러나 약간의 지식으로 알아두면 회화에 양념을 더해줄 수 있는 편리한 단어들을 정리했습니다.

☐ **abeyance** (일시적) 중지, 정지   (⊙ disc 3_54)

[əbéiəns]

I am holding the disclosure of our findings in **abeyance** until all the facts have been considered.

모든 사실의 검토가 끝나기까지 우리가 도출한 결과의 발표는 보류하겠다.

★★

☐ **abysmal** 최저의, 깊이를 알 수 없는

[əbízməl]

It is an **abysmal** service.

그것은 최악의 서비스다.

☐ **acclivity** 경사

[əklívəti]

It appears that the **acclivity** becomes greater.

경사가 한층 더 급해진 것 같다.

☐ **acute** 예리한, (감각 등이) 예민한, (통증 등이) 일시적으로 격심한, 극성의

[əkjú:t]

He has very **acute** hearing.

★★ 그는 대단히 예민한 청각을 가지고 있다.

☐ **ad-hoc** 특별한, 즉석의

[ǽdhák]

We deal with problems on an **ad-hoc** basis.

우리는 문제를 처리하기 위해 즉석에서 대처한다.

☐ **afferent** 수입성의, 도입성의, 구심성의

[ǽfərənt]	Nerve signals are carried to the brain in **afferent** nerves. 신경 신호는 구심성 신경을 통해 뇌에 전달된다.

□ **agape** — 입을 딱 벌리고, 멍하니

[əgéip]	She is **agape** with wonder. 그녀는 놀라서 입이 떡 벌어진다.

□ **aghast** — 경악한, 겁에 질린

[əgǽst]	She was **aghast** at the suggestion. 그녀는 그 제안을 듣고 경악했다.

□ **ambidextrous** — 양손잡이의, 다재다능한

[æmbədékstrəs]	My brother is **ambidextrous**. 내 동생은 양손잡이다.

□ **ambulatory** — 여행의, 여행용의, 산책로, 외래의

[ǽmbjələtɔ̀:ri]	This is a waiting room for **ambulatory** patients. 이곳은 외래환자의 대기실이다.

□ **apropos** — 적절히, 그런데

[æprəpóu]	What you said is very **apropos**. 당신이 말한 것은 대단히 적절하다.

□ **athwart** — 가로질러, 비스듬히, ~에 반하여

[əθwɔ́:rt]	I drove **athwart** the forest. 나는 숲을 가로질러 운전했다.

□ **bandanna** — 홀치기 염색한 대형 손수건, (머리용) 스카프

[bændǽnə]	My sister designs **bandannas** for dogs. 내 여동생은 애완견 스카프를 디자인한다.

□ **bedraggled** — (옷 등을) 질질 끌어 더럽힌, 흠뻑 젖은

[bədrǽgəld]	The child was wearing **bedraggled** clothes. 그 아이는 바닥에 질질 끌려 더러워진 옷을 입고 있었다.

□ **benighted** — 날이 저문, 어리석은

[bənáitid]	Apparently, the man was **benighted** when he tried to enter the wrong house. 그 남자가 타인의 집에 들어가려 했을 때는 분명히 날이 저물어 있었다.

□ **blandishment** — 추종, 감언이설　　　⊙ disc 3_55

| [blǽndiʃmənt] | She hated honeyed **blandishment**. |
| | 그녀는 사탕발림의 감언이설을 몹시 싫어했다. |

□ blase
(환락에) 싫증이 난, 살맛을 잃은

| [blὰːzéi] | She was completely **blase** about him. |
| | 그녀는 그에게 완전히 싫증이 났다. |

□ brocade
양단, 금란, 옷의 무늬를 도드라지게 짠

| [broukéid] | It is a gold and silver **brocade**. |
| | 그것은 금실과 은실로 된 양단이다. |

□ choreography
안무

| [kɔ̀ːriάgrəfi] | The **choreography** of this ballet performance is outstanding. |
| | 이 발레 안무는 최고다. |

□ circlet
(보석 등을 사용한) 장식 고리, 반지

| [sə́ːrklit] | That **circlet** suits you. |
| | 당신에게는 그 반지가 잘 어울린다. |

□ clarion
클라리온

| [klériən] | With his **clarion**-like voice he penetrated the clamor of the other people. |
| | 그는 클라리온 같은 목소리로 다른 사람들이 떠드는 소리를 제지했다. |

□ cleft
갈라진 틈

| [kléft] | I can look at a **cleft** in the rock. |
| | 나는 바위의 갈라진 틈을 볼 수 있다. |

□ clemency
(죄인에 대한) 관대한 처분

| [klémənsi] | He exercised **clemency**. |
| | 그는 관대한 처분을 했다. |

□ colander
(물을 빼는 데 쓰는) 체

| [kʌ́ləndər] | The chef poured the noodles into a **colander**. |
| | 주방장은 면을 체에다 옮겼다. |

□ connubial
신혼(생활), 부부, 결혼의, 부부의

| [kənjúːbiəl] | **Connubial** bliss is desirable in a marriage. |
| | 결혼 생활에서 부부의 행복은 바람직한 것이다. |

□ continence	자제, 극기
[kántənəns]	She displayed great **continence** despite all temptations around her.
	그녀는 자신을 둘러싼 모든 유혹에도 불구하고 강한 절제를 보였다.

□ contingency	우연성, 만일의 사태
[kəntíndʒənsi]	We anticipate every **contingency**.
	우리는 모든 만일의 사태를 예측한다.

□ contortion	일그러트림, (얼굴, 몸 등의) 뒤틀림
[kəntɔ́:rʃən]	I went into verbal **contortions** in an attempt to maintain an untenable position.
	나는 (자신의) 불안정한 지위를 지키기 위해 억지로 합리화시켰다.

□ contraband	밀수품
[kántrəbæ̀nd]	He ran **contraband** across national borders.
	그는 국경을 넘어 금지품을 밀수했다.

□ contusion	타박상
[kəntú:ʒən]	This ointment is good for **contusion**.
	이 연고는 타박상에 좋다.

□ crevice	틈
[krévəs]	I found safety in a deep **crevice** in the rock.
	나는 (피난하기에) 안전한 바위의 깊은 틈을 발견했다.

□ criterion	기준, 척도
[kraitíriən]	He employed different **criteria** for the evaluation of candidates.
★★	그는 지원자를 평가하기 위해 다른 기준을 마련했다.

□ crone	노파
[króun]	My neighbor is an old **crone**.
	내 이웃은 할머니이다.

□ cynosure	주목의 대상, 관심의 초점
[sáinəʃùər]	Her new novel has made her the **cynosure** of the literary world.
	그녀는 새로운 소설로 문학계에서 주목을 받고 있다.

☐ **declivity**　　비탈면, 경사면

[diklívəti]

The professor made us calculate the **declivity**.
교수는 우리에게 경사면을 계산하도록 했다.

☐ **defunct**　　소멸한, 고인이 된　　⊙ disc 3_56

[dəfʌ́ŋkt]

That is a now **defunct** weekly.
그것은 이미 폐간된 주간지다.

☐ **desideratum**　　원하는 것, 필요한 것

[disìdəréitəm]

Representatives from the local health clinic mentioned such **desiderata** as a supply of sterilized medical equipment.
지방의 진료소 대표들은 소독을 마친 의료기구의 보급 등이 필요하다고 했다.

☐ **desuetude**　　폐지, 폐용, 불용

[déswitjùːd]

Corporal punishment by teachers fell into **desuetude**.
교사의 체벌이 폐지되었다.

☐ **didactic**　　교훈적인, 설교적인, 가르치려 드는

[daidǽktik]
★★

Her teachers **didactic** skills are impressive.
그녀의 선생들의 가르치는 능력은 훌륭하다.

☐ **dilatory**　　미적거리는

[dílətɔ̀ːri]

The opposition party decided to take **dilatory** tactics.
야당은 지연 작전을 취하기로 정했다.

☐ **diminutive**　　소형의

[dəmínjətiv]

That is **diminutive** in size.
그것의 사이즈는 작다.

☐ **dishabille**　　(여성의) 단정치 못한 복장

[dìsəbíːl]

Ann came out of the house in **dishabille**.
앤은 단정치 못한 복장으로 집을 나섰다.

☐ **disheveled**　　(머리가) 헝클어진, 흩어진

[diʃévəld]

My uncles **disheveled** looks betrayed the fact that he had just gotten up from bed.
삼촌의 흐트러진 모습은 방금 일어났음을 알려주었다.

☐ **dispassionately**　　냉정하게, 공정하게

[dìspǽʃənətli]

He spoke **dispassionately**.

그는 냉정하게 말했다.

☐ **dispirited**	의기소침한

[dìspírətəd]

He becomes **dispirited**.
그는 기를 못 펴고 있다.

☐ **distaff**	(양털을 자을 때) 실패, 여성의 일

[dístæf]

This work used to be **distaff**.
이 일은 여성의 일이었다.

☐ **distrait**	넋 나간, 멍한

[distréi]

He was so **distrait** that he did not hear the phone ring.
그는 넋이 나가 있었기 때문에 전화벨 소리가 들리지 않았다.

☐ **diurnal**	주행성의, 하루 동안의

[daiə́:rnəl]

Diurnal animals are active during the day.
주행성 동물은 낮 동안에 활동한다.

☐ **divers**	여러 종류의, 갖가지

[dáivərz]

Divers facts came to light.
여러 사실들이 밝혀졌다.

☐ **doggerel**	엉터리 시, 익살맞은

[dɔ́gərəl]

His **doggerel** performance caused much hilarity in the audience.
그의 익살맞은 퍼포먼스는 청중을 대단히 즐겁게 했다.

☐ **dolt**	멍청이

[dóult]

Her father is no **dolt**.
그녀의 아버지는 멍청이가 아니다.

☐ **dotage**	망령, 노망

[dóutidʒ]

They have fallen into **dotage**.
그들은 노망이 나버렸다.

☐ **dour**	엄격한, 완고한

[dáuər]

The new colleague seems to be a **dour** fellow.
새 동료는 완고한 녀석인 것 같다.

☐ **dreary**	음울한, 따분한

[dríri]

It is **dreary** work.
그것은 따분한 일이다.

☐ **dregs**	(물, 음료수의 바닥에 남는) 앙금, 마지막 한 방울	
[drégz]	I drink to the **dregs**. 나는 최후의 한 방울까지 몽땅 마신다.	

☐ **earthy**	솔직하고 숨김이 없는, 세련되지 못한	⊙ disc 3_57
[ə́ːrθi]	They preferred to wear clothes in **earthy** colors. 그들은 소박한 색의 양복을 입는 것을 좋아했다.	

☐ **efflorescent**	꽃이 핀, 발진하고 있는	
[èflərésənt]	The **efflorencent** trees are lining the river. 꽃핀 나무들이 강을 따라 일렬로 서 있다.	

☐ **ejaculation**	외침, 고함	
[idʒæ̀kjuːléiʃən]	He gave an **ejaculation** of surprise. 그는 놀라서 고함을 쳤다.	

☐ **endive**	(샐러드용) 엔다이브, 꽃상추	
[éndàiv]	**Endive** makes tasty salads. 엔다이브로 맛있는 샐러드를 만든다.	

☐ **ennui**	권태감, 따분함	
[ɔ́nwiː]	He dispelled his **ennui**. 그는 권태감을 내몰았다.	

☐ **equipage**	(배, 군대 등의) 장비, 설비, 가정(부엌) 용품	
[ékwəpidʒ]	The **equipage** was drawn by for horses. 말을 위해서 그 장비를 끌어당겼다.	

☐ **ewer**	큰 물병	
[júːər]	She pours water from the **ewer**. 그녀는 큰 물병에 있는 물을 따른다.	

☐ **extraneous**	관련 없는. 외부로부터의	
[ekstréiniəs]	That is **extraneous** to the case. 그것은 그 사건과는 관련이 없다.	

☐ **fancied**	상상의, 가공의	
[fǽnsid]	I met someone I remotely **fancied** for 3 months. 나는 3개월간 마음속으로 상상해온 이상형을 만났다.	

☐ **fell**	사나운, 잔인한, 무시무시한, 치명적인	

28

[fél]|He cut down his enemy in one **fell** swoop.
그는 적을 단번에 죽였다.

□ **fibrous** 섬유질의

[fáibrəs]|I have a **fibrous** tumor on my foot.
나는 발에 섬유종이 있다.

□ **fitful** 발작적인, 잠깐씩 하다가 마는, 변덕스러운

[fítfəl]|He had a **fitful** sleep.
그는 자다 깼다 했다.

□ **flagging** 약해지는, 축 늘어지는, 맥이 풀린

[flǽgiŋ]|We aid a **flagging** economy.
우리는 침체에 빠진 경기를 지원한다.

□ **flair** 천부적인 재능, 예리한 육감

[flér]|She has a **flair** for research.
그녀는 연구에 재능이 있다.

□ **flamboyant** 화려한, 대담한, 현란한

[flæmbɔ́iənt]|She is **flamboyant** in every way.
그녀는 모든 면에서 화려하다.

□ **fluted** 플루트 음색의, 아름답고 맑은, 세로로 홈이 새겨진

[flú:təd]|A **fluted** vase decorated the table.
세로로 홈이 새겨진 꽃병으로 테이블을 장식했다.

□ **foppish** 멋 부리는

[fápiʃ]|I can't stand his **foppish** attitude.
나는 맵시를 뽐내는 그의 태도를 참을 수 없다.

□ **foray** 급습, 진출

[fɔ́:rei]|I must make a quick **foray** to the supermarket.
나는 슈퍼마켓까지 급하게 다녀와야 한다.

□ **forbearance** 삼감, 자제, 관용, 조심, 보류, 지불 유예

[fɔːrbérəns]|We had a little **forbearance** with each other.
우리는 서로 조금씩 조심했다.

□ **forebear** 선조(= forbear)

[fɔ́:rbèr]|He reveres his **forebears**.
★★|그는 선조들을 공경한다.

□ **foreboding**	전조, 예감	
[fɔ:rbóudiŋ]	He was full of anxious **foreboding**. 그는 불안한 예감을 가득 품고 있었다.	

□ **foresight**	선견	
[fɔ́:rsàit] ★	He has a **foresight**. 그는 선견지명이 있다.	

□ **forger**	위조범	⊙ disc 3_58
[fɔ́:rdʒər]	She was accused of being a **forger** for signing her husband's name on checks. 그녀는 수표에 남편 이름으로 서명했는데, 문서 위조라는 이유로 고발당했다.	

□ **forgery**	위조품	
[fɔ́:rdʒəri] ★★	He detected a **forgery**. 그는 위조품을 찾아냈다.	

□ **fortuitous**	우연한	
[fɔrtú:ətəs]	The way they met in Rome was completely **fortuitous**. 그들이 로마에서 만난 것은 정말로 우연이었다.	

□ **fracas**	싸움, 언쟁	
[fréikəs]	They put an end to the **fracas** within the Foreign Office. 그들은 외무부 내의 싸움에 종지부를 찍었다.	

□ **fractious**	(노인, 아이 등이) 성(짜증)을 잘 내는, 까다로운	
[frǽkʃəs]	Her baby gets **fractious**. 그녀의 아기는 짜증을 잘 낸다.	

□ **frailty**	노쇠함, 약점, 의지박약	
[fréilti]	He exploits her **frailty**. 그는 그녀의 약점을 이용한다.	

□ **fraudulent**	사기의, 부정의	
[frɔ́:dʒələnt]	The employee was fired for making **fraudulent** expense claims. 종업원은 부정한 비용을 요구했다는 이유로 해고되었다.	

□ **fraught**	걱정하여, 긴장하여, ~이 따르는, (좋지 않은 것들) 투성이의	
[frɔ́:t]	This plan is **fraught** with danger. 이 계획은 위험투성이다.	

□ **frenzied**	열광한, 미쳐 날뛰는
[frénzid]	He spent a **frenzied** few weeks.
	그는 미쳐 날뛰면서 몇 주간을 보냈다.

□ **frowzy**	(사람, 복장 등이) 단정치 못한, 불결한
[fráuzi]	We don't allow our employees to come to work with **frowzy** clothes.
	우리 회사의 종업원은 단정치 못한 복장으로 출근해서는 안 된다.

□ **fulgent**	찬란한, 빛나는
[fʌ́ldʒənt]	She was wearing a ring that was **fulgent** on her slim finger.
	그녀는 얇은 손가락에 찬란히 빛나는 반지를 끼고 있었다.

□ **funereal**	장례식의, 구슬픈, 침울한
[fju:níəriəl]	I couldn't stand the **funereal** silence in the room.
	나는 그 방의 음울한 침묵을 견딜 수 없었다.

□ **furtive**	은밀한
[fə́:rtiv]	I have **furtive** dealings with her.
	나는 그녀와 은밀한 거래를 하고 있다.

□ **garish**	눈부신, 유난히 번쩍거리는, 지나치게 화려한
[gériʃ]	She has a **garish** dress.
	그녀는 지나치게 화려한 옷을 입고 있다.

□ **garrulous**	수다스러운, 장황한
[gérələs]	He is a **garrulous** man.
	그는 수다스러운 남자다.

□ **gauche**	(사교적으로) 서투른, 세련되지 않은, 투박스러운
[góuʃ]	It would be **gauche** to mention the subject.
	그 문제에 대해서 이야기한 것은 미숙했다.

□ **gaudy**	화려한, 야한
[gɔ́:di]	She looks **gaudy**.
	그녀는 화려해 보인다.

□ **gauntlet**	(승마용, 바이크용) 긴 장갑
[gɔ́:ntlət]	I'm afraid I forgot my **gauntlet** at the exercise gym.
	나는 체육관에 바이크용 긴 장갑을 두고 와버렸다.

□ **gracious**　　정중한, 관대한

[gréiʃəs]

★★

His wife was **gracious** enough to accept his encouragement.
그의 부인은 그의 격려를 받아들일 정도로 관대했다.

□ **gyration**　　회전운동

[dʒaiəréiʃən]

His **gyration** on the dance floor are rather funny.
댄스 플로어에서 회전하는 그의 모습은 꽤 재밌다.

□ **heedless**　　부주의한, 경솔한　　　⊙ disc 3_59

[híːdlis]

★★

He is a **heedless** person.
그는 경솔한 사람이다.

□ **hegira**　　(위험으로부터의) 탈출

[hidʒáirə]

After the attack, their trek became a **hegira**.
공격 후, 그들의 오지 여행은 위험에서 탈출하는 것이 되었다.

□ **heinous**　　극악한, 가증스러운

[héinəs]

He committed a **heinous** crime.
그는 흉악 사건을 저질렀다.

□ **hindmost**　　최후방의, 맨 뒤의

[háindmòust]

The **hindmost** soldiers got attacked first.
맨 뒤의 병사가 처음으로 공격했다.

□ **hoary**　　흰, 회색의, 오래된, 진부한

[hɔ́ːri]

That is a man **hoary** with age.
그 사람은 나이가 들어서 백발이 된 남성이다.

□ **impeccable**　　나무랄 데 없는

[ìmpékəbl]

She led an **impeccable** life.
그녀는 나무랄 데 없는 인생을 보냈다.

□ **impenitent**　　(죄 등을) 뉘우치지 않는, 완고한

[impénətənt]

The prisoner was **impenitent**.
그 죄수는 죄를 뉘우치지 않았다.

□ **impertinent**　　무례한, 버릇없는, 적절하지 않은

[ìmpə́ːrtənənt]

He was **impertinent** enough to talk back to his father.
그는 버릇없이 아버지에게 말대꾸를 했다.

☐ **implacable**	달랠 수 없는, 확고한
[ìmplǽkəbl]	He is an **implacable** opponent.
	그는 집념이 강한 상대이다.

☐ **importunate**	(요구 등이) 끈질긴, 급박한
[impɔ́ːrtʃunət]	It is an **importunate** claim.
	그것은 끈질긴 요구다.

☐ **incessant**	그칠 새 없는
[ìnsésənt]	His **incessant** nagging drove his wife mad.
	그의 쉴 새 없는 잔소리는 부인을 미치게 했다.

☐ **incipient**	처음의, 초기의
[ìnsípiənt]	They defused the **incipient** uprising.
	그들은 폭동의 싹을 제거했다.

☐ **incommodious**	불편한, 불쾌한
[ìnkəmóudiəs]	I can sleep in the most **incommodious** places.
	나는 불편한 장소에서도 잘 수 있다.

☐ **inconsequential**	비논리적인, 중요하지 않은
[ìnkɑ̀nsəkwéntʃəl]	He babbles on about **inconsequential** things.
	그는 비논리적인 일들을 재잘거렸다.

☐ **incontinent**	(대소변) 실금의, 자제할 수 없는
[ìnkɑ́ntənənt]	He becomes **incontinent**.
	그는 자제를 할 수 없게 된다.

☐ **incorporeal**	실체가 없는, 무형의, (재산 등) 무형의
[ìnkɔːrpɔ́ːriəl]	The human soul is **incorporeal**.
	인간의 영혼은 실체가 없다.

☐ **incorrigible**	(성격 등이) 구제할 길이 없는, (아이 등이) 제멋대로 구는, 다루기 힘든
[ìnkɔ́ːridʒəbl]	He is an **incorrigible** optimist.
	그는 어쩔 수 없는 낙천가이다.

☐ **indolence**	나태, 게으름
[índələns]	He denounced my **indolence**.
	그는 나의 나태함을 공공연히 비난했다.

☐ **ineffable**	(기쁨 등을) 형언할 수 없는, 말해서는 안 되는

[ìnéfəbl] We were grabbed by **ineffable** joy.
우리는 기쁨을 말로 표현할 수가 없었다.

| ☐ **inept** | 적합하지 않은, 기량이 없는 |

[ìnépt] I am hopelessly **inept** at work that requires manual
dexterity.
나는 손재주를 필요로 하는 업무에는 전혀 기량이 없다.

| ☐ **inequality** | 불평등 |

[ìnikwáləti] We must remove **inequalities** of race.
우리는 인종에 따른 불평등을 없애야 한다.

| ☐ **inexorable** | 가차 없는, 냉혹한 |

[ìnéksərəbl] Her **inexorable** search for the truth resulted in
disappointment.
진리를 위한 그녀의 가차 없는 굽힐 줄 모르는 탐구는 기대에
어긋나버린 채로 끝났다.

| ☐ **infallible** | 절대로 옳은, 확실한 | ⊙ disc 3_60 |

[ìnfæləbl] I am **infallible** in my business judgement.
나의 사업 판단은 절대로 옳다.

| ☐ **infinitesimally** | 무한소로, 극미량으로 |

[ìnfinətésəməli] Quarks are **infinitesimally** small particles.
쿼크(소립자를 구성하고 있다고 여겨지는 이론상의 입자)는
대단히 작은 입자이다.

| ☐ **influx** | 유입, (사람, 물질의) 쇄도, 도래, (강의) 하구 |

[ínflʌks] They control the **influx** of illegal immigrants from
Mexico.
★★ 그들은 멕시코에서 온 불법 입국자의 유입을 단속한다.

| ☐ **infraction** | 위반 행위, 불완전 골절 |

[ìnfrækʃən] She committed an **infraction** of the rules.
그녀는 규칙을 위반했다.

| ☐ **ingenue** | 천진난만한 소녀, 그 역을 연기하는 여배우 |

[ǽndʒənúː] The girl I met yesterday seemed an **ingenue**.
내가 어제 만난 소녀는 천진난만한 것 같았다.

| ☐ **inimical** | 적의가 있는 |

[ìnímikəl] His father's **inimical** stare made him stop at once.

아버지의 적의에 가득 찬 시선은 그의 행동을 바로 멈추게 했다.

☐ **innocuous** (약, 뱀 등이) 무독의, 무해의

[inákjuːəs] She avoids the tough questions with innocuous replies.
그녀는 무난한 응답으로 성가신 질문을 피한다.

☐ **insatiable** 지칠 줄 모르는

[inséiʃəbl] She is insatiable in her need for encouragement.
그녀에게는 격려가 한없이 필요하다.

☐ **insidious** 교활한, 잠행성의

[insídiəs] He was suffering from the insidious effects of his disease.
그는 방심할 수 없는 병의 영향으로 고통 받고 있었다.

☐ **insipid** 재미없는, 맛이 없는, 무미건조한

[insípid] I find him insipid.
나는 그가 재미없는 사람임을 알았다.

☐ **insouciant** 무관심한, 무사태평한

[insúːsiənt] Her insouciant attitude is refreshing.
그녀의 무사태평한 태도는 신선하다.

☐ **insular** 섬의, 섬나라의

[ínsələr] Insular thinking can lead to poor decision making.
섬나라 발상은 불충분한 판단에 이르기 쉽다.

☐ **insuperable** 견딜 수 없는, 참을 수 없는

[insúːpərəbl] He has insuperable debating skills.
그는 무적의 토론 기술을 가지고 있다.

☐ **inured** (곤란 등에) 익숙한

[injúərd] He is inured to hardship.
그는 고난에 익숙해져 있다.

☐ **invidious** 비위에 거슬리는, 불쾌한, 불공평한

[invídiəs] It is an invidious discrimination.
이것은 불공평한 차별이다.

☐ **itinerant** 순회하는

[aitínərənt] He leads an itinerant life.
그는 방방곡곡을 여행하며 산다.

□ **jaded**	지쳐 빠진, 넌더리나는
[dʒéidəd]	He develops a **jaded** attitude. 그는 넌더리나는 태도를 보인다.

□ **jellyfish**	해파리
[dʒélifiʃ] ★	The water is full of **jellyfish**. 그 물은 해파리로 가득하다.

□ **jocose**	우스꽝스러운, 익살맞은
[dʒoukóus]	He is a **jocose** fellow. 그는 익살맞은 녀석이다.

□ **jocular**	우스꽝스러운, 웃기는
[dʒákjələr]	He makes a **jocular** remark. 그는 웃기는 발언을 한다.

□ **jocund**	명랑한, 유쾌한
[dʒákənd]	DaVinci's Mona Lisa is famous for her **jocund** smile. 다빈치의 〈모나리자〉는 유쾌한 미소로 유명하다.

□ **joviality**	유쾌, 기분이 좋음 ⊙ disc 3_61
[dʒòuviǽləti]	She greets me with **joviality**. 그녀는 나에게 유쾌하게 인사한다.

□ **jubilant**	환희에 넘친
[dʒú:bələnt]	He was **jubilant** about the election result. 그는 선거 결과에 환호했다.

□ **lackadaisical**	부주의한, 태만한
[lækədéizikəl]	Unless she changes her **lackadaisical** attitude toward her study, she will never be able to graduate. 학업에 태만한 태도로 임하는 것을 고치지 않는 한 그녀는 절대로 졸업할 수 없다.

□ **lagniappe**	덤, 경품, 팁
[lænjǽp]	When I bought new bike, a repair kit was thrown in as a **lagniappe**. 내가 새 자전거를 샀을 때, 수리 도구를 덤으로 받았다.

□ **laity**	평신도, 아마추어
[léiəti]	I am still a **laity** in my new real estate business. 새로 시작한 부동산 사업에서 나는 아직 아마추어다.

□ **laminated**	래미네이트를 입힌
[lǽmənèitəd] ★	Where did you put the **laminated** instruction sheet for the new photocopy machine? 래미네이트 가공을 한 새 복사기의 사용 설명서를 어디에 뒀습니까?

□ **lampooner**	풍자 작가
[læmpú:nər]	He is a **lampooner**. 그는 풍자 작가이다.

□ **languid**	나른한
[lǽŋgwəd]	I feel **languid**. 나는 나른하다.

□ **lissome**	유연한, 민첩한
[lísəm]	The **lissome** movements of the skater earned her excellent marks. 스케이트 선수의 민첩한 움직임으로 고득점을 획득했다.

□ **lithe**	나긋나긋한, 유연한
[laið]	He is a **lithe** athlete. 그는 움직임이 유연한 운동선수이다.

□ **lowly**	하급의
[lóuli]	He holds a **lowly** position. 그는 지위가 낮다.

□ **luscious**	맛이 좋은, 달콤한, 감미로운, 쾌적한, 요염한
[lʌʃəs]	**Luscious** furnishing made the hotel very appealing. 쾌적한 설비는 그 호텔의 매력이 되었다.

□ **lush**	무성한
[lʌʃ]	**Lush** vegetation covered the pasture. 무성한 초목이 목초지를 뒤덮었다.

□ **malcontent**	불평의, 불만의
[mǽlkəntènt]	He is a grumbling **malcontent**. 그는 불만 가득한 사람이다.

□ **maniacally**	열광적으로, 정신이상자처럼
[mənáiəkəli]	He chatters **maniacally**. 그는 정신이상자처럼 지껄였다.

| ☐ **maudlin** | 눈물이 헤픈, 감상적인 |
| [mɔ́:dlìn] | His **maudlin** outbreak at the bar was quite funny.
바에서 술에 취해 울고 있는 그의 모습은 꽤 재밌었다. |

| ☐ **moniker** | 이름, 별명 |
| [mánikər] | She will not tell me what **moniker** she had at high school.
그녀는 고등학교에서 어떤 별명으로 불렸는지 나에게 말하지 않을 것이다. |

| ☐ **mooring** | 계류 용구(밧줄, 닻 등) |
| [múriŋ] | The ship has lost its **mooring**.
그 배는 계류 밧줄을 잃어버렸다. |

| ☐ **mores** | 관습 |
| [mɔ́:réiz] | Current **mores** are substantially different from those of 50 years ago.
현재의 사회적 관습은 50년 전과는 매우 다르다. |

| ☐ **nacelle** | (비행기의) 엔진 수용부, 기관실 및 승무원실 |
| [nəsél] | The captain reported that there was an accident in the **nacelle**.
기장은 승무원실에서 사고가 있었다고 보고했다. |

| ☐ **naval** | 해군의, 군함의   ⊙ disc 3_62 |
| [néivəl]
★★ | The company needs more **naval** engineers.
그 회사는 선박 기사가 더 필요하다. |

| ☐ **neonate** | (생후 1개월 이내의) 신생아 |
| [néənèit] | This hospital specializes in health care for **neonates**.
이 병원은 신생아 의료 전문 병원이다. |

| ☐ **neophyte** | 초심자 |
| [ní:əfàit] | She is a complete **neophyte**.
그녀는 완전히 초심지이다. |

| ☐ **nerd** | 바보, 멍청이, (공부, 취미 등만 파고드는) ~광, 샌님 |
| [nə:rd] | He is a computer **nerd**.
그는 컴퓨터광이다. |

| ☐ **nettle** | 쐐기풀속의 식물, 신경을 건드리는 것 |
| [nétl] | The coach **nettled** the referee by constantly |

questioning him.
코치는 참지 못하고 이의를 제기해 심판의 신경을 건드렸다.

☐ **newfangled**	신형의, 새로운 것을 좋아하는	

[núːfæ̀ŋgld]

All those **newfangled** electronic gadgets are driving me crazy.
나는 그런 신형의 가전제품 소도구를 보면 미칠 것 같다.

☐ **nimble**	민첩한, 재빠른, 이해가 빠른

[nímbl]
★★

She has a **nimble** wit.
그녀는 영특한 기지를 가지고 있다.

☐ **normalcy**	정상, 상식

[nɔ́ːrməlsi]

The computer got back to **normalcy**.
그 컴퓨터는 정상적인 원래의 상태로 돌아왔다.

☐ **numb**	감각을 잃은, 마비된, 무감각한, 둔해진, 마비시키다

[nʌ́m]

His feet feel completely **numb**.
그의 발은 완전히 무감각해졌다.

☐ **nutty**	맛이 견과 같은, 풍미가 그윽한, 미친

[nʌ́ti]

He is a **nutty** man.
그는 미친 사람이다.

☐ **obdurate**	완고한, 냉혹한, 고집 센

[ábdjurit]

She was **obdurate** and would not speak.
그녀는 완고하기 때문에 이야기하려고 하질 않았다.

☐ **oblique**	비스듬한, 기울어진, 비스듬히 기울다

[əblíːk]

He made some **oblique** remarks.
그는 편향된 발언을 했다.

☐ **obtrusive**	주제넘게 나서는

[əbtrúːsiv]

She impresses without being **obtrusive**.
그녀는 주제넘게 나서지는 않지만 존재감이 있다.

☐ **oddball**	괴짜(의)

[ádbɔ̀ːl]

They treat him as an **oddball**.
그들은 그를 괴짜 취급을 한다.

☐ **odious**	미운, 불쾌한

[óudiəs]

She is an absolutely **odious** woman.

그녀는 대단히 불쾌한 여자다.

□ **operational**	기능을 다하는, 조작상의
[àpəréiʃənəl] ★	Operational problems are slowing down progress. 조작상의 문제로 진행이 지연되고 있다.

□ **ornate**	꾸민, 화려하게 장식한
[ɔ:rnéit]	Victorian houses are usually ornate. 빅토리안 스타일의 집은 대체로 화려하다.

□ **orthodox**	정통의, 전통적인, 진부한
[ɔ́:rθədàks] ★★	She is a believer in orthodox treatment regimens. 그녀는 전통적인 양생법을 믿고 있다.

□ **palatable**	입에 맞는
[pǽlətəbl]	These are foods palatable to the taste of children. 이것들은 아이들의 입에 맞는 음식이다.

□ **parole**	가석방, 가출옥
[pəróul] ★★	He is granted early parole. 그는 일찌감치 가석방을 허가받았다.

□ **pertinent**	딱 들어맞는
[pə́:rtənənt]	Her answer was highly pertinent to the question. 그녀의 답은 그 질문에 딱 들어맞았다.

□ **phony**	위조품	⊙ disc 3_63
[fóuni]	He sold her a phony gold ring. 그는 그녀에게 가짜 금반지를 팔았다.	

□ **pinnacle**	정점, 절정
[pínəkl] ★	He reached the loftiest pinnacle of power. 그는 권력의 정점에 달했다.

□ **pitfall**	도사리고 있는 위험
[pítfɔ̀:l] ★	He avoided a pitfall. 그는 도사리고 있는 위험을 피했다.

□ **plethora**	과다
[pléθɔ̀:rə]	They give rise to a plethora of incidents. 그들은 과할 정도로 사건을 일으킨다.

□ **plush**	플러시 천(벨벳의 일종), 플러시 천의, 사치스러운
[plʌʃ]	The car's **plush** seats were very comfortable.
	그 차의 플러시 천으로 씌운 시트는 대단히 편안했다.

□ **pollster**	여론 조사원
[póulstər]	My father is a **pollster**.
	내 아버지는 여론 조사원이다.

□ **prodigy**	놀라운 일
[prádədʒi]	They turn the country from an economic **prodigy** into a business superpower.
	그들은 그 나라를 비범한 경제국에서 상업 초강대국으로 변모시킨다.

□ **proliferation**	증식, 급증
[pròulifəréiʃən] ★★	They limit the **proliferation** of cells.
	그것들은 세포 증식을 억제한다.

□ **prospectus**	(신간 서적의) 내용 견본, (사업, 계획 등의) 취지서, (학교 등의) 안내서
[prəspéktəs]	He drew up a 100-page **prospectus**.
	그는 100페이지의 취지서를 작성했다.

□ **protagonist**	주창자
[proutǽgənəst]	He is a **protagonist** of naturalism.
	그는 자연주의 주창자이다.

□ **quarrel**	싸움, 말다툼, 반목
[kwɔ́:rəl] ★	He avoided a **quarrel**.
	그는 싸움을 피했다.

□ **quest**	탐구, 탐색, 추구
[kwést]	I continued my **quest**.
	나는 탐색을 계속했다.

□ **quibble**	트집, 핑계, 궤변 늘어놓기
[kwíbl]	He made a **quibble**.
	그는 트집을 잡았다.

□ **quip**	재담, 명언
[kwíp]	He makes a **quip**.
	그는 재담을 한다.

□ **quota system**	(이민 수 혹은 수입량 등의) 쿼터 제도
[kwóutə sistəm] ★	It makes sense to impose a **quota** system on immigrants. 이민을 제한하는 시스템을 만드는 것은 당연하다.

□ **racketeering**	갈취, 공갈
[rǽkətíriŋ]	The company was plagued by attempts at **racketeering**. 그 회사는 위법 행위를 꾀한 것을 이유로 갈취를 당했다.

□ **rain check**	(경기 중단 시) 우천 순연권, (품절인 경우) 후일 구매권
[réin tʃék] ★	The advertised table was sold out, but you can have a **rain check**. 광고에 게재된 테이블은 품절되어 구매할 수 없지만, 다음 기회에 우선적으로 구매하실 수 있도록 해드리겠습니다.

□ **rancorous**	증오심을 품은, 원한이 있는
[rǽŋkərəs]	The couple next door often has **rancorous** arguments. 문 옆에 있는 커플은 종종 증오심으로 가득한 말싸움을 하고 있다.

□ **rarity**	진품, 드문 일, 절묘함, 희박
[rérəti]	It is an expensive **rarity**. 그것은 고가의 진품이다.

□ **rascal**	악당, 불량배
[rǽskl]	He is a greedy, grasping **rascal**. 그는 탐욕스러운 악당이다.

□ **ravine**	협곡
[rəvíːn]	There is a deep **ravine**. 깊은 협곡이 있다.

□ **raw deal**	부당한 취급 ⊙ disc 3_64
[rɔ́ː díːl]	I have a **raw deal** in the company. 나는 회사에서 부당한 취급을 받는다.

□ **reconstruction**	부흥
[rìːkənstrʌ́kʃən] ★	They planned the **reconstruction** of the city. 그들은 그 도시의 부흥을 계획했다.

□ **referral**	참조, (의사에게) 소개하기
[rəfə́ːrəl]	He is looking for a **referral** for a good doctor.

★★	그는 좋은 의사에게 소개받기를 기다리고 있다.

□ **regress**   후퇴하다, 퇴행하다, 회귀하다

[rəgrés]
Despite the best treatment, his mental capacity has been **regressing**.

★
최선의 치료에도 불구하고 그의 의사 능력은 퇴행하고 있다.

□ **relevance**   관련(성)

[réləvəns]
Their comments bore little **relevance** to the matter at hand.
그들의 발언은 지금의 문제와는 전혀 관련이 없었다.

□ **remonstrant**   항의하는

[rimánstrənt]
His **remonstrant** replies were ignored.
그의 항의하는 회답은 무시당했다.

□ **repeal**   폐지

[ripíːl]
I called for the **repeal** of the censorship law.
나는 그 검열에 관한 법률 폐지를 요구했다.

□ **replication**   답, 회답, 반향, 복사, 사본

[rèpləkéiʃən]
After a few more **replications** we will finish.

★★
2, 3회 더 복사하면 우리는 끝날 것이다.

□ **repudiation**   부인, 거절

[rəpjùːdiéiʃən]
He demanded unilateral **repudiation** of a treaty.
그는 조약의 일방적인 거부를 요구했다.

□ **requirement**   필요 조건, 필수품

[rikwáiərmənt]
We abolished the **requirement**.

★
우리는 필요 조건을 폐지했다.

□ **respite**   (업무나 고통 등의) 일시적 중단

[réspìt]
He allows her a **respite**.
그는 그녀에게 휴식을 준다.

□ **reticence**   과묵, 삼가기

[rétəsəns]
He overcomes his **reticence** with strangers.
그는 낯선 사람들과의 서먹함을 극복한다.

□ **returnee**   귀환병, (여행이나 억류 등으로부터) 귀환자, 귀국 자녀

[rətərníː]	Our children are called **returnees** because we lived in the States for a number of years. 몇 년 정도 미국에 살았기 때문에 우리 아이들은 귀국 자녀라 불린다.

□ **rift**	갈라진 틈, 불화
[ríft]	He healed a **rift** in the party. 그는 당 내의 불화를 화해시켰다.

□ **right-about-face**	[구령] 뒤로 돌아, (정책 등의) 방향 전환
[ráit əbáut féis]	The government took a **right-about-face** in terms of it's foreign diplomacy. 정부는 외교 정책의 방향을 전환했다.

□ **rivalry**	경쟁, 대립, 대립관계
[ráivəlri] ★	He broke down old **rivalries**. 그는 오랜 대립관계를 타파했다.

□ **rugged**	울퉁불퉁한
[rʌ́gəd]	There is a **rugged** path along the river. 강가에 울퉁불퉁한 작은 길이 있다.

□ **saturation**	포화, 집중 공격
[sæ̀tʃəréiʃən] ★★	The city suffered from a **saturation** bombing. 그 도시는 집중 공격을 받았다.

□ **send-off**	송별, 전송
[sénd ɔ́ːf]	They give a **send-off** party. 그들은 송별회를 한다.

□ **skew**	비스듬함, 비뚤어짐
[skjúː]	The curve has a **skew**. 그 곡선은 굽었다.

□ **slew**	많음, 다수
[slúː]	All of sudden we received a **slew** of new orders. 우리는 갑작스럽게 대량 주문을 받았다.

□ **sloth**	게으름뱅이, 나무늘보
[slɔ́ːθ]	We spotted a **sloth** in the tree. 우리는 나무에 있는 나무늘보를 발견했다.

| ☐ **smudge** | 더러움, 얼룩, 얼룩지다 | ⊙ disc 3_65 |

[smʌ́dʒ]

The child left a **smudge** on a wall.
그 아이는 벽에 얼룩을 남겼다.

| ☐ **subpoena** | 소환장, ~을 소환하다 |

[səpíːnə]

He fights a **subpoena**.
그는 소환장에 응하지 않겠다며 저항한다.

| ☐ **subterranean** | 지하의 |

[sə̀btəréiniən]
★

The author described a vision of a **subterranean** city.
그 작가는 지하 도시의 전망을 묘사했다.

| ☐ **succinct** | 간결한 |

[səksíŋkt]
★

Make your arguments more **succinct**, please.
더욱 간결하게 토론해주십시오.

| ☐ **surefooted** | 발을 단단히 디디고 선, 확실한 |

[ʃúərfútəd]

In the mountains she was **surefooted** like a goat.
산에서 그녀는 염소처럼 걸음걸이가 안전했다.

| ☐ **throbbing** | 욱신거리는 |

[θrábiŋ]

Throbbing pain went through his finger.
욱신거리는 통증이 그의 손가락을 훑고 지나갔다.

| ☐ **tortuous** | 구불구불한, 뒤틀린, 완곡한 |

[tɔ́ːrtʃuəs]

A **tortuous** road leads to the village.
구불구불한 길이 마을로 이어지고 있다.

| ☐ **trifle** | 시시한 것, 사소한 것, 소량, 소액 |

[tráifl]

Mere **trifles** used to enlarge her.
그녀는 아주 사소한 일로 불같이 화를 내곤 했다.

| ☐ **trite** | (어구, 의견 등이) 진부한, 케케묵은 |

[tráit]

I ignored his **trite** remark.
나는 그의 진부한 의견을 무시했다.

| ☐ **ulterior** | (목적, 동기 등이) 숨은, (위치가) 저쪽의, (시간적으로) 앞으로의 |

[ʌltíəriər]

He was accused of having **ulterior** motives for his actions.
그는 그의 행동에 숨은 의도가 있다고 비난받았다.

| □ **unabated** | (원래의 힘이) 약해지지 않는, 저하하지 않는 |
| [ʌ̀nəbéitəd] | The fighting in Iraq continues **unabated**.
이라크에서의 전투는 조금도 수그러들지 않았다. |

| □ **unorthodox** | (종교, 신념, 습관 등이) 정통이 아닌, 인습적이지 않은 |
| [ənɔ́ːrθədàks] | His **unorthodox** methods raised some eyebrows.
그의 정통파가 아닌 방법은 빈축을 샀다. |

| □ **unread** | (책 등을) 아직 읽지 않은, (사람이) 배우지 못한, 무식한 |
| [ənréd] | The novel sat **unread** on her bookshelf.
그녀의 책장에는 아직 읽지 않은 소설책이 꽂혀 있다. |

| □ **vapid** | 재미없는 |
| [vǽpid] | She made some **vapid** remarks that no one listened to.
그녀는 아무도 듣지 않는 재미없는 발언을 했다. |

| □ **viper** | 독사 |
| [váipər] | I was bitten by a **viper** once.
나는 예전에 독사에게 물렸다. |

| □ **vulpine** | 여우같은, 교활한 |
| [vʌ́lpain] | With **vulpine** cunning, she stole from her employer.
교활하게도 그녀는 고용주를 상대로 도둑질을 했다. |

| □ **weary** | 지친 |
| [wíəri] | He is **weary** from the grueling negotiations.
그는 기진맥진케 하는 교섭으로 완전히 지친다. |

| □ **weird** | 불가사의한, 기묘한 |
| [wíərd] | This guy is **weird**, so I suggest you stay away from him.
이 남자는 이상하기 때문에 나는 당신에게 그에게서 떨어져 있을 것을 제안한다. |

| □ **wicked** | 나쁜, 부당한, 부도덕한 |
| [wíkəd] | She is not inherently **wicked**.
그녀는 원래부터 부도덕한 것은 아니다. |

| □ **wondrous** | 놀랄 만한, 매우 |
| [wʌ́ndrəs] | **Wondrous** circumstances accompanied their first meeting.
그들의 첫 회의에서 놀랄 만한 상황이 현실이 되었다. |

☐ **wry**	얼굴을 찌푸린, 비꼰, 심술궂은	
[rái]	She had a wonderfully wry humor. 그녀는 굉장히 심술궂은 유머를 했다.	

☐ **yew**	주목 (가구재)	⊙ disc 3_66
[jú:]	This chest of drawers is made of yew. 이 수납함은 주목으로 만들어졌다.	

☐ **yoke**	멍에	
[jóuk]	She put a heavy wooden yoke on the oxen. 그녀는 수소들에게 무거운 나무 멍에를 메웠다.	

☐ **zipper**	지퍼	
[zípər] ★★	The spacesuit has a zipper that run from his crotch to his throat. 그 우주복에는 가랑이부터 목까지 지퍼가 달려 있다.	

advocate 331
aegis 331
aeon 148
aerate 125
aerial 125
aesthetic 246
affable 182
affected 246
afferent 371
affidavit 182
affiliate 47
affiliation 137
affinity 137
affirmable 12
affirmation 12
affirmative 12
afflatus 13
afflict 275
affluence 47
affluent 48
affray 331
affront 148
aftereffect 225
agape 372
agenda 149
agglomeration 149
aggrandize 344
aggregate 113
aggressor 149
aggrieve 275
aghast 372
agility 149
agitate 137
agitation 137
agnostic 225
agony 149
agrarian 125
agronomist 125
aid 137
aisle 149
alacrity 149
alarming 246
albeit 246
alchemy 48
alias 149
alienate 99
align 331

aliment 149
alimentary 83
alimony 149
allay 99
allege 300
allegory 13
alleviate 300
alliance 331
alliteration 150
allocate 48
allocation 48
alloy 150
allude 99
allusion 99
alluvial 125
alma mater 29
aloft 246
aloof 19
altercation 137
altruisme 182
amalgamate 48
amass 99
Amazon 125
ambidextrous 372
ambience 208
ambiguity 331
ambiguous 331
amble 99
ambrosia 150
ambulatory 372
ameliorate 331
amenable 332
amend 332
amenity 300
amiable 300
amicable 332
amnesia 225
amnesty 359
amoral 208
amorphous 182
amortization 182
amortize 48
amphibian 113
amphitheater 150
ample 137
amplify 174
amplitude 48

amputate 225
amuck 300
amulet 150
anachronism 183
analgesic 225
analogous 301
analogy 332
analysis 332
anarchy 183
anathema 150
anchor 150
ancillary 246
andiron 150
androgynous 113
anecdote 113
anemia 225
anesthetic 225
anew 137
angler 150
anguish 276
animadversion 276
animated 83
animosity 301
animus 151
annals 151
anneal 344
annihilate 113
annotate 99
annualize 48
annuity 48
annul 183
annulment 183
anomalous 246
anomaly 208
anonym 208
anonymity 13
anonymous 13
anorexia 225
antagonism 137
antediluvian 113
anthology 30
anthropoid 316
anthropologist 30
anthropomorphic 19
anticlimax 49
antidote 225
antipathy 138

avouch 39
avow 100
avuncular 293
awe 20
awry 317
axiom 126
azure 247

 **b**

babble 100
bacchanalian 20
backdate 100
backlog 184
bad debt 49
badger 317
baffle 345
baleful 317
balk 100
balmy 293
banal 138
bandanna 372
baneful 126
bank line 50
bankruptcy remote 50
banter 14
bantering 14
barb 276
baroque 20
barrack 154
barrage 154
barren 126
barrister 174
barter 360
barterer 184
basis 333
bassoon 154
bate 50
batten 50
bauble 155
bawdy 276
bearish 50
beatific 293
bedizen 345
bedraggle 345
bedraggled 372
beef 301

beefy 83
befuddle 276
beget 360
beguile 276
behold 100
beholden 138
behoove 101
belabor 14
belated 210
beleaguer 184
belittle 101
bell shape 50
bellicose 333
belligerent 333
bemoan 276
benediction 95
benefactor 114
beneficiary 50
benevolent 294
benighted 372
benign 210
benignancy 95
benignity 95
benison 95
bequeath 101
berate 301
bereave 227
bereavement 155
bereft 227
berserk 210
besiege 333
besmirch 360
bestial 276
bestow 294
bete-noire 155
betroth 101
bewilder 333
bicameral 184
biennial 50
bifurcated 317
bigot 184
bigotry 185
bilateral 185
bilious 227
billingsgate 155
binge 155
biosphere 126

biotech 126
bivouac 126
bizarre 276
blanch 360
bland 333
blandishment 372
blase 373
blasphemous 138
blatant 247
blazon 155
bleak 277
bleary 83
bleep 360
blemish 345
blight 101
blighted 227
blip 50
bliss 95
blister 227
blithe 247
bloat 138
bloated 277
blubber 126
bludgeon 345
blunder 277
boast 301
bode 210
bogus 210
boisterous 247
bolster 138
bombast 138
bombastic 139
bond 51
boorish 247
boot 101
bootless 277
bouillon 155
bountiful 210
bourgeois 210
bowdlerize 30
brackish 127
braggadocio 301
brainy 210
bravado 39
brawny 83
brazen 211
brazier 155

chary 248
chasm 158
chassis 158
chaste 294
chastise 277
chattel 52
chauvinism 158
chauvinist 158
checkered 248
chicanery 158
chide 101
chimerical 318
chiromancy 229
chiropodist 229
chivalry 21
choleric 84
choreography 373
chrome 127
chronic 84
chronology 114
churlish 211
cilia 318
ciliated 319
circlet 373
circuitous 248
circumlocution 101
circumscribe 360
circumspect 249
circumvent 52
citadel 93
cite 31
cityscape 127
clairvoyant 319
clamber 360
clamor 158
clandestinely 249
clarion 373
claustrophobia 229
clavicle 229
clearing bank 52
cleave 346
cleft 373
clemency 373
clerical 186
cliche 139
climactic 159
clinic 84

clip 186
clique 360
cloisters 159
clone 229
clout 361
clubby world 52
cluster 319
clutter 52
coadjutor 139
coagulate 361
coalesce 361
cockade 21
coddle 102
codicil 21
codify 302
coerce 346
coercion 159
cog 159
cogently 186
cogitate 102
cognate 319
cognitive 186
cognizance 186
cognizant 187
cognomen 14
cohere 346
coherence 334
cohesion 114
cohorts 139
coincident 211
colander 373
collaborate 302
collapse 52
collate 31
collateral 53
collation 159
collective 139
collier 159
colloquial 249
colloquy 187
collusion 187
colon 229
colossal 294
colossus 159
comatose 229
combined 139
combustible 319

comely 84
comestibles 84
comity 229
commandeer 277
commensurate 249
commercialize 53
commiserate 40
commodious 294
commoditization 53
commodity 53
common stock 53
compact 53
compatible 249
compendium 211
compensation 53
competitor 53
compilation 212
compile 187
complacent 187
complaisant 294
complement 53
compliant 334
complicity 302
comport 334
compost 127
composure 212
compress 346
compromise 334
compunction 277
compute 31
concatenate 334
concede 187
concentric 187
conception 187
conch 319
conciliate 294
concise 212
conclave 187
concoct 346
concoction 127
concomitant 249
concord 334
concordat 334
concur 115
concurrent 319
condemn 277
condescend 278

d

dank 128
dastard 140
daunt 279
dauntless 250
dawdle 361
dearth 84
debacle 55
debase 279
debauch 279
debauchery 188
debenture 55
debilitate 188
debonair 250
debt 55
debutante 22
decadence 335
decadent 336
decant 362
decay 84
deception 56
deciduous 128
decimate 347
decipher 115
decline 56
declivity 375
decorous 250
decoy 140
decrepit 212
decry 14
deduce 115
deducible 115
defalcate 279
defamation 14
default 56
defeatist 336
defection 336
defer 56
deference 14
defiant 15
defile 279
definitive 140
deflect 279
defrost 362
defunct 375
degradable 320
degradation 56
degrade 188

degraded 320
dehydration 320
deign 15
deity 22
delegation 22
delete 347
deleterious 279
deliberately 212
delineate 362
delineation 320
delinquent 189
deliquescent 128
delirium 230
delude 15
delusion 189
delusive 213
demagogue 336
demarcate 362
demean 347
demeanor 96
demesne 56
demise 56
demographic 336
demolition 96
demoniac 279
demote 115
demotic 213
demure 213
demurral 175
denigrate 347
denizen 128
denotation 140
denouement 175
denounce 40
denudation 230
depict 40
depilate 230
depilatory 230
deplete 279
deploy 175
deposit 362
deposition 160
depravity 280
deprecate 15
deprecatory 213
depreciate 336
depreciate 56

depreciation 336
depredation 280
deprivation 280
deranged 213
derelict 213
deride 303
derision 280
dermatologist 85
derogatory 280
descant 160
descry 175
desecrate 280
desiccate 362
desideratum 375
desolate 336
despicable 280
despise 347
despoil 347
despondent 140
despotism 141
destitute 280
desuetude 375
desultory 213
detergent 320
deterrence 336
detonation 320
detraction 15
detriment 280
devastate 128
deviate 175
devious 336
devoid 175
devolve 175
devoted 250
devour 280
devout 213
dexterous 250
diabolical 213
diadem 23
dialectic 32
diaphanous 250
diaphragm 230
diatribe 40
dichotomy 337
dictum 40
didactic 375
differentiate 56

wondrous 395
woo 314
workforce 207
wrangle 314
wrath 45
wretch 291
wring 370
write off 82
write up 82
wrongdoing 291
wrongful 207
wry 396

xanthic 329
xenophile 207
xenophobe 207
Xenophobia 207
xylography 38

yaw 292
yawn 314
yawnful 314
yawning 315
yearbook 10
yeast 28
yell 358
yellow alert 207
yellow journalism 222
Yellow Pages 223
yellowish 274
yelp 358
yew 396
yield 82
yield curve 82
yielding 274
yoke 396
yokel 315
young adult 92
youngish 92
yuletide 28

zeal 315
Zen 28
zenith 28
zero-emission 135
zero-rated 82
zero-tolerance 343
zest 147
zillions 274
Zionism 28
zip code 28
zipper 396
zonal 135

옮긴이 **김민경**

기타규슈 대학교 경영정보학과를 졸업하고 영국 버밍엄 대학교 재무회계학 석사를 취득했다. 현재 번역 에이전시 (주)엔터스코리아 출판기획 및 일본어 전문 번역가로 활동 중이다.

옮긴 책으로『실전에 강한 MBA 회계』『회계의 정석』『MBA 마케팅 입문』『엄마 친구 아들도 배우는 영단어 Super』『중학영어』『SUPER LEVEL VOCA 10000』『베이직 영어회화 핵심 패턴 72』『베이직 영어회화 핵심 패턴 72+a』『올인원 리스타트』『중고등학교 영단어 총복습』등이 있다.

MBA ENGLISH

VOCABULARY

© 이시이 료마, 2012

초판 1쇄 인쇄 2012년 1월 10일
초판 1쇄 발행 2012년 1월 25일

지은이   이시이 료마
옮긴이   김민경
펴낸이   김동영
주간   정은영
편집   사태희 한승희
디자인   배현정 여만엽
외서팀   김찬영 노유리
제작   고성은 박이수
영업   조광진 장성준 김상윤
마케팅   박제연 전소연
E-사업부 정의범 한설희 이혜미

펴낸곳   이지북
출판등록 2000년 11월 9일 제10-2068호
주소   121-753 서울시 마포구 동교동 165-1 미래프라자빌딩 7층
전화   편집부 02) 324-2347 경영지원부 02) 325-6047
팩스   편집부 02) 324-2348 경영지원부 02) 2648-1311
이메일   ezbook21@hanmail.net
홈페이지   www.jamo21.net

ISBN 978-89-5624-384-9 (14740)
      978-89-5624-385-6 (set)